河合隼雄著作集

宗教と科学

11

岩波書店

序説　現代人の宗教性

合理性の追求

子どもの頃を思い出してみると、「おはなし」好きな傾向と、当時の日本人には珍しく合理性を求める傾向とが共存していたように思う。戦争のために工場に動員されて中学校は三年のはじめくらいまでしか授業がなかったが、国語の教師は私が将来、国文学を学ぶことを期待しているし、数学の教師は私が理学部に行くものと思っている、という状態であった(もっとも、英語は駄目であった)。私自身も分裂した気持で迷いがあったが、理科系に行くと徴兵延期があったので、理科系に決定した。

戦争中の日本の軍閥による、ファナティックな非合理性には、子ども心にも反撥を感じるところがあった。田舎に居たので、インテリの大人によって導かれるということはなかったが、自分なりに「合理的」に考えていると、どうしても日本が敗けるとしか思えなくて、随分と辛い思いをした。この頃から、大多数の人が「正しい」と思うことでも疑ってみたり、自分一人が他と異なる考えをもってもあまり動揺しないでいる態度ができてきたように思う。

敗戦を契機として、私の合理性追求の姿勢は一段と強化された。当時、日本は精神的には優れていたが、アメリカの「物」に敗れたのだなどと負け惜しみを言う人が居たが、私は西洋の「合理精神」に日本の「大和魂」が敗れたのだと思った。このような傾向が強くなりすぎて、映画、音楽、文学、演劇、などのどの領域でも、西洋のものは好きだったが、日本のものは少数の例外を除いて、好きにはなれなかった。日本のものはすべて、どことなく、うさんくさい感じがする。

京大の数学科の学生だった頃は、このような傾向が一段と強くなり、戦争中の日本の哲学者、歴史学者などのいろいろな「解釈」の馬鹿さ加減を笑いものにして、友人と共に「科学は信頼できるが、一切の「解釈」というものは信頼できない」などと高言していたのを思い出す。そして、現在の自分はまさに「解釈」によって身を立てている、と言ってもいいほどなのは皮肉なこととも言えるが、あれほどの否定を一度経験しておいたことは、現在の私にとって意義があったとも思っている。

数学科に居て理科系の人たちと交際していると、「科学万能」の考え方の人が居ることがわかる。なかには数学や物理学などの高級な理論を学ぶと、「文学とか芸術とか言っていても、こんな基本的なことを何も知らずに生きているのだから」と言う者もいるし、「哲学や宗教やと言っても、結局すべてのことは科学的に究明されて、そんなものは不要になる」と言う者もいる。その上、人間の社会や歴史などについても「科学的」に研究して、すべてが明らかになると主張する考え方も生まれてきた。

「科学的」とか「合理的」とかの言葉がオールマイティのようになり、唯物論に基づく考えが、当時の多くの青年の心を捉えはじめると、またもや私の懐疑心が頭をもちあげてきた。理論的には確かにそれは整然としていたし、合理的に議論をしていると、それは強力であった。それらのことを認めながら、私は直観的に何か「おかしい」と感じ、当時は、唯物論の考えはインテリ青年の流行のようであったが、私はそれに同調できなかった。

強力なイデオロギーに接しながら、私がそれに同調できなかった大きい理由は、今から思うと、それを主張する人たちの生き方に対する疑問であったと思う。端的に言うと、イデオロギーというものが、「人間」から遊離するのである。これは、すべてのイデオロギーについて言えることだと思うが、それを主張する人は、自分という存在を抜きにして語るのだ。少し、自分自身について考えてみると、なかなか理論どおりにいかないことや、どこかでごまかさざるを得ないことに気づくはずなのだが、それを不問にしているので、主張は整然とし、強力になる。しかし、これはやはり、現実からは離れたものにならざるを得ない。イデオロギーに対するこのような考えは、当時、ここに記したほど明確に意識されていたわけではないが、ともかく、自分の「何かおかしい」という判断に頼って、唯物論にコミットすることはなかった。

大学を卒業して高校の教師となり、続いて臨床心理学を学ぶようになったが、そのときも「合理性」、「科学性」を追求する態度は保持されていた。実験心理学は自然科学的な方法論によって研究がなされているが、臨床心理学となると、明らかにそれとは異なってくると考えざるを得ない。しかし、それも「科学的」と言えるのではないか、と言いたい気持が強く、心理療法や臨床心理学の「科学性」について長い間こだわり続けた。

「人間」と科学

臨床心理学の科学性について、いろいろと読書したり考えたりしたが、私にとって何よりも大切なことは、日々の実際的な臨床経験であった。そのような経験を長年にわたって蓄積してくるうちに、明確にわかったことは、当り前のことであるが「生きている人間はものではない」ということであった。生きている人と人が会うということは凄いことである。近代になって西洋で急激に発展した「自然科学」の方法論はそこでは通用しないことが、だんだんと明らかになってきた。人と人との深い関係が生じると、本人たちも知らなかった未知で不可解なはたらきが生じてくる。それを頼りにしてこそ、常識的に言えば「八方塞り」とも言える状況に、解決の方向が見えてくるのだ。

奇跡とも呼べるような現象に接して、私は畏敬の念が起こってくるのを禁じ得なかった。そのような現象こそが治療の根本であり、それは私が「治す」という感じとはほど遠く、クライエントがそれ自身の潜在力によって「治る」のを感嘆して見ている、と言うべきであった。このことは、ユングがルドルフ・オットーの考えを踏まえて、「ヌーミナスな現象を慎重かつ良心的に観察すること」として定義した「宗教」に、まさに当てはまることと思われた。

ここに言う「宗教」は、既成の宗教の教義や儀式によって、魂の救済をはかる、というのではない。それは言わば人間の宗教体験の基本となる現象に注目することである。この際、観察する者とされる者との間の深い関係を前提とすることや、因果的に説明不能な一回限りの現象をも重視する点で、従来の「自然科学」とは異なっている。しかし、ドグマを持たずに現象を観察し記述しようとする態度は「科学的」と呼んでいいだろう。まさに宗教と科学の接点のあたりに存在する現象を扱ってゆかない限り、臨床心理を研究することはできない、という自覚はだんだんと明確になってきた。

しかし、わが国の心理学界における固い「科学主義」はなかなか強く、前記のような私の考えを、いつどのように提示するかは難しい問題であった。私は最初から自分の考えを理論的に、あるいは対決的に提示することを避け、できる限り「事実」を述べてゆき、臨床心理学を専攻する人々にも実際的に「体験」をしてもらうように心がけた。幸いにも、臨床心理学の場合は心理療法という実際的な場があるので、それぞれが自ら実際的に体験することができる、という強さがある。その積み重ねのなかで、私は少しずつ自分の考えを伝えるようにした。

一九六五年にスイスから帰国して以来、もっぱら自分自身の経験を基にして考え続けてきたが、一九八二年に久しぶりにアメリカおよびスイスを訪ねた。そして、欧米においても西洋近代の自我を超えようとする動きが強くなってきており、心理療法を宗教と科学の接点に存在するものとして見ようとしている人たちが増加してきているのを知って、大いに意を強くした。

そもそもユング派の考えは、欧米の近代の考えと異なる少数派であったし、私自身は日本で一人でやっていて、そのユング派のなかでも孤立するのでは、とさえ思っていたのに、私の心理療法に対する考えに関心をもつ人が意外に多く——と言ってもユング派の人たちだが——この欧米訪問を契機にして、私は海外から講演や講義などに招聘されることが多くなった。

一九八三年には、スイスのアスコナで行われるエラノス会議、および、ダボスで行われたトランスパーソナル学会に招かれて発表することになった。ここで諸外国の著名な学者に接して話し合ったことによって、私の考えも急激に進んだし、自分の考えを相当に自信をもって国内に発表できるようになったと思う。エラノス会議で親しく語った、ユング派分析家、ジェームス・ヒルマン、ヴォルフガング・ギーゲリッヒ、アメリカのシラキュース大学の神学教授、デイヴィッド・ミラーの諸氏からは強い影響を受けた。また、トランスパーソナルの学会では、精神科医のスタニスラフ・グロフ、宇宙飛行士のラッセル・シュワイカート、それに今は故人となったが当時の会長のセシル・バーニーの諸氏と話し合ったことも大きい収獲となった。これらすべての人は、その後来日し、何度も話し合う機会をもった。

意識の多層性

トランスパーソナルという考えは、西洋の近代自我を超えようとする試みとして、高く評価すべきであると思った。しかし、すべて「ムーヴメント」という動きにつきものの「うさんくささ」が強く、どのあたりで一線を画するかが大きい問題と感じられた。一九八五年に日本でトランスパーソナルの大会が行われたが、私はそれとの距離の取り方に苦心をした。「うさんくさい」からと言って関係を断つのは残念だし、完全にコミットするには危険性が強すぎるのである。

トランスパーソナルに関する私の考えは、本巻のなかの「ニューサイエンスとしての心理学」に述べられているが、端的に言うと、安易な魔術的思考に陥る人があまりにも多い、ということであろう。後にも述べるが、ユングの提唱した「共時性」の現象に注目するのはいいとして、それを知らず知らずのうちに偽の因果律として受けとめてしまう傾向が強いのである。こうなると、それは偽科学になったり偽宗教になったりしてしまう。

共時性について私がはじめて知ったのは、アメリカ留学中にクロッパー教授の講義を通じてであった。私はこれは今後の学問の発展に極めて重要な役割をもつ概念であると思い、いろいろと考え続けたが、これもなかなか「危険」なものであると自覚していた。ユングは「意味のある偶然の一致」という表現をしているが、何らの因果的連関もない事象が互いに「意味」の連関をもって生じることがある。これは「人間」を研究する上において極めて重要なことと思うが、実はこのような共時的現象によって、人と「もの」が、こころとからだが関連し合うことも生じるのである。そのような点で、新しい科学を考えてゆく上でどうしても無視できない――厄介なことではあるが――考え方と言わねばならない。

ユングが共時性について公的に発表したのは、一九五二年のエラノス会議においてであるが、彼は早くからこのような考えをもちつつ二十年余の沈黙を守り、ついに発表したものである。それでもなお理解する人は少なく、多くの非難も浴びた。それが最近になって少しずつ認められるようになり、トランスパーソナルの人々にとっては、ユングの共時性は彼らの考えを支える強力な基盤となった。

一九八五年の日本におけるトランスパーソナル学会の開催を機会に、私も共時性の考えや、近代自我を超えようとする試みについて、マス・メディアを通じても伝える努力をした。これは誤解の危惧を伴いながらなされたが、あんがいよく一般に受けいれられたと感じられた。そのようなときに、雑誌の『世界』より「宗教と科学の接点」と題して連載をするように要請された。

これは有難いことではあったが、引受けるのに迷いがあった。私のなかでこの問題が他に発表し得るほど熟していないと感じていたからである。しかし、この問題はいくら考えても早急に結論めいたことが出てくるはずもなく、せっかく与えられた機会を生かして、ともかく自分にとって言える範囲で発言させていただこうと決心した。

このような連載をお引受けしたもうひとつの理由は、井筒俊彦先生の著作に触れて、自分の考えをまとめてゆく大切な柱として、「意識の多層性」ひいては「現実の多層性」ということを用いることができると思ったからである。井筒先生はエラノス会議に早くから参加され、超一流の国際的な学者として私にとっては「雲の上の人」という感じで、お会いできることなどはあり得ない、と思っていた。それがまったく思いがけなく、エラノス会議に私を推薦して下さり、それが縁で、鎌倉のお宅にお伺いしたりするような光栄な体験をすることになった。

私のように東洋と西洋、宗教と科学、ものとこころ、といろいろな場における中間帯でうろうろとしている者にとって、井筒哲学は自分の考えを支える強力な基礎となった。「意識の多層性」という考えは、心理学、哲学、宗教などをうまくつなぎ合わせてくれるし、東洋と西洋の橋渡しをしてくれる。

日常の意識というものは極めて重要で、これが確立していないと人間は生きてゆけないと言っていいだろう。そして、この意識をひたすら洗錬してゆくことによって、自然科学の体系もできあがってきたと言える。しかしこのような意識と異なる意識の層があり、それは通常の意識からすると――たとえば、夢のように――漠然としたり、矛盾に満ちていたりするように感じられるが、そのような意識を明確に体験し、そのような意識によって把握された「現実」について語っているのが、東洋における多くの宗教の教典であると考えられる。

西洋の近代の意識があまりにも一面的に強固なものとなったとき、それを補償したり基礎づけたりする「深層の意識」の重要性に注目したフロイトやユングが、それを「無意識」と呼んだのだと思うとよく了解されるのである。

このような考えで『宗教と科学の接点』を書いたが、これは思いの外に広く受けいれられ、現在もなお版を重ねている。そして、これを機会に、私は相当思い切って、この中間帯に関する発言を重ねてきた。一九八〇年代の後半より現在に至るそれらの論文が本巻に収録されている。

ユングによる「自己」と日本人

日本人がユング心理学に関心をもつ理由のひとつとして、ユングの提唱する「自己」という考えがある。これは、西洋近代の「自我」(ego)に対する一面的な重要視に対する一種のアンチテーゼとしてユングが提出したものとも言える。ユングは、自我は意識の(つまり、日常意識の)中心としての意味をもつが、人間は意識も無意識(つまり、深層意識)もこめた、こころ全体を重視する必要を説き、その仮定的な中心を「自己」と名づけた。しかし、ここでユングは矛盾を恐れず、自己は「中心でもあるし、全体でもある」と述べている。

東洋の宗教や哲学においては、「真の自己」という考え方がある。これは私流に言えば、日常意識ではなく、深層意識によって把握された自分ということになろうが、それを到達可能な一点として理解し、それを完成した個人の存在を安易に設定すると問題が生じてくるように思う。それが到達可能と思うことによって、それに至る「段階」が考えられ、それが日常意識と結びつくと、宗教的世界にまったく日常的な階級が出現してきたりする、あるいは、極めて強力な「最高位」の人間が出てきたりもする。

ここで問題をますます難しくするのは、その「最高位」の人は絶対に正しいということになり、議論が不可能となる点にある。中心としての「自己」イメージを実存する人間や組織に投影すると、人間は「文句なし」に何かに盲従してしまうことになる。日本人は戦争中にそのようなことを経験したにもかかわらず、現在でもまだまだその傾向を保持しているのではなかろうか。

デイヴィッド・ミラーの影響を受けたこともあって、現在の状況を考える上で、「一神教と多神教」というトピックも重要と考えてきた。その考えは本巻収録の評論にも述べている。この点については、日本人で関心をもつ人が多く、最近の湾岸戦争のときのアメリカの「正義のために戦う」姿勢を批判的に感じた人は、そこに一神教の恐ろしさを感じ、多神教のもつあいまいさをむしろ可とするような論がなされた。しかし、既に述べたように、日本人としては、多神教でありながら実際的には極めて固い一神教的な行動をする傾向を自らがもっていることを、よくよく認識している必要があると思われる。自分の意識していないところで、無意識的な宗教的情熱が巻き起こり、全体として一面的な行動をしてしまうのである。

こんなことを考えると、ヒルマンが強調するように「自己」よりも「たましい」という、はるかにつかまえどころのない言葉を使う方が望ましいし、「自己実現」というよりは、「たましいをつくる」(soul making)という表現の方がいいとも思う。

現代人は近代の科学技術の発展によって、実に便利で効率のよい生活をするようになったが、それが達成されれば達成されるほど、強い不安を感じるようになってきた。端的に言えば、いかに科学が進歩しても、人間は死を免れることができないという事実が、この不安の背後に存在している。そして「私自身の死」ということは、科学的に解明できないし、それについては、私自身が自分の人生観のなかに、それをどう収めるかという、宗教的課題に直面せざるを得ないのである。

既に述べた「意識の多層性」という点が明確にされていなかったために、宗教と科学は時に敵対するものとして受けとめられたこともあったが、両者は敵対するよりも相補うものとして、あるいは、もっと接近するものとして受けとめられることになるであろう。そして、本巻に「対話の条件」として提示した論考のように、両者の対話は困難ではあってても可能であるし、価値あるものとなるであろう。

ここで、もう一度「自己」のことに話を戻すことにしよう。ユングは「自己は中心であると共に全体である」と矛盾した表現をしたが、その点についてわれわれはもっと考えてみる必要があると思われる。西洋においても「中心」ということのみが強調されて一神教的思考と結びつき、直線的段階的な考えや、絶対的な考えにつながってくることを、ヒルマンなどは警戒しているが、わが国においても既述したような危険な傾向が生じることを自覚し、「自己」という用語を使用するときには慎重になる必要がある。それがもつ不可解な全体性の方に、もっと注目すべきと思われる。

かつてユングは聴衆に向かって、「ここに居られる皆さんが、私の自己です」と言ったという。私はこの言葉が好きである。自己というのは実に捉え難いし、知ろうとすればすぐ身近に存在しているとも言える。このように考えることによって、われわれの日常生活が宗教性をもつと考えられるのではなかろうか。

河合隼雄著作集第11巻　宗教と科学　目次

I

宗教と科学の接点

第一章　たましいについて

はじめに

最近わが国においても、「ニューサイエンス」と呼ばれる領域がマスコミに取りあげられるようになった。これは、一九七〇年初期からアメリカやイギリスにおいて始まった、ニューエイジ科学運動のことを指しているが、この運動はヨーロッパにもひろがりつつあり、今後も相当に強力になり拡大されてゆくものと思われる。この運動は極めて専門的な科学者のみならず、文化系の学者、さらには一般市民をも巻きこむような形で展開されつつあるところに特徴をもっている。もう一つの特徴として、今までは単純に対立的に捉えられがちであった宗教と科学が、思いの外に相接する形で論じられる、ということがあげられるであろう。宗教と科学の問題は二十一世紀の人類を考える上で極めて重要であり、現在において誰しも真剣に取りあげねばならぬ問題である。

筆者はもともと数学科の出身であるが、その後、臨床心理学に転じ、生身の人間と取り組まねばならぬ領域にはいりこんだため、人間を研究対象とする上での方法論、科学論には常に関心をもち続けてきたが、心理療法の経験が深まれば深まるほど、人間の宗教性についても考えざるを得なくなり、文字どおり科学と宗教の接点に立たされることになったと言えるのである。そのような体験を踏まえて、本書において宗教と科学の接点の問題について論じてみたい。ただ、ニューエイジ科学運動においては、深層心理学はもちろんであるが、理論物理学、大脳生理学、生物学、生態学、文化人類学、宗教学など実に多岐にわたる専門分野が関連してきて、到底それをすべてカバーして理解することは不可能である。そこで、筆者としては、もっぱら自分の専門である心理療法家であるという立場を生かしつつ、筆者の能力の及ぶ範囲内において、この問題を論じてみたいと思っている。これが機縁となって、わが国の各分野から宗教と科学についての討論が生じてくるならば、まことに幸であると思っている。

一九八五年四月二十三日より二十九日に至るまで、京都の国際会議場で第九回トランスパーソナル国際会議が開かれた。トランスパーソナルという用語は日本人にはなじみのない言葉であるが、この会議は最初アイスランドで、一九七二年に国際トランスパーソナル心理学会が開かれたのが始まりで、その後、心理学以外の分野の人々が多く参加しだしたので、一九七八年に行われた第四回の学会からは国際トランスパーソナル学会(International Transpersonal Association)と称するようになった。このトランスパーソナル、すなわち、超個人という言葉は、西洋人がこれまで大切にしてきた個人ということを超えて、人間は最も根本的な基層においては共通なものを有している、という認識の上に立っている。個人というものをあまりにも他と切り離した存在として考える傾向は、その関連において、物と心とを、自国と他国とを、そしてその他多くの点において「切り離し」て考えることを助長しすぎてきた。このあたりで、今まで自明のこととして存在してきた多くの境界を超えて考えてみることをしようではないか、という立場が、トランスパーソナルの立場なのである。従って、そこでは今まで対立的に捉えられがちだった宗教と科学も、その境界を超えて論じられることになるのである。

筆者はこの会議に日本側の組織委員として出席し、発表もしたので、この会議中に経験したり、感じたりしたことを基にしつつ、宗教と科学の接点の問題について考えてみたい。この会議は、まさにこの問題にぴったりのことが多く論じられたのである。

トランスパーソナル学会

トランスパーソナル心理学は、ユング派の分析家が多く参加しているためもあって、筆者はその存在を知っていたが、実態に触れたのは、一九八三年にスイスのダボスにおいて第八回大会が開かれたとき、発表者として招かれたときである。発表者には高名な分析家も多く含まれており、光栄なことと思って出かけて行ったが、行ってみると大分予想と異なっていて、正直なところしっくりと来なかった。これはこの会議に出席する直前、同じくスイスのアスコナで開かれたエラノス会議に出席していたため、両者の在り方があまりにも対照的であったので、余計にこのように感じたのであろう。エラノス会議はアカデミックであるのみならず、すべてのスタイルがクラシックであり、筆者は初めての参加だったために大いに感激したのだが、それに比べると、トランスパーソナルはお祭り騒ぎ的で、何となくいかがわしい人たちもいるし、さっぱり様子が違って、どうも「うさんくさい」という感じを受けたのである。

しかし、発表を聞いているうちに、なかには素晴らしいものがあり、宗教と科学の接点をめぐり新しいパラダイムを見出そうとする熱気のようなものも感じられて、だんだんとそのなかにはいってゆくことが出来た。ところが、一番鼻もちならぬ感じがしたのは、東洋に対する投影が強く、東洋こそ深い知恵の国であるといった類の話をする人がいることと、正式の発表者のなかにはさすがにいなかったが、あちこちで自由なワークショップが開かれているなかには、科学と宗教という題を出すかぎり必ず現われてくると言っていいようなファナティックな人物がちょいちょいいたことであった。筆者はしまいには腹が立ってきて、「皆さんの言っておられる東洋というのはどこにあるのですか、私は東洋人ですが、そんなところは見たことがありません」などと皮肉を言ったりもした。

参加していてもうひとつ不思議に思ったことは、有名なユング派の分析家などが、わざわざ高い旅費と参加費を払い、長期にわたる休暇をとって話を聞くためにこれに参加しているということであった。われわれ日本の多忙さに慣れているものにとって、これは奇異な感じがすることである。しかし、それらの人と話し合っていて解ったことは、宗教と科学ということ、あるいは、会議中によく聞かれたスピリットの世界(これを霊、あるいは精神などと訳すと少し違った感じになってしまうが)に対する問題意識、およびそれとの関連で、現代の欧米の文明に対する危機意識が極めて高く、そのような点について深く考える機会を逃がしたくはない、という強い熱意がそこに底流している、ということであった。

このことは日本人にはなかなか了解し難いことかも知れない。まず、この人たちの感じている強い危機感は、日本人に伝わりにくい。今回の会議においても何度か話題に出たが、核兵器に対する危機感は、欧米に比して日本は非常に稀薄である。おそらく、今回の会議に出席した多くの日本人は、そこで語られる危機感の強さに驚いたであろうし、逆に、外国人は日本人が原爆の体験をもちつつ、個々人としてはあまりにも核兵器に対する危機感が少ないのに驚いたであろう。この点については、今回来日した宇宙飛行士のラッセル・シュワイカートが次のようにうまく表現していた。すなわち、日本人はバランス感覚がよいので、少しぐらい揺れがきてもそのうちもとに戻るさ、といった安心感のようなものを多くの人が持っている。それは舟で海の上を航海するようなもので、右に揺れ左に揺れしながらも進んでゆくと思っている。しかし、揺れが一定以上に大きいときは舟に水がはいり、もう沈むより仕方がなくなる。現代の核の脅威は地球全体にとって、そのようなものではなかろうか、と言うのである。これは日本人特有の楽観というよりは、「成り行きまかせ式安心感」の怖さを非常にうまく表現していると思われる。これに対して、欧米の人々は核兵器について強い危機感を持つと共に、それを西洋近代の文明一般に対する危機として受けとめ、そこに何らかの突破口を見出さねばならぬと切迫感を感じているのである。

西洋近代の文明というとき、日本人がよく誤解するのは、その科学をあまりにもキリスト教と対立的に捉えてしまう点である。近代科学とキリスト教は日本人が単純に考えているほど対立的ではない。むしろ相補的と言うべきであろうか。この点については、村上陽一郎が一連の著作のなかで口を酸っぱくして論じ続けており、筆者も大いに賛成である。村上は十六、十七世紀のいわゆる「科学の天才」たちが、今日われわれが考えているような「科学的」、「合理的」な態度によって自然の事象を研究しようとしたのではないことを多くの例をあげて示している。コペルニクス、ガリレオ、ニュートンたちは、「彼らの自然についての知識を、信ずる神の作品の内部に刻まれた造り手の計画を知り、その栄光を讃えることを目的として、追究し続けていた(1)」のである。彼らの科学体系を築きあげてゆく熱意は、唯一の神の意志を知ろうとするという強い欲求に支えられていたのである。

十八世紀の自由思想家たちの努力を経て、十九世紀になると、「知識(scientia)は、神の意志を知りその栄光を讃えるためではなく、人間に現世的な幸福をもたらす能力(potentia)を備えたものとして、世俗的に追究されることになった(2)」ことは事実である。しかし、そこにも唯一絶対神を上に戴く傾向は潜在的に認められる。つまり、論理的整合性をもった唯一の統合されたシステムによって、自然現象を(ひいては人間の現象も)理解できるはずだ、あるいは、してみせるという強い意図にそれが表わされているのである。そこには、真理はひとつ、正しいものはひとつ、という強い確信がある。このような意味で、今まではキリスト教と対立するものと見られがちだった進化論、マルキシズム、フロイトによる精神分析などは、広い視野に立つと、むしろユダヤ＝キリスト教の一神教的な考えの延長にあるものとして理解する必要があると思われる。

トランスパーソナル学会の人々が西洋近代文明の危機を感じ、その見直しをしようとするとき、それは自然科学のみではなく、キリスト教に対する見直しをも含んでいる。従って、このような自覚に立つ欧米の人々は極めて強い中心の喪失感に襲われているのであり、この学会のように、そこから何か新しいパラダイムを見出す可能性が感じられるのなら、高い旅費や会費などは問題でなくなってくるのである。自分自身の生存の根本問題に関連してくると思うのだから、それはまったく「高い」ものではない。むしろ、このようなことにあまり興味を示さない日本人の方が変っていると彼らには感じられるのである。

日本の状況

第八回大会に出席して、筆者はそれなりに面白く、既に述べてきたようなことを感じたりしていたが、第九回大会を日本で開きたいと聞き、驚いてしまった。そこでそれはあまりに時機尚早であり、自分としては協力できないことをはっきりと申し入れた。そこで、会長のセシル・バーニー博士がぜひ話し合いたいというのでそれに応じた。筆者としては、日本では未だニューエイジ科学運動に関心をもつ人があまりにも少ないこと、それに日本のアカデミズムは大変に「固い」ので、トランスパーソナルに出てくる人のなかには、やや「いかがわしい」

人がいるために拒否反応が生じて駄目であること、を指摘した。そして、身体と心、自と他、東洋と西洋などと今まで対立的に捉えられていたことを、全体的《ホーリスティック》な観点から見ると言うと聞こえはいいが、このようなときには必ず合理的思考力の弱い、あるいは理論構成力の弱い人がやってくる傾向があり、日本の研究者はそのような人がたとえ面白いひらめきや直観力などをもっていても、まったく評価しないことなどをずけずけと話をした。

するとバーニー会長は、その点についてはトランスパーソナル学会全体のこととしても危惧していたところであり、日本の会議においては、その点について発表者を厳選すること、会議の全体については自分が責任をもつので、むしろ、できるだけの援助をしてくれる程度でいい、と言明した。彼があまりにも明確にものを言い、私の意見に全面的に賛成してくれ、彼の率直な態度にも感心したので、日本での開催に同意した次第であった。

日本での会議においては、バーニー会長は約束を守ってくれ、彼の言葉によると、会費を払ってでも発表したいという申込みが二百ほどあったが、自分たちがこれはと思って依頼した人以外はすべて断ったとのことであった。おかげで、日本での会議は妙なお祭り騒ぎにもならず、「いかがわしい」発表もなくて非常によかった。しかし、このような厳選主義のためか、参加者はスイスのときに比べると相当に少なかった。トランスパーソナル会議としては、今後もこのような厳しい態度は続けてゆくつもりらしい。運動の初期においては、いろいろといかがわしいことがはいりこんでくるのも避け難いことであろう。

ところで日本の研究者の態度について、バーニー会長には説明しておいたが、今回参加した外国の学者たちは、その点について奇異に感じた人もあったようである。たとえば、宇宙飛行士のシュワイカート氏とは、個人的にも大分話し合う機会があったが、彼は「日本の科学者は実に固い(rigid)」と言っていた。つまり、日本の科学者は、宗教とかスピリットなどと聞くと、それだけですぐに「非科学的」と判断し、そして「まやかし」だと断定してしまうというのである。

トランスパーソナル学会を日本で開くにあたって、参加者を集めるために苦労した話をすると、幹部の一人は「日本こそもっともトランスパーソナルな土壌をもっているのに、どうしてか」と反論してきた。これは確かにその通りで、後に東洋と西洋のことを論じる際に触れるが、日本の方が欧米に比してはるかにトランスパーソナルな伝統をもっていると言えるのだが、やはり日本のインテリたちは西洋近代を模範として、それに追いつこうと努力してきたので、欧米の現代人よりかえって西洋近代にしがみついているところがあるのだと説明して、何とか納得していただいた。

もちろん、これは日本の学会の一般的傾向であり、日本の学者でも最先端を行く人々や、そうとは名乗らないにしてもトランスパーソナル的発想の豊かな人々もいるのは事実である。ジャーナリストの増永俊一は、既に一九八四年に、本書に取りあげる多くの宗教と科学の接点の問題について、わが国の学者との対話を通じて論じている(3)。

日本の伝統的な芸術や芸能が連日紹介され、非常によかった。しかし、日本の伝統を説明するときには、「西洋の物質文明に対して、日本は精神的……」といったパターン化された表現が出てくることがあった。そんなとき、ある西洋人は、ではどうして現代の日本人は世界でも最先端といっていいほどの物質文明の享受者になっているのか、と鋭く問うてきた。彼はそこまでは言わなかったが、精神性を尊ぶなどと言いつつ、日本人はどうしてエコノミック・アニマルになるのか、と言いたかったのではなかろうか。これに答えるのは、なかなか難しいことである。

西洋は物質文明、東洋(日本)は精神文明などというのは、日本人の偏見である。西洋が物質に関する科学という学問を発展させたのは、キリスト教という精神的な支えがあったからなのである。日本は西洋の文明をキリスト教抜きで輸入したので、彼らから見ると、それは誤解であるにしろ、エコノミック・アニマルに見えるのであろう。それでは、日本の精神とは何か、宗教性はどうなっているかというと返答に窮するのである。

人間存在

トランスパーソナルということは、個人を超えることである。と言っても、これは個々の人間存在が大切でないと言っているのではない。むしろ逆に人間存在の大切さをそれは強調するものである。この大会を通じて、確かに一人の人間が「そこにいる」ということが実に重要であることを、痛感させられた。たとえば、ジョン・ウィアー・ペリーは分裂病の心理療法家として極めて名高い人であるが、彼は分裂病のことなど一切話さずに、中国の古代における王に関する観念について話をした。中国の古代において理想とされる「無為にして化す」と言われる王の姿について彼が語るのを聞きながら、彼は実のところ分裂病の心理療法の根本問題について語っているのだ、ということに私は気づいた。彼はまた、王が権力をもち出すと堕落して、自分の力によってすべてを支配するようになることも語ったが、彼が比較して語っている王の在り様は、すなわち、心理療法家の在り様につながるものなのである。

精神分裂病の治療は大変な困難事である。ペリーが長年にわたってそれをやり抜いてきたことについて、私は関心も持っていたし、尊敬もしていた。そこで、パーティのときなどに分裂病の治療について、いろいろと尋ねてみた。彼の話の最も大切なことは、先ほどの中国の王の話と同じことである。どれほど妄想や幻覚に悩まされ、あるいは、荒れ狂っている患者さんに対しても、それをこちらが静めようとか治そうとかするのではなく、「こちらが自らの中心をはずすことなく、ずっと傍にいる」と、だんだん収まってくる、と言うのである。こんな話に対して、まったく馬鹿げたことと言う人がいるかも知れない。しかし、中国の道士のような静かななかに厳しさをもったペリーと話し合っていると、私はおそらくそうであろうと思ってしまう。しかし、分裂病の人の傍にずっといて、こちらの「中心をはずさずにいる」などということが、どれほど至難のことかも私はよく知っている。ペリーと話し合ったとき、彼は分裂病の治療はあまりにもエネルギーのいることであり、自分は年老いてきたので、最近は分裂病の治療はしていないと言っていた。「何もせずに傍にいる」ことは測り知れぬエネルギーのいる仕事なのである。

トランスパーソナルということは、既に述べたように心理学の領域、特に心理療法に従事する人たちから生じてきた。それはどうしてなのか、ここに少し説明しておきたい。心理学ははじめ十九世紀の「自然科学」を範として、実験心理学として発展してきた。人間の「意識」などということを扱うと、方法論的に混乱に陥るので、もっぱら客観的観察可能なこととして、人間の「行動」を対象として、いわゆる行動主義の心理学を築いてきた。アカデミックな心理学が当時において、方法論的な確かさを頼りにするかぎり、これも仕方のないことであったろうし、行動主義の心理学は現在まで進歩を続けてきている。しかしながら、心理療法においては、どうしても人間の意識を扱わざるを得ない。人が恐いから外出できないというノイローゼの人に対しては、その人が「人が恐い」と意識していることを問題にせざるを得ないのである。

精神分析を創始したフロイトは無意識を問題にした。しかし、これとても、そもそも意識を問題としたからのことであり、彼が無意識と呼んでいることも、分析を通じて結局は意識化されてくるのだから、つまるところ、

「意識」が問題なのだと言えるのである。フロイトは意識を扱う点において、行動主義の心理学とは異なったが、彼の理論をできるかぎり十九世紀の科学モデルに沿うような形で提示しようとした。従って、彼の理論は因果律的な決定論として展開された。このことは後に論じるように方法論的には問題をはらんでいるが、ともかく彼の理論が「科学的」粧いをもっていることは、特にアメリカにおいて一般にひろく歓迎されることの一因となった。ノイローゼの「原因」が個人の生活史のなかに見出され、その原因についてはっきりと意識することによって患者は癒される。治療者は従って、そのような原因を見出すための技法と理論を知っており、それによって患者の病いを治してくれるのである。このような考えは、最初の前提を疑わないかぎり、解りやすく、受けいれやすい。

これに対して、ユングは彼が精神分裂病者の治療にあたることが多かったためもあって、フロイトの考えに全面的には同調し難いと感じるようになった。分裂病者に対して、その「原因」を過去の生活史に見出すことは困難である。もちろん、それらしきことは見出せても、それが決定的なものであるかどうかは疑わしい。ユングは分裂病者のような深い問題をもつ患者に接しているうちに、人間のたましい (die Seele) ということを考えざるを得なくなってくる。たましいはもちろん実体概念ではない。それは時間、空間によって定位できない。しかし人間はたましいの作用、あるいは、はたらきは体験する。分裂病の多くの症状を個人の生活史や、何らかの物質的原因に還元して考えるのではなく、たましいのはたらきとして見る方が妥当ではないだろうか。

このような考えに立って、人間を見ていると、何も分裂病に限ったことではない。「普通の」人間も、たましいのはたらきによって動かされていることがよく解る。本人にとってもまったく不可解な恋愛、それをたましいのはたらきとして理解してはどうであろうか。あるいは、ユングのところによく治療を受けに来たと言われる、社会的には成功し、物質的には何の不足もないのに、生きてゆく気力がまったく無くなったような人たち、これはたましいとの接触を失った人と考えてみてはどうであろうか。

たましいとユングが呼んだものと、どのように接触してゆくかということを、人間はいろいろと考え出し、それを宗教という形で伝えてきた。宗教はそれぞれ特定の宗派をもち、それぞれがたましいにいかに接するか、それをどのように考えるか、などの点について厳格な理論や方法を有してきた。しかし、ユングはたましいを宗教としてではなく、あくまで心理学として研究しようとした。すなわち彼は、固定した方法や理論、つまり儀式や教義を確定するのではなく、個々の場合に応じてたましいの現象をよく見てゆき、それを記述しようと試みたのである。もちろん、古来からの宗教の知識はその点において極めて有用であり、その多くを利用はしたが、どれか特定のものに頼ろうとはしなかった。

たましいの現象は不思議なことや不可解なことに満ちていた。ユングはそれらを真剣に観察し記録していったが、多くのことに関しては発表してもおそらく理解して貰えないだろうと思い、公表を長らくためらったものもある。公表した後も、彼は死の時まで自分の真に述べたいことは世の中に理解されなかった、ということを嘆いていたという。もちろん、このことは彼自身も自分の考えを不確かなままで発言しているので、表現が解りにくかったり、彼が自分の行なっていることに対する方法論についてあいまいであったり、直観に頼って理論的な詰めをおろそかにしたりするという欠点のためもあったが、何しろ彼の考えが時代の流れをあまりにも先取りし過ぎていたためと言えるであろう。

彼がたましいの現象について見出した、もっとも大切なこととして、共時性(synchronicity)ということがあるであろう。この点については、次章で詳しく取り扱いたいと思っているが、それは端的に言えば、たましいの現象のなかには因果律によって把握できぬものがあること、それは「意味のある偶然の一致」と今までに呼ばれてきたように、継時的にではなく共時的に把握することのできるものであること、の指摘である。ユングはこの考えについて、まだ考えのまとまらないまま、その考えの一端をアインシュタインに話をしたら、アインシュタインは、それは極めて重要なことだから必ずその考えの発展を怠らないようにせよ、と言ったという(4)。

人間のたましいに対する研究を通じて、心理療法の在り方が根本的に変ってきた。フロイトの考えによれば、治療者は明確な理論と技法によって、患者の症状の「原因」を探り、その原因に対する何らかの対処の方法を見出してゆくのであった。しかし、治療者は人間の「たましい」を扱っていると自覚するかぎり、彼は原因結果の因果的連鎖のなかにおいて、その症状を理解しようとするのではなく、たましいのはたらきの不思議に身をゆだねることが大切となってくる。患者はおそらく、自らのたましいのはたらきをどこかで歪ませているのであろう。従って、治療者は患者のたましいが自然にはたらく場を提供すること、そこに生じる現象を注意深く見守ることが大切である。人間の心とか身体とか、心のなかのどこか一部に焦点をあてるのではない。たましいに注目するということは、人間の全存在に対して開かれた態度で接することである。ペリーの比喩を用いるなら、中国の理想の王が全人民に対して心を開き、ただ無為でいたように、治療者は自分をも含めて、そこに存在するすべてのことに心を開き、無為でいるべきなのである。

このような考えで治療をすることは、治療者という「個人」が、個人の力によって患者を治すというモデルとはまったく異なることである。たましいは治療者という個人、患者という個人を超えてはたらくものである。ここにトランスパーソナル心理学、トランスパーソナル心理療法などと言われるものが生じてきたのである。ところで、そのような心理学の集まりに、物理学、生物学などもっと広い分野の人々がはいりこんでくることになった。これは、人間を全存在として捉えるという態度が、他の分野の人々の方法論的な反省と結びつくところがあり、そもそも人間をどう考えるか、人間を取りまく世界をどう考えるか、という点で他の分野の人々の共感を呼び、新しいパラダイムを求めて共に努力を結集しようとすることになったのである。

たましいとは何か

これまでの論議に「たましい」という言葉を用いてきた。述べられている文脈のなかで読者は何となく「たましい」とは何かについて漠然とした考えを持たれたことと思うが、ここで、たましいとは何かという点について少し述べてみたい。もっとも、たましいに関しては古来から多くの考えがあり、文化や時代の差によってそこには相当な差も存在している。ここでは、それらに対する概観的な紹介をするのではなく、筆者が準拠しているユング派の分析家ヒルマンの考えに従って述べることにする。彼はたましい(soul)に関連して多くの著作を出版しているが、今回は彼の考えをコンパクトに要約した『元型的心理学[5]』によって述べることにしたい。

たましいということは、意図的なあいまいさをもつ概念であるとヒルマンは言う。そのあいまいさの故に、厳密には「概念」と言うこともできない。それは明確な定義を嫌う。それは人間の未知の要因であるが、そのことによって「意味」が可能になり、「事象」を人間の「経験」に変え、それは愛においてコミュニケートされるものである。しかし、「たましい」という言葉をわれわれは明確な方法によって用いることはできない。なぜそれはあいまいなのか、なぜわざわざそのようなあいまいな言葉を使用するのか。これに答えるためには、デカルトによる物と心の明確な切断について考えてみるとよい。デカルトの切断によって、すべてのことが明確になったが、それによって人間存在のもつ大切な何かが消え失せたのではないか。その大切な何かがたましいであり、デカルト的切断の明確さに対応するために、それはあいまいでなければならないのである。たましいをもし明確に定義するならば、それはデカルト的切断力によって、物か心かのいずれかに還元されてしまうであろう。従って、ヒルマンが、「たましいという言葉によって、私はまずひとつの実体《サブスタンス》ではなく、ある展望《パースペクティブ》、つまり、ものごと自身ではなくものごとに対する見方、を意味している」と述べるとき、それはデカルト的な世界観に対抗する見方をとることを宣言しているのである。物と心、自と他などの明確な分割によって近代人は多くを得たが、そこに見失われたものを尊重しようとする態度を、たましいというあいまいな言葉を用いることによって明らかにしようというのである。

デカルトが「考える」ことを重視したのに対して、たましいは「想像する」ことを重視する。想像《イマジネーション》こそは、たましいのはたらきであり、それを端的に体験するのは夢であろう。夢の大切な特徴は、それが人間の意識的自我によって支配できぬことである。夢は自我のつくり出したものでない証拠に、われわれは夢の展開がどうなるのか、まったくわからないし、「思いがけない」人物が登場し、展開が生じる。つまり、夢創作の主体は自我ではない。このような夢を創り出す主体をたましいであると考えてみるのである。

ここで、想像《イマジネーション》をわれわれが日常的につくり出す願望に色づけられた単純な空想と混同しないことが大切である。真の想像は何らかの創造につながるものである。つまり何かしら自我のあずかり知らぬものを提出する。たましいは、イメージ、メタファー、ファンタジーなどと呼ばれている一群の心のはたらきに大きくかかわっている。たましいは自我に対して神話をもって語りかけてくる。たましいから伝えられる生き生きとしたイメージは、外界の模像などではなく、それ自身独立に自律性をもって生じてくるのである。前節に述べた、ペリーの「中心をはずさずにいる」という表現も、彼のたましいから送られてきたファンタジーとして見ると、よくわかるのである。それは概念的思考によっては了解されないことである。

一人の若い女性の口もとがゆるむのを見るとき、恋人から自分への愛の証しとして、自分と関係づけるためには、われわれはそのようなファンタジーを必要とする。「事象を自分自身の経験へと深化させる」とヒルマンが言うのはこのことである。事象は自分という存在から切り離されて、普遍的事実として見られる。一人の女性の口もとがゆるむのは、そこにいるすべての人が見ることができる。それを「私の経験」にするためには、たましいから送られてくるファンタジーを必要とする。

たましいは、物と心の切断からもれてきたものであるだけに、人間の身体と心の終焉である「死」と深く関係するし、従って、宗教とも関連してくる。自分の死をいかに受けとめるかについて、たましいはつねにファンタジーを送り続ける。身体と心とは、己れの死についてパースペクティブをもつことが出来ない。このように、たましいは死と強く関連し、あいまいさをもつ故に、すべてのものがいかに明確に、明白に見えようとも、その影の部分を見る。たましいの言葉は、従って時に非常に暗く、破壊的ですらある。

自我心理学や人間性心理学に筆者があきたらないのは、それが個人の生きている間の自我にのみ限定しすぎて、あまりにもパースペクティブが狭すぎると感じるからである。トランスパーソナル心理学は、それを超えようとするものであるが、実のところ、それに対しても不満があり、まず第一に、たましいの明るい面のみを見過ぎるように感じられる。これは人間性心理学に対しても言えることであるが、あまりにも楽観的にすぎる。次に、トランスパーソナル心理学は、たましいのことをともすると明確な言語で語りすぎる傾向がある。第四章に紹介するスタニスラフ・グロフには非常に強い印象を受けたが、どこかしら不満が残った。それが何に由来するかうまく言えなかったが、これを書いていて感じることは、彼があまりに明快な言葉で語りすぎるということである。

明快さは、最初に述べたように、たましいの重要な部分を殺すか、取り残してしまうのである。

たましいという定義し難い言葉を用いるということは、既に述べたように世界に対するかかわり方の根本姿勢を表明していることになる。たましいということは定義できないので、それについて知ろうとするとき、われわれはファンタジー、あるいは、神話に頼ることになる。たましいについての神話を自分にとって納得のいくものとしてつくりあげてゆくことが、ユングの言う個性化の過程(process of individuation)なのであり、それは死ぬまで続く過程なのである。近代的な明確な思考法に親しんでいる人は、本書のような記述にいら立ったり、馬鹿馬鹿しく感じられたりすることであろう。しかし、それに耐えて、この「たましい」との関連において世界を見続けてこそ、近代人が失った世界との濃密な関係を回復できるのである。

哲学者の中村雄二郎が「科学の知」に対して「神話の知」の重要性を説くとき、そこには「たましい」という用語は使用されていないが、ここに筆者が述べたことと同様のことを主張しているものと思われる。中村は「神話の知の基礎にあるのは、私たちをとりまく物事とそれから構成されている世界とを宇宙論的に濃密な意味をもったものとしてとらえたいという根源的な欲求[6]」であると述べている。ここに中村がわざわざ傍点を付して表現した「根源的な欲求」こそ、われわれの言葉で言えば、「たましい」から発したものであると言えるであろう。そして中村は、「神話の知はこのように、ことばにより、既存の限られた具象的イメージをさまざまに組合わすことで隠喩的に宇宙秩序をとらえ、表現したものである。そしてこのようなものとしての古代神話が永い歴史のへだたりをこえて現代の私たちに訴えかける力があるのも、私たち人間には現実の生活のなかでは見えにくく感じにくくなったものへの、宇宙秩序への郷愁があるからであろう[7]」と、神話の知の特性を見事に表現している。

西洋近代の自我

人間存在を全体として、たましいということも含めて考えようとすることは、宗教との必然的なかかわりを生ぜしめる。しかし、そこであくまでもたましいの現象を探究してゆこうとする態度は科学的と呼んで差し支えないものであり、ここに科学と宗教の接点が生じてくるのである。しかし、そんなことを言っても、たましいなどということを対象とすること自体、既に科学的ではない、と反論する人もあろう。つまり、たましいなどという測定不能なものは科学の対象外なのである。この点をどう考えるべきであろうか。これを考えるためには、西洋近代に確立された、自我の問題について少し考察する必要があるだろう。今回トランスパーソナル会議で議論され、多くの人を惹きつけた、たましい、死、狂、身体性、などということは、考えてみると、西洋近代の自我が自らの体系のなかから排除してきたものではなかったろうか。このように考えると、ともかく自我について検討してみることの必要性が了解されるであろう。

西洋近代に確立された自我は、自分を他と切り離した独立した存在として自覚し、他に対して自立的であろうとするところに、その特徴がある。このようにして確立された個人を、英語で individual と表現する。つまり、これ以上は分割し得ざる存在ということであり、その個人を成立させるためには、ものごとを分割する、切断するという機能が重要なはたらきをもつことを示している。有機物と無機物という分割、有機物をまた分割してゆき、人間と他の生物という分割が行われ、その人間をいかに分割していっても、個人が分割し得ないものとして残る。このことは逆に言えば、個人は他と切り離されることによって存在が明らかになると言える。

ユング派の分析家、エーリッヒ・ノイマンは人間の意識の起源を象徴的表現のなかに認めようとし、西洋近代の自我＝意識は極めて特異なものであり、それは壮年の男子の英雄像によって象徴され、象徴的な母殺しを達成することによって、自我が確立されるのだ、と述べている。(8) このことについて詳述する余裕はないが、ここで言う象徴的母殺しは、自分を取り巻くすべてのものと自分を切り離してみること、とも解釈できるであろう。

このように他と切り離して確立された自我が、自然科学を確立するための重要な条件となっていることは容易に了解できるであろう。つまり、このような自我をもってして、はじめて外界を客観的に観察できるのである。このような「切り離し」による外界の認識は、個々の人間とは直接関係しないものとなり、その意味で「普遍性」をもつので、極めて強力な知を人間に提供する。これが、これまでの自然科学である。しかし、このようなことが成立可能となるための背景にキリスト教が存在したことも、われわれは見過ごしてはならない。科学の知が論理的に整合的な統合された体系をつくるはずである、それが自然なのだという確信を、一神教の世界観が支えていることは既に述べた。それと共に、このように他と切り離して存在する自我は、自分自身のこととなると、それは神とつながっていることを信じ、自我は死によって一度はこの世から消え去るかのごとく見えても、必ず復活するのだということを信じることによって、支えられているのである。科学における「知ること」は、このような「信じること」によって、その存在を支えられていた。東洋のように「この世は幻」と信じるのではなく、この世のことに力を尽し、自我を確立するのは、結局、死後に復活し、しかも生前になしたことについて最後の審判によって評価されると信じないかぎり、まったく空しいことになるのではなかろうか。自我の確立に高い価値を置くためには、一回限りの復活を信じることが必要なのである。さもなければ、せっかく自我を確立しても死んでしまえば、まったくの無になってしまうことになる。

このように確立された自我は、十九世紀後半から二十世紀にかけて、極端な肥大化を経験した。簡単に言ってしまえば、自我が神の座を奪ったのである。自我が世界の中心になった。これは考えてみると当然と言えることかも知れない。西洋の近代自我は自然科学を武器として、この世の現実を支配し続けてゆくうちに、そこに見出されることがキリスト教の教義と矛盾することが解ってきた。一神教的世界観は、そのシステム内に矛盾を許容できない。どちらかが真でどちらかが偽でなければならない。このような発想で進んでゆくかぎり、自然科学が真で教義の方が誤りであると考えざるを得ないことが多くなった。そのようなことの繰り返しのなかで、もちろん、キリスト教の教会側も多くの努力を続けて矛盾の解消をはかってきた。この点は、非キリスト教の人々は大いに尊敬しなくてはならないであろう。それでもその努力はあまり効果的ではなく、多くの欧米の人々は、キリスト教の教義を信じられなくなってきている。

とすると、西洋の近代自我は何を支えとして存続するのか。ここでは論じることを避けるが、自我の確立ということについて、精神分析において、自我同一性(ego identity)の重要性がエリクソンによって主張されたとき、多くのアメリカ人がこの言葉に魅せられたのも、この辺の事情と重なっているのである。(9) 暫くは、アイデンティティという言葉が彼らを救ったかに見えたが、それはあくまで自我のアイデンティティとして、自我と他人との関係、自我がどのような仕事を為し遂げるかなどとの関連で考えられたので、本当の救いをもたらすものとはならなかった。西洋近代の自我は神の座を乗っとりつつ、一神教のパターンを継承しているので、彼らは自我のシステム内に矛盾の存在を許容できない。西洋近代の自我はその統合性の維持のため、それと共存できぬものをシステム外に追い出すより仕方がなかった。

自我が外に排除したものは、既に述べたノイマンの象徴的表現との関連で言えば、死(老)、狂、女、子ども、であった。欧米社会においては、これらは極端に低い評価を受けている。従って、子どもは早く大人になろうとし、女は男と同等のことができることを立証しようとし、これはある程度は成功した。しかし、どうともならないものに、死があった。そこで残された道は死の拒否しかない。橋本峰雄はかつて、アメリカにおける死化粧兼防腐処理《エンバーミング》の隆盛について述べ、これが現代のアメリカ文化における問題点を集約的に示していることを指摘した。(10) これは遺体を防腐処理して化粧をほどこし、生きているときとまったく変らぬ状況にして葬式を行うのである。葬式の参列者はすべて、死の現実と直面することはないのである。矢沢澄道は、やや戯画化したタッチであるが、「牧師さえも頭があがらない葬儀屋という職業は、アメリカではもっとも安定した職業の一つになっている」という佐伯真光の言葉を引用して、自然科学によって武装した葬儀屋が聖職者の頭を押さえつけている姿を嘆いている。(11) しかし、どれほど工夫をこらしてみても、死は存在する。これは否定できない事実である。そして、西洋の近代自我が排除しようとした「狂」にどうかかわってゆくかという心理療法の世界から、自我に対する反省が生じてきたことも、納得のできることなのである。

東洋と西洋

西洋の自我に対して、東洋の意識は知ることと信じることを明確に分けようとしない。ユングは東洋にあるものは「認知的宗教か宗教的認知のどちらかである」(12) と述べたが、このことは、東洋人の意識は自と他とをそれほど切り離して考えていないことを意味している。「観」という字は、そもそも内界を観ることを意味していた、というよりは外界と内界などという区別を最初から立てていないのである。仏教は哲学、宗教、科学、などを未分化のままで包摂しつつ壮大な体系をもっている。その上、ここに注目すべきことは、このような仏教の体系を見出した僧たちは、西洋の自我と異なる意識状態のなかで、それを見出したに違いないということである。

西洋の近代自我を唯一の正しい意識の在り方とするかぎり、それと異なるものは、狂であるか、まやかしである。ところが、現在の欧米人は自我を超えようと努力しつつあるなかで、彼らの自我と異なる意識の在り方が存在し、それはそれで大いに意味のあることに気づきはじめたのである。今回の学会で発表したスタニスラフ・グロフは、チェコスロバキヤ生まれの精神科医で、ＬＳＤ25を使用する心理療法に専念してきた人である。今ではＬＳＤを使用しなくても同様の効果を生み出せる方法を見出したので、薬物の使用は行なっていないが、ともかく、最初はＬＳＤの助けを借りて経験する変性意識状態は、東洋の宗教の記述していることの理解に役立つことに、彼は気づいたのである。グロフの研究については、後にまたあらためて「意識」の問題として考察してみたいが、ともかく彼は、西洋の自我からすれば、まったくのまやかしを述べているとしか思えない仏教的世界像が、はっきりと「事実」に基づいて語られていることを知ったのである。もちろん、ここでいう「事実」は西洋の自我の見る事実ではないが。

グロフと話し合っていて、あなたの見出したことと宗教との関連についてどう思うかと尋ねたところ、「少なくとも世界の宗教の主要な流れとは関係がない」と答えた。これは極めて示唆的な言葉である。宗教が宗教として成立するためには、何らかの「たましい」に関する体験が基礎となったであろう。しかし、それが組織化され、人間社会のなかで「主流」として生き残るためには、どうしても日常性の方にひきつけられてゆく。それが組織として整えられれば整えられるだけ、その傾向は強くなるのではなかろうか。これが宗教のジレンマである。そして、そのように日常化されたなかで、「信じる」ことを要請されても、なかなか人は簡単に信じることができなくなるのではないか。

現代人としての欧米の人は、従って信じることよりも知ることに力をつくそうとする。ただし、その「知る」ことを、西洋近代の自我を超えた意識によってなそうとするのである。既に指摘しておいたように、自我から排除された「死」について、正面から取り組んでいるキュブラー・ロスは、死後の生命について信じているのではなく「知っている」ことを強調している。ここに彼女の言う「知る」とはどういうことかについては、後に死について論じるときに、もう少し詳しく考察したいが、ともかく、彼女が死について、死後の生命について語るのを聞いていると、そこには「信じる」人の熱っぽさよりも、「知る」人のクールさを感じるのは事実である。しかし、この点についても、東洋は死後の生命などについては、早くから「知っていた」と言おうとすれば言えるのである。

このような点から、トランスパーソナルとかニューエイジ科学運動が、西洋から東洋への乗り換えであると考えるなら、それはまったくの誤解である。確かに新しいパラダイムを考える上で、東洋の宗教は西洋の近代自我の盲点を補うものとして役立つであろう。しかし、トランスパーソナルとは、個を超えることで、個の否定でもないし、ましてや弱い個人を賞讃しているわけでもない。トランスパーソナルの提唱者の一人、フランシス・ヴォーンは、「個以前(pre-personal)と超個人(transpersonal)とは区別すべきだ[13]」とさえ明言している。これを単純に適用して、東洋人は超個人というよりは個以前だと決めつけるほどの気持はないが、日本人としては相当に考えねばならぬ問題であると思う。

たとえば日本人でこのような話題にすぐに飛びついてくる人には自我の弱い人が多い。また、夢分析の場合でも、根源的なイメージに満ちたような夢を見ても、それと正面からぶつかってゆく個人としての倫理性、あるいは責任性が極めて稀薄なために、せっかくの夢を、生きることの本質とかかわるものとして受けとめてゆけない人がいるのも事実である。

トランスパーソナル学会のある幹部が言ったように、日本はトランスパーソナルな土壌に恵まれていることも事実であるが、日本の実状を考えると、これで東洋あるいは日本の優位性が示されるなどと喜んでおられぬことは確かである。哲学者の藤沢令夫は現代における哲学の現実的課題として、テクノロジーの肥大化に対しての批判としても生じてきたニューエイジ科学運動の跡づけを試みながらも、それが神秘主義や東洋の知恵といったものに短絡させられることに警告を発している。(14) 藤沢はプラトン以来の哲学の基本的課題に立ちかえって、この問題を考え抜くことを、むしろ奨励している。

このような反省の上に立って私は、国際会議の要約を述べる際に次のような発言を行なった。実は先に分裂病の心理療法を行なっているジョン・ペリーのことを紹介したが、彼はなんと、日本に開国を迫ったペリーの家系に属しているのである。彼の曾祖父の弟がかのペリーであって、彼の家にはペリー提督の肖像が飾ってあるとのことだ。第一のペリーは、当時、鎖国をしていた日本に対し、先端技術によって武装された黒船をもって開国を迫ったのであるが、第二のペリーは、むしろ古代の中国の知恵によって、日本に第二の開国を迫りに来たのではなかろうか。

日本は第一の開国に大成功を博し、現在ではテクノロジーの最先端を行く国として繁栄している。しかし、このような繁栄も日本人がスピリットの世界に対して鎖国を続けることによって達成してきたとも言えるのである。従って、ここで日本人はスピリットの世界に対しても国を開き、科学においても最先端を歩みつつ、人間の霊とかたましいと言われるものについても真剣に考える必要があるのではなかろうか。確かに、日本の伝統はそれらに関する知を多く有しているが、そうかといって東洋(日本)が西洋に優位しているなどとばかりは言ってはおられず、やはり「開国」の必要性を再び西洋の方からわれわれは教えられたような気さえするのである。

注

(1) 村上陽一郎「科学で人間は判ったか」、石井／小林／清水／村上編『ヒューマンサイエンス1　ミクロコスモスへの挑戦』中山書店、一九八四年、所収。

(2) 村上陽一郎、前掲注(1)論文。

(3) 増永俊一『生命の最前線』春秋社、一九八四年。

(4) スタニスラフ・グロフとの個人的話し合いより。なおユングとアインシュタインの関係については、I. Progoff, Jung, Synchronicity and Human Destiny, Dell Publishing Co., Inc., 1973.(河合隼雄／河合幹雄訳『ユングと共時性』創元社、一九八七年)を参照されたい。

(5) J. Hillman, Archetypal Psychology, Spring Publications Inc., 1983.

(6) 中村雄二郎『哲学の現在』岩波書店、一九七七年。

(7) 中村雄二郎、前掲注(6)書。

(8) エーリッヒ・ノイマン、林道義訳『意識の起源史』上、紀伊國屋書店、一九八四年、を参照されたい。

(9) 日米のアイデンティティの問題については、河合隼雄「日米のアイデンティティ」、『図書』一九八五年一月号、参照。〔本著作集第十二巻所収〕

(10) 橋本峰雄「宗教の現状と価値観」一九八一年十月、価値観研究会におけるレポートより。

(11) 矢沢澄道「住職のゆううつ」、『図書』一九八五年五月号。このなかで矢沢は、佐伯真光『アメリカ式・人の死にかた』から引用している。

(12) C. G. Jung, Psychological Commentary on "The Tibetan Book of The Great Liberation," in Psychology and Religion: West and East, Pantheon Books, 1958.

(13) F. Vaughan, "The Transpersonal Perspective," in S. Grof, ed., Ancient Wisdom and Modern Science, 1984.

(14) 藤沢令夫「哲学の基本的課題と現実的課題」、『新岩波講座　哲学1　いま哲学とは』岩波書店、一九八五年、所収。

第二章　共時性について

共時性とは何か

宗教と科学の接点を考える上において、ユングが提唱した、共時性(synchronicity)ということを取りあげることが必要であると思われる。最近、小野泰博が「宗教に何が問われているか」という論文において、共時性の問題を取りあげて論じているが、(1)これまでのところ、わが国においては正面から論じられることが少なかった。というのも、これは論じることの難しいものであり、ユングもこのことを発表しようとしながら、「長年にわたってそれを果たすだけの勇気を持たなかった(2)」と述べているほどである。彼はこのような考えを、相当早くからもっていたが、公的に発表したのは、一九五一年にエラノス会議において、「共時性について」という講義を行なったのが最初である。

ユングによる共時性について、まず簡単に説明しよう。ユングは彼の心理療法の過程のなかで、「意味のある偶然の一致」の現象が、相当に、しかも心理療法的に極めて意味深い形で生じることに気づいた。彼は一九二〇年代の半ば頃から、共時性の問題について考えていたが、その頃の体験として次のような例をあげている。彼の治療していたある若い婦人は、決定的な時機に、自分が黄金の神聖甲虫を与えられる夢を見た。彼女がその話をユングにしているときに、神聖甲虫によく似ている黄金虫が、窓ガラスにコンコンとぶつかってきたのである。この偶然の一致がこの女性の心をとらえ、夢の分析がすすんだことをユングは報告しているが、このような例が、心理療法場面ではよく生じるのである。

こんなのを聞くと、それこそ「偶然の一致」で、「意味のある」などと大げさに言う必要もないと思われるだろう。しかし、もっと劇的なことは割にあって、特に筆者は夢分析を行なっているので、夢と外的事象の一致という形で、このことを体験する。たとえば、夢で知人の死を見た翌朝、その人の死亡を知らせる電話を受けて驚いた人もあった。人間の死と関連して、このようなことは起こりやすいようであり、多くの類似の体験がユング派以外の夢の研究者によっても報告されている。たとえば、メダルト・ボスは多くのこのような類の夢を発表しているので興味のある方は、それを参考にしていただきたい(3)。

今後の話の展開とも関連するものとして、ボスの紹介している一例をあげておく。俳優のシャンプムスレは、亡母と亡妻の夢を見た。そして夢のなかで死んだ妻が彼女のいるところへやってくるように合図するのを見た。彼はこの夢があまりに印象深かったので友人たちに話して聞かせ、友人たちがその夢の話を止めさせようと努力したが無駄であった。夢を見た翌々日に彼は教会に行き、役僧に三〇スウを渡し、母と妻のために死者のミサを捧げてくれるように頼んだ。役僧が一〇スウを返そうとすると、シャンプムスレは「三番目のミサがわたしのためにあるはずだから」と受け取らなかった。その日の昼食時に招いた友人たちと会話中、彼は突然に倒れて死んだ。

このような「死の告知の夢」は、筆者も周囲の人の体験として知っているのもあるし、ボスも古来から数多くの報告があると述べている。しかし、ここで大切なことは、死んでゆくすべての人が果たして、このような夢を見るかというと、否定したくなってくる。それに大切なことは、夢が外的事象と一致しないことの方がはるかに多いことも忘れてはならない。筆者は夢分析の仕事をしているので、実に多くの夢の話を聞いてきたが、時に極めて劇的な一致の事象を体験する一方、夢と外的事象は一致しないことが多いことも、よくよく経験的に知っている。従って、これらの一致が生じるからといって、これを因果的に説明することは不可能であると考える一方、それを単なる偶然として棄て去ってしまうことは、やはり片手落ちであると思われるのである。

超感覚的知覚(Extra-Sensory Perception 略してＥＳＰという)の現象に関しては、それをエーテルとか特別な電磁波などによって伝播の可能性を因果的に説明しようとする試みがなされてきた。これに対して、ユングはそのような因果的説明を拒否するところに特徴がある。そして、その上で意味のある事象の重なりが非因果的な布置(acausal constellation)をつくることがあり得ることを認めようというのである。つまり、因果律と共時性は、事象を研究する上において相補的な役割をなすものであり、両者はまったく性格を異にする原理であることを認めるのである。

今までここに述べたような事象について、話を聞くだけでも腹立たしく感じる人たちが存在することも事実である。人間にとって因果律に従って事象を把握することは、極めて重要なことであり、特に、ニュートン、ガリレオによる力学法則の発見以来、すべての事象は因果的に把握し得るという確信が強まったため、非因果的な事象に注目することに対して、強い拒否感情が生じるようになったと思われる。それを単なる偶然として無視しないと、せっかくの体系が壊されるように感じられるからである。このような態度の典型として、先に紹介したメダルト・ボスはテレパシー的な夢をあげた上、そのような夢に対してフロイトが述べたことを引用している。フロイトは非常に強く、そのようなものは夢ではないと断言する。ボスの引用を再引用すると、フロイトは「われわれはこのような純粋にテレパシー的な「夢」にゆきあたったときには、それをむしろ睡眠状態におけるテレパシー的体験と呼ぼうではないか。圧縮、移動、劇化、とくに欲求充足のない夢など夢という名に価いしない」と述べている。つまり、彼の夢の理論に合わないようなものは、夢ではないというのである。(4)

これを聞くと随分乱暴に聞こえるが、ユングに対してこれまでしばしば投げかけられた「非科学的」という非難は、これとよく似た発想に立っている。ＥＳＰとか易とか錬金術とかにユングが興味をもっているというだけで、彼がそれに対してどのような態度で研究しようとしているかを知ることもなく、「非科学的」との非難が浴びせられたものである。彼の易についての態度は次に述べるが、彼は錬金術によって金が出来ることを信じたわけでもないし、ＥＳＰについてしばしば述べられる偽科学的因果関係の説明を承認したのではない。心理療法という人間存在の全体にかかわる仕事をするものとして、人間の無意識という非合理な存在を研究する手がかりとして、それらを研究対象としただけである。後にも述べるように、ソ連においては超常現象の研究が極めて盛んであるが、ソ連で宇宙ロケットの父と呼ばれているツィオルコフスキーはテレパシー研究者であり、彼はともかくこのような現象は自然に存在するのだから、これを非科学的な超自然現象などといって科学の領域外に押しやってしまうことこそ、非科学的であると主張している。(5) ある現象が自分たちの今もっている理論に合わぬから、偶然とか非科学的とか言ってしまうことこそ問題である。あることはあることとして、われわれはそれを研究しなくてはならぬ。ただ、どのような態度でそれに向かうかが重要なポイントとなるのだ。

共時性について、ごく簡単に例をあげて示したが、ユングは彼の考えの先駆者たちが既に存在したことを明らかにして、それについて論じている。ここにそれについて詳細は述べられないが、ここにおいても、東洋と西洋の対比がまた重要になってくるのである。ユングは、その点について、「われわれは、西洋の合理主義的態度が唯一の可能なものでもなく、すべてを包括するものでもなく、多くの点においてひとつの偏見であり傾向であって、おそらく修正されるべきものであることを、記憶しておかねばならない。中国の太古の文明はこの点に関して、常にわれわれとは異なる考え方をしてきたので(6)」あると指摘している。

ユングが共時性の考えを発展させた基礎のひとつとして、易がある。彼は一九二〇年ごろに、実際に易をたてることを自ら試みていた。『易経』を単なる文献として読むのではなく自ら試みるところが、いかにもユングらしい。彼は「ボーリンゲンでの一夏、この書物の謎を解明するために全力をあげて取り組む決心をした。古典的な方法において慣例となっている筮竹《ぜいちく》の代りに、私は自分で葦の束を切った。易経をそばに置いて、私は百年の樹齢を数える梨の木の下で、問いと答えの相互作用の結果として生ずる託宣を照合することによってやり方を練習しながら、何時間も土の上に坐っていたものだった(7)」と語っている。彼は実際に易を試みて、それが意味をもつことを認めざるを得なかった。しかし、どうして、易をたてるという行為の結果と、人間のおかれている状況とが意味ある結びつきをするのか、このことを考えているうちに、これまで述べてきた共時性の考えが、だんだんと彼の心のうちに形成されてくるのである。

もちろん、易は巷間に用いられているように、「失せものはどこにあるか」などという極めて具体的な問いに何ら答えるものではない。『易経』を読んでみれば解るように、それはある種の「イメージ」を提供するものと言うべきであろう。そのようなイメージをどう受けとめるかは、その個人にまかされている。このことは、合理的思考のみでは解決のつかないとき、それと対立、あるいは相補的である他の原理に頼ることによって、つまり、ひとつの「偶然」によって生じる事象を「意味あるもの」として受けとめることに己れを賭けてみることを意味している。従って、このようなことをするためには、主知主義で合理主義にかたまっている人では駄目なことはもちろんだが、精神的に未成熟な人や、遊び半分の態度の人も駄目であることを、ユングは警告している。

筆者が一九六四年にアメリカに留学し、ユング派の分析を受けていたとき、ある意志決定をする上で非常に迷うことがあった。すると、分析家が「I ching」を試みるかと言う。はじめは何のことか解らなかったが、それが易であると知り驚いてしまった。当時の筆者としては、易＝迷信であり、合理的思考こそ最上のものであったからである。ともかく合理的に考え抜くことによって問題を解決したいから、易は断るというと、分析家もそれを尊重してくれ、その時は易をたてることはなかった。続いて、スイスのユング研究所に留学し、分析体験を重ねているうちに、易に対する理解も深くなるし、それほど抵抗を感じることもなくなった。

研究所で一年半以上の分析経験の後に、八科目にわたる予備試験に合格すると、実際に患者をとって分析を行い、指導を受けるようになる。これを統制分析というが、資格を取るためには二百五十時間以上の経験を積まねばならない。当時、私としてはこれが最大の難関であった。そもそも東洋人に分析を受けてみようなどと思う人があるだろうか。その上、私の語学力は極めて貧困である。ところが、まったく思いがけず五人の患者が次々と見つかったのである。これは他の西洋の研究生と比較しても珍しいことである。喜んで分析を始めたが、思いがけない条件が重なって四人の人が次々とやめていった。私はこれでは資格が取れぬかも知れぬと思い、すっかり沈んだ気持になった。まったくどうしていいか解らない。そのときに、何か手がかりを得てみようと思い易をたててみた。といっても、私は正式のたて方を知らぬので、ヴィルヘルムが示唆している六枚のコインを投げる方法に従ってみた。得た卦は地雷復であった。これは一番下に陽、後はすべて陰という卦であり、『易経』を読むよりも先に、私の心を打ったのは、陽(男性性)の欠如というイメージであり、そのことは当時の私の内的な欠陥をずばりと言い当てていた。日本人は西洋人と比較するとき、あまりにも男性性が弱すぎるのである。

易の結果を見て、ますます悲観して私は分析家のところにいった。女性の分析家フレイ博士は、私があまりにもがっくりしているのを見て、この場で易を再度たてようと言った。「易は二度たてるべきでない」ことを私は強く主張したが、フレイ博士は自分が関与することによって、新しい状況がつくられたのだから、その新しい状況において彼女が易をたてることはいいと主張した。大分議論したが、最後は彼女の熱意にほだされて私は同意した。その結果、彼女がコインをなげて得た結果は、地雷復、まったく同じ卦であった。フレイ博士は、「この現実《リアリティ》を尊重しましょう」と短く言った。

「復」はすべてをもとに返すことをも意味している。私は一人残った患者さんに対して、自分は未熟だからもう一度やり直したい。そのために二か月の休暇を欲しい、自分自身の分析に集中し、その結果もし出来そうに思ったら再開したいと頼み、了承して貰った。私はまったく初心にかえり、自分自身の分析に集中した。この二か月間の体験は、非常に大きい成果をもたらし、私はもう一度、統制分析に挑戦することにした。待っていてくれた一人の患者さんが来てくれたのみならず、驚くべきことに、やめたと言っていた二人の人も帰ってきたのである。そして、この現象も考えてみると、「地雷復」のイメージにぴったりのことであった。

これによって、筆者が患者さんのために易をたてたとか、未来の予想をするために易をたてたなどと誤解されないようにお願いしたい。易の提示するイメージを私は自分の状況を把握する上で、意味あるものとして受けとめてみたのである。

このような体験について公表することは、功罪相半ばするもので大分迷ったが、二十年以上も経過したことでもあるし、共時性について自分の体験を少しも語らぬのもどうかと思われるので、当りさわりのない例をひとつ述べたわけである。これを読んで、筆者も大分「いかれて」いると思われるかも知れぬので、ここで話題を少し「科学的」なことに変えることにしよう。

共時性と科学

中国は古代から高度の文明をもちながら、易のような共時性現象に注目したので、西洋近代に発達したような科学を発展させることができなかった。しかし、実際は、因果律も共時性も共に重要なものであり、西洋の近代は因果的思考に頼りすぎて一面的になっているので、それを補うことが必要であるとユングは考えている。現象を全体的《ホーリスティック》にとらえる中国人の態度は、その史観にも現われている。フォン・フランツが指摘しているように、中国人は歴史を書く最良の方法は、すべての一致する事象を集めることによって、ある時の真の像を得ることであると考えていた(8)。従って、西洋的な史観から見ると、中国の歴史の書は雑多なものの恣意的な記録とさえ見えるのである。吉川幸次郎は、アメリカで中国の歴史を教えると、こまごまとした記述は棄てて、その本質的なところを知りたいという態度をアメリカの学生たちが示し、それはすなわち、アメリカ人が中国人の史観がまったく了解できぬことを示していると嘆いていた。彼らのいう本質とは事象のなかに因果関係の連鎖を読みとることであり、中国の歴史の本質は、アメリカ人から見て末梢的と思える事象をすべて読みとった後に、全体のなかに浮かびあがってくる姿を把握することなのである。

全体の共時的連関を読みとることは、ややもすると偽の因果律と結びつく危険性をもつ。たとえば、彗星の出現と帝王の死が、ある史書に記載されたとする。それを一回かぎりの現象として、その他のその時に生じた事象と共に全体として布置されたものを読みとる態度によって、それを読むといいが、そこで「彗星が現われたから帝王が死んだ」と考え、次に彗星が現われると帝王が死ぬだろうなどと考えはじめると、それは偽の因果律になってくる。このような思考法は数多くの偽科学を生ぜしめ、それが真の科学の発展の妨げとなることは、もちろんである。中国の文明史を見ると、共時性に関する深い知恵と、上述した偽科学、それに因果律を追求する科学の萌芽などの混在が認められるのである。「彗星が現われた。だからそのうち帝王が死ぬだろう」という類の推理を科学としてではなく、「遊び」として行う人は、そこから意義ある結果を得ることもある。しかし、この「遊び」は遊びでありながら、すべてが真実のように真剣に行わねばならない。このような遊びはなかなか困難であるが、このような遊び心によって、常識を超えた創造活動が生じることがある。心理療法は常識的に考えるとまず不可能と思えることをしているので、時にこのような高度な遊び心を必要とするのである。

西洋においても、近代の科学が簡単に出てきたわけではない。ニュートンやガリレオなども、前章に述べたように、現代において言う「科学的」思考にのみ頼って事象を見ていたわけではない。ユングは共時性の概念の先駆者として、ライプニッツを高く評価しているくらいである。ライプニッツは「単子《モナド》」という概念を導入し、ひとつひとつの単子は全宇宙を反映するミクロコスモスであり、単子は直接相互に作用を及ぼし合うことはないが、「予定調和」に従って、互いに「対応」したり「共鳴」したりすると考えた。彼のいう「対応」や「共鳴」の現象は、ユングのいう共時的現象と等価のものと考えられる。(9)

ミクロコスモスとマクロコスモスの対応という考え方は、ミクロコスモスとしての人間をマクロコスモスとしての宇宙に関連づける思想であったが、西洋の近代自我が自我を世界から切り離し、自我を取り巻く世界を客観対象として見ることを可能にしたとき、そこに観察される事象は、個人を離れた普遍性をもつことになり、自然科学が急激に進歩したのである。普遍的な学としての自然科学はその後ますます力を発揮し、人間は世界を支配したかの如く見えながら、宇宙との「対応」を失ってしまったという点において、自らを宇宙のなかにどう定位するかという点で、根本的な問題をかかえこむことになった。

この問題は後で論じるとして、極めて興味深いことに、このようにして発展してきた自然科学の最先端において、それまでの方法論に対して根本的な反省をうながす問題が生じてきたのである。まず、一九〇六年にラザフォードらによってα崩壊現象が研究され、自然現象のあるものは、単に人間の無知にもとづくものではない本質的な偶然性に支配されていることが明らかにされた。続いて量子力学の分野において、ハイゼンベルクの不確定性原理やボーアの相補性の概念などにより、古典的な機械論的世界観を否定する立場が打ち出されることになった。ハイゼンベルクの不確定性原理は、現象の因果性を論じる前に問題となる物事の決定可能性について論じ、電子の位置と運動量の相方を同時に正確に測定することはできないことを明らかにした。ボーアは光や電子はときには波動のように、ときには粒子のように振舞い、その相矛盾した性質が相補的にはたらくという考えを明らかにし、機械論的なモデルを変更したのである。

ユングが共時性について発表したときは賛否相半ばし、たとえば、ユング心理学についてユング派以外の人間として、よき入門書を書いたアンソニー・ストーも、「共時性に関する彼の著作は、混乱して、ほとんど実際的価値がないと私には思えることを、告白せざるを得ない」(10)と述べている。しかし、一方ではハイゼンベルクやパウリなどの理論物理学者が、この考えに深い理解と共感を示したことも非常に興味深いことである。特に、パウりはユングと共に、共時性に関する書物を出版するに至ったのである。

わが国においては、大学におけるアカデミズムが西洋近代に追いつこうとする姿勢を強く維持してきた点もあって、近代合理主義の勢いが非常に強く、西洋よりも硬直化しているところがあり、超常現象に関するアカデミックな研究は欧米に比して極端に遅れている。もっとも、後にも述べるように、このような現象に対しては、自我の弱い人がひきこまれてしまう傾向が強いので、その人たちはアカデミックな研究に適合しないのも当然で、そのことがわが国のこのような研究の遅れを助長していることも事実である。

ここに紹介する余裕はないが、欧米では超常現象に関する研究は極めて盛んであり、特にソ連においては一九六〇年頃より、スターリン主義によるタブーの解禁と共に急激に発展し、「一九六七年に推定されたところで、年額一二〇〇万から二〇〇〇万ルーブル(約四十億円から七十三億円)の国家予算のもとに、何と二十か所、または、それ以上の超常現象研究のセンターがある[11]」という報告のあることをつけ加えておきたい。

共時性と宗教

共時性の現象の背景に、ユングは元型(Archetypus)ということを考える。ユングの元型は解りにくいし、よく誤解もされるが、ここにひとつのたとえをあげてみる。朝まだ明けやらぬうちに、牛乳配達がくる、小鳥がさえずり始める、そして朝刊の配達がある。この順序が確立しているとき、われわれは、小鳥がさえずっているから、もう牛乳が配達されているだろう、とか、小鳥がさえずっているから、もうすぐ朝刊が配られるだろう、などという。しかし、これらの事象の間に因果関係は存在していない。これらの事象の背後にある、人間生活にとっての朝、明け方、というものによって、これらは布置されているのである。われわれは朝そのものを見ることも、手に触れることもできない。しかし、それは明らかに事象にあるまとまりを与え、それは意味をもっている。これが文化の異なるところに行けば、個々の事象は変るであろう。あるところでは、新聞配達が来たから、そのうちに小鳥がさえずるだろう、と言うかも知れぬ。あるところでは新聞や牛乳の配達などまったく無いだろう。しかし、それは文化の異なるところにおいても、「朝」が人間にとってどのようなはたらきをするかは、たとえば、「活動の始まり」などの言葉によって、ある程度は一括的に記述できるであろう。

ユングは外界のみではなく、人間の内界にも、われわれの意識を超えた一種の客観界が存在すると考えた。彼はそれを類心的《サイコイド》領域と呼んだりした。外界において既に述べたような「朝」という現象が生じるとき、内界においてもそれに呼応する「朝」のパターンが活性化され、人間の意識は外的現象を「朝」として知覚するのだ、と考える。人間はこの世に生まれるとき、何もない外界に生まれてくるのではなく、既にいろいろなものが準備されているところに生まれてくるように、その内界にも既にいろいろなパターンが可能性として存在している状態として生まれてくるのである。それだからこそ、人間は人間として行動するわけである。つまり、人間はまったくの白紙として生まれてくるのではなく、そのあらゆる行動において、ある種の潜在的なパターンを背負って生まれてくる。ユングはこのように考え、潜在的な基本的パターンを元型と呼んだ。

朝が来ると相互には因果的連関をもたぬ事象があるまとまりをもって生じるように、ある元型が活性化されるとき、因果的に連関をもたぬ事象があるまとまりをもって生じると考えられる。たとえば、死の元型が活性化されると、その当人の死のみではなく、その人の愛していた時計が止まる、彼の知人が彼の死の夢を見る、などと因果的には説明できぬ事象が連関して生じる。このような考えによって、非因果的連関の事象をユングは説明しようとした。

　実は今述べてきたことは、事の説明を逆に述べてきたとも言える。もとのはじまりは、個人の死、時計の停止、死の夢、などの現象が生じるのである。そこで、ひとつの態度はこれらを「偶然」のこととして、関心をもたない態度がある。これに対して、ユングはそれらの背後に元型の存在を考える、と言っても、実のところそれは仮説的で、本当のところは「実証」されぬことである。ところで、このような事象に接したとき、それらをアレンジしたものとして何らかの超越存在を確信するとき、それは宗教になってゆく。

　ここで単純に「神」を導入して、神が夢のお告げによって知らせてくれた、とか、神が時計を止めたから死んだのだ、とか考えはじめると、いわゆる「迷信」の世界に結びつくことになる。これが行きすぎると、時計を止めることによって、誰かを殺そうとする、という類の低級な呪術になり、偽科学に堕してしまうのである。つまり、非因果的連関を偽の因果関係として受けとめてしまう。先にあげた朝の例で言えば、何とかして小鳥を鳴かせれば新聞配達がくるだろうと考えるようなことである。このような類の偽科学、偽宗教は日本のみならず、アメリカにも多くあり、通常は極めて合理的な人が、ある時、あるいは、ある点に関してのみは、このようなことを信じることがあるのも珍しくない。あるいは、合理主義の生き方を努力してやり過ぎている人には、一種の補償作用としてこのようなことが生じるのかも知れない。

　第四章に意識について述べるときに詳しく論じるが、共時的現象を把握するのには、日常的な意識と異なる、ある種の意識状態にある方が望ましいと思われる。そして、そのような意識状態に生来的に、また修練によってなりやすい人がいることも事実である。そのような人がいわゆる拝み屋になったり予言者になったりしているようであるが、問題はそれを「職業」として成立させようとすると、そこに極めて日常的な意識が強化されてくることになる。そうなると、その人の呪者的能力は低下し、ついには何らかのごまかしをしなくてはならなくなってくる。これまで、多くの霊媒とか超常現象を行なったりしている人をよく調べた結果、ごまかしであることが発見されているが、これはおそらく最初のうちは、本当に共時的現象の把握を行なっていたのが、有名になると共に先述したような変化が生じ、ごまかしをせざるを得なくなったのではないかと思われる。

ホログラフィック・パラダイム

共時性を考える上で、現在においてどうしても考慮すべきこととして、カール・プリブラムやデイヴィッド・ボームのホログラフィによる意識のモデルという問題がある。[12] プリブラムは当代における第一級の脳の研究者であるが、一九四〇年代には「ごりごりの行動主義者」であったのが、十年周期ぐらいで、認知心理学者、ヒューマニスティック心理学者と変遷し、一九七〇年代後期にはトランスパーソナル心理学者となり、一九八二年に行われた第七回トランスパーソナル学会において、「脳の機能についてのホログラフィ仮説について」講演を行なっている。デイヴィッド・ボームは理論物理学者であるが、プリブラムの影響を受け、ホログラフィ的な考えで、宇宙や人間の意識を見ることを提唱している。スイスのダボスで行われた第八回トランスパーソナル学会では、彼は参加できなかったが、彼とインドの哲学者クリシュナムルティとの対話が映画で放映された。彼はクリシュナムルティから大きい思想的影響を受けている。

プリブラムは脳による記憶の現象を研究しているうちに、脳がいわば写真の乾板のように、記憶すべき事を脳のある部分に対応させて記憶するのではなく、すべての記憶すべきことは、いわば脳全体にひろがって記憶されると考える方が妥当であると考えるようになった。そこで、彼は「脳はホログラフィック(完全写像法的)な宇宙を解釈するひとつのホログラム(完全写像記録)である」と考えるようになる。

ここに述べたホログラフィとは、レンズを用いない一種の三次元の写真とも言えるものである。英国の物理学者デニス・ガボーアが一九四七年に発案し、後になってレーザー光線に関する研究がすすんで、一九六三年になって最初のホログラフィックな画像が実際に写し出されるようになった。ガボーアはこの発見によってノーベル賞を受賞した。普通の写真の場合は、レンズを用いることによって被写体が二次元平面に一対一に投映される。これに対して、ホログラフィでは、被写体によって散乱された光の波動野は、感光板上に干渉パターンとして記録される。これがホログラムであり、それがレーザーのような可干渉性の光線の中に置かれると、もとの波のパターンが再生され、三次元の像が現われるのである。ここに特筆すべきことは、レンズを用いていないため、ホログラムは散乱された光の干渉パターンを記録しており、ホログラムのどの一部をとっても、全体の像を再現する、という事実である。

理論物理学者のデイヴィッド・ボームは、われわれが普通に知覚している世界は、一種の顕現の世界であり、その背後に時空を超えた全一的な、彼の言う暗在系(implicate order)を有しているとの画期的な考えをもつようになった。われわれが五感を通じて知る世界は、いろいろな事物に分割され、部分化されているが、それらのものは暗在系に対する、明在系(explicate order)であり、明在系においては、外的に個別化され無関係に存在しているような事物は、実は暗在系においては、全き存在として、全一的に、しかも動きをもって存在している。これを彼はホロ・ムーブメントと名づけた。暗在系のホロ・ムーブメントは五感によっては把握できないものである。脳はこれらの現象のホログラムとして機能するのであるが、人間はものごとを知覚する際に相当な捨象を行い、顕在系として存在しているものを知覚する。ボームが人間は「つねに自然をレンズを通して眺めることによって対象物化してきた」[13]と指摘したり、彼と対話した、ルネ・ウェーバーが「思考は思考を超えるものを濾してしまう濾過器《フィルター》である」[14]と言うのを肯定したりしているのは、前述したようなことを述べているものと思われる。「思考を超えるもの」とは、暗在系のことを指しているのである。

このようなパラダイムによって考えると、共時性の現象が説明しやすくなる。プリブラムをはじめとして、ホログラフィック・パラダイムに関心をもつ学者たちが、この点について指摘しているが、このパラダイムによると、ある事象が生じたことを、何らかのエネルギーの伝播によって他に伝えるということを考える必要がなくなるのである。ボームの言葉を借りると「物質も意識も暗在系を共用している」[15]のだから、すべての事象は人間の意識とつながっているわけである。ただ、問題はそれを「知覚」することが、なぜ、ある時、ある人にのみ可能なのかということである。このことは暫く不問にして、ボームの理論を見ると、彼の言う暗在系の顕現という概念に、それほど広くはないが、ユングの言う元型的布置の考えが相当に重なっていることに気づくであろう。つまり、元型という究極的には知ることのできぬパターンの顕われとして、元型的布置の現象が認められ、そこには共時的現象が生じるのである。

心身の相関

古来からつねに論じ続けられてきた心身相関の問題も、共時性との関連で考えてみるべきだと思われる。心身に何らかの関係があることは古くから指摘されてきたし、われわれも日常生活においても経験している。恐ろしいと感じたときに冷汗が出たり、悲しいときに涙が出たりする。このときは単純に、自分の感情の変化が身体の変化を生ぜしめると考えがちだが、一方では、周知のように、ジェームス・ランゲ説というのがあって、むしろ、身体的変化が先行し、それが原因で感情の変化が生じると主張されている。こんなのを見ると、日常に生じている単純な事象でも、原因―結果という見方は容易に反転せしめ得るほどのものであることがわかる。つまり、心身相関の問題はなかなか単純なことではないのである。

ところで、十九世紀末になって、フロイトがヒステリーを精神分析の技法によって治療したことから、心理的原因による身体障害ということが、にわかに注目されるようになった。このとき、フロイトが心理的要因として「性《セックス》」を重視したことは興味深い。というのは、人間にとって「性」ということは、心にも体にも密接に関連することだからである。この点についてはここでは論じないが、ともかく、フロイト以後、心身相関の問題は心の側から見られる傾向が強くなり、心身症に対しても、「心理的原因」を追求するような試みがなされるようになった。しかし、フロイト派の分析家フランツ・アレキサンダーが一九三九年に、随意運動系および知覚系に生じる障害と、自律神経系の機能失調とを区別するべきことを提唱し、前者がヒステリーであるのに対し、後者は植物神経症と呼ぶべきであり、発生原因も異なると主張した。つまり、急に目が見えなくなったり、手足が動かなくなったりするような症状と、偏頭痛、心臓神経症、高血圧などの症状を、同列に「心因性」として扱えないことを示した。アレキサンダーは、これらすべて原因―結果の連鎖の上で考えてはいるのだが、心身相関による病いを、すべてヒステリーと同列に考えて、心理的原因を単純に探し出そうとする傾向を改変したものとして意味が高い。もちろん臨床的にはこの両者は重なり合っていて、簡単には扱えないのだが、植物神経症の場合は、心的外傷が見出されるというようなことではなく、もっと慢性のストレスが原因となっているので、単純にはいかないのである。

私が一九五九年にアメリカに留学したとき、指導教官のクロッパー教授は、癌に関する心理学的研究を行なっていた。癌が発生しても、患者の心の在り方と癌の進展との間にある程度の相関関係があるという研究で、簡単に言ってしまえば、癌に対して強く「抵抗」する人および、がっくりと参ってしまう人は癌の進展が速いが、抵抗もせず負けもせず、それはそれとして生きるような態度をもてた人の方が癌の進展が遅いという研究であった。その話のなかに、ある人は癌になったので、それじゃ死ぬまでに世界一周でもしようと、夫婦で気楽に過ごしてきたら癌が消えていたという症例報告もあった。ともかく私にとっては初めて聞くことで、そんなこともあるものかと感心して聞きながら、癌にも心理的原因が重なっているのかなどと思っていたら、クロッパー教授が、最後の締めくくりとして、このようなことから心身相関のことについて簡単に原因—結果という定式をつくり出さぬように注意したいと述べ、たとえば、気楽に世界一周をしたから癌が消えたなどということは出来ないと言われた。私もなるほど確かにそうだろうが、それではいったいどうなのかと思っていると、教授が、自分はこの点について何とも言えないが、ユングの弟子のマイヤー教授が最近主張しているように、心身相関の問題は、ユングの言っている共時性《シンクロニシティ》との関連で考えるのが一番適切であると思う、と言われた。私はこうなると何のことか全然わからず、帰って早速シンクロニシティについて調べたりしたが、もうひとつ納得がゆかなかった。

ところで、その三年後にクロッパー教授の推せんでチューリッヒのユング研究所に留学し、そのマイヤー教授に分析を受けることになったのである。私のチューリッヒ滞在中、マイヤーは「ユング派の観点から見た心身医学」という論文を一九六三年に発表し、[16] そこで、彼は心身症の問題は共時的現象として見るべきことを提唱している。心が原因で身体の方が結果であるとか、あるいはその逆として見るのではなく、それは共時的に生じていると考える。従って、心身症に対して、その心理的原因を明らかにすることによって治療を行うということは、本質的には無意味と考えるのである。マイヤーが最初に心身相関のことを共時性と関連づけたとき、ユングは大いに怒って、共時的現象はもっと稀で顕著なものであると言ったが、長い議論の末、ユングはマイヤーの説にいったん従った。しかし、その後もユングは常にこの点について迷いがあり、やはり、共時的現象を特別な場合に生じるものと考えがちであったとマイヤーは述べている。筆者としては、心身相関現象をマイヤーのような観点から見ることに賛成である。

心身症は、ではどうすれば治るのかという問題になるが、ここでまず強調しておきたいことは、心身症は心の問題によって生じるという単純な理解によって、心身症の人は何か悩みをもっているはずだとか、ストレスに弱いとか、時にはもっと誤解され、「心がけが悪い」などと考えられているのは、まったく気の毒であるということである。そのような短絡的発想で、患者を苦しめるのはまったく無意味である。心身症は、日本心身医学会の「身体症状を主とするが、その診断や治療に、心理的因子についての配慮が、とくに重要な意味をもつ病態」という慎重な定義に示されているように、心の問題が片づけばすべてが治るというようなものではない。その治療は、心の側からと体の側からの、両方の接近が必要であったり、片方のみからの接近でも治ることがある。もっとも、ここで「治る」とはどういうことかと開き直って聞かれると困るのだが、このことは最終章において少し触れることになるだろう。

今まで述べてきたことは、心の現象や身体の現象にある種の相関関係のあることを認めるものであるが、そこに短絡的に因果関係を認めることを拒否するものである。このような点において、デイヴィッド・ボームも似たような見解を表明していることは注目に値する。ボームは、「心と身体は互いに分離して存在するが何らかの相互作用《インターアクション》によって関係づけられている」と言う考えは、彼の理論と共存しないと明言している。「暗在系にあっては、心は物質一般を巻きこんでいる、なによりも身体を巻きこんでいると言わねばならない。同様に、身体は心だけではなく、ある意味において、物質的宇宙のことごとくを巻きこんでもいるのである。身体と心とは、したがって、より広大なる一個の亜総体のファクター(因子)と呼ばれてしかるべきであり、この亜総体が心身双方の基盤をなしていると言いうるのである」[17]とボームは述べている。あるいは、「心身は相互影響するにあらず、むしろ、一体となって、相対的に独立した一個の総体を形成するものなり」[18]という言葉の方が、端的な表現とも言えるだろう。ここに言う、「相対的に独立した一個の総体」とは、一人の人間存在のことである。

ここでボームの述べている「亜総体」とか「ファクター」などということを説明するために、彼が用いている巧妙な比喩を紹介しておこう。透明な四壁で囲まれた水槽のなかを、一匹の魚が遊泳していたとする。そのときに互いに直角の関係にある二つの側面からその魚を撮影すると仮定してみる。その後に、そのフィルムを二枚のスクリーンに映写すると、二枚のスクリーン上の二つの映像にはある種の相関関係が成立していることに気づくであろう。一方の内容はもう一方の内容と関連し合っている。しかし、それぞれは独立した存在をあらわしているのではなく、ある活動する実体のある面を映し出しているのである。この活動実体はスクリーン上の二つの内容より高次元の存在である。この「高次元の存在」が、たとえば、人間存在という「亜総体」であり、それぞれのスクリーンに映った内容が、それぞれ「心」、「体」というファクターであると考えるのである。

ここで心と体がファクターであるというのは、心と体の基盤となっているものとしての、より高次な実在があることを意味し、その高次の実在は心身の両者を超える性質のものなのである。あるいは、この高次の実在の次元において心身は究極的に一如であるとも言うことができる。心身症というのは、この高次の実在の状態が普通でないために、心にも体にもそれが反映されていると考えられる。ところが、われわれ人間は、その高次の実在そのものに直接に接することはできないので、心というファクターか、体というファクターを通して接近を行うのである。この場合に、心のファクターに対して、われわれがある程度の操作を行えるにしろ、それが「高次の実在そのもの」にどのように作用し、しかも、それが体というファクターにどう現われてくるかは、因果的に把握することはできないのである。「高次の実在」はそれ自身の自律性をもち、人間による機械的操作には従わないのである。もちろん、比喩はあくまで比喩であり、これをそのまま用いてすべてを考えはじめると、たちまち誤りに陥るが、これはなかなか素晴らしい比喩であると思う。心身相関の問題は、おそらく二十一世紀におけるひとつの大きい課題になるのではないかと思われる。科学、宗教、哲学の接点として意味をもつことになろうが、なかなか一筋縄ではつかまらないものである。

実際的価値

アンソニー・ストーが共時性の考えには実際的価値がないと指摘していることは述べた。一見するとそのように思えるのも無理からぬところがあり、筆者もかつてそのように考えたことがある。因果律による場合は、原因を明らかにしそれに操作を加えることによって結果を異なったものに変えられる。しかし、共時的現象というのは、ただ「そうだ」と言えるだけで、そこから何らの有用な操作を引き出すことができない。しかし、その後、筆者は心理療法家としての経験を増すにつれて、共時性の考えの実際的価値について思い至るようになった。

心理療法を受けに来る人たちは、軽症の場合を除いて、その葛藤が合理的、一般的な方法によって解決できない場合が多い。いくら考えてもよい解決策が浮かんで来ない。まさにボームの言うように思考は思考を超えるものの濾過器《フィルター》として働き、考えれば考えるほど問題解決のいと口がなくなってしまう。このようなとき共時的現象に心を開くときは、偶然として一般に棄て去られそうな事柄が、思いがけない洞察への鍵となることを、われわれはよく体験する。たとえば、ユングの例であれば、黄金虫の突然の出現が、この患者のそれまでの考えを改めさせるきっかけとなったのである。

ここで大切なことは、共時性の現象はそれを体験する主体のかかわりを絶対に必要とすることである。つまり、黄金虫の侵入は偶然として処理し得る。しかし、それを共時性の現象として受けとめることによって、そこに主体のコミットメントが生じる。近代合理主義によって硬く武装された自我は、ある程度の安定はもつにしろ、世界への主体的なかかわりを喪失する危険が高い。ユングがよく記述する、何もかもがうまく行っていて、しかも不安で仕方がないとか、孤独に耐えられなくなるような例が、これに当たるだろう。共時性の現象を受け容れることによって、われわれは失われていた、マクロコスモスとミクロコスモスの対応を回復するのだとも言える。つまり、コスモロジーのなかに、自分を定位できるのである。

しかし、黄金虫の例や、あるいは筆者の易の例は簡単に冷笑の対象ともなり得る。それは極めて一般性を欠いた事象であるからである。しかし、普遍的に正しいことばかりに支えられて生きていて、その人は個人としての人生を生きたと言えるのだろうか。因果律による法則は個人を離れた普遍的な事象の解明に力をもつ。しかし、個人の一回かぎりの事象について、個人にとっての「意味」を問題にするとき、共時的な現象の見方が有効性を発揮する。そして、心理療法においては、後者の方こそが重要なのである。

このような点に関して、アイデンティティとの関連において、谷泰は次のように適切に述べている。自己のアイデンティティを失う危機感におそわれている人にとって、一般的真理や普遍的命題などは何の慰めにもならない。何らかの社会的なスティグマを持って悩んでいる者に対して、学問的一般的説明などは空念仏にすぎない。そして「特殊個別的であろうとするものは、だから、つねに外から示された普遍原理に発する論理的説明の糸からはみ出しつづけなくてはならない。アイデンティティの標徴が、しばしば一般にとりこまれることのない、秘儀性、背理性をもつのはまさにこのためである」(19)と谷泰は述べている。

この秘儀性、背理性をもつものとして、しばしば共時的現象が存在し、多くの宗教が「奇跡」について語るのもこのためと思われる。現在においては特定の宗教集団の教義を信じられない人も、何らかの意味で自分のアイデンティティを探索することが必要であり、それは神経症や人間関係の障害などの形をとって、その人を悩ませるが、その解決の過程において結局はアイデンティティの問題が浮かびあがってくる。そして、心理療法の過程において、その人なりの共時的現象を体験し、それを支えとして、アイデンティティが深化されてゆく。

このように考えると、ある人にとってはあらゆることが共時的現象と受けとめられる危険性がないかという疑問が湧くであろう。確かにそのとおりで、これは下手をすると迷信の集積になる。ユングは思考機能に対するものとして感情機能をあげ、両者は相反するものであるが、相補う性格のものであるとした。フォン・フランツは共時的現象を判断するときの感情機能の重要性を指摘し、思考よりはむしろ、感情によって判断することを強調している。現代人はどうしても思考機能が肥大し、感情機能が弱くなる傾向が強いが、共時的現象にかかわろうとする態度は、感情機能を発達させることとも関係してくるのである。

家庭や人間関係の問題を考えるとき、単純に因果的思考に頼ると、すぐに「原因」を見出し、誰かを悪者にしたてあげることが多い。たとえば、母親が悪の根源のように思われたりする。しかし、全体の現象を元型的布置として見るときは、誰かが「原因」などではなく、すべてのことが相関連し合っている姿がよく把握され、そのような意識的把握と、その全体の布置に治療者が加わってくることとによって、事態が変化するものである。つまり、誰が悪いかと考えるよりは、皆がこれからどのようにすればよいかと考えることによって、解決の道が見出されてくるのである。実際、われわれ心理療法家が、困難な問題をかかえている人にお会いすると、本人も家族も、自分を悪者にされぬように、あるいは自分以外の誰かを悪者に仕立てるために一所懸命で、バラバラになって硬直した関係をつくりあげている。またなかには、そのようなことを助長するような発言をする「教育者」とか「治療者」も多くいる。こんなときに、因果的思考から全員が自由になるだけでも、家族関係は変るし、視野も広くなるし、回復への道が発見しやすくなるのである。このように、共時性に注目する態度をもつことは、実際的価値を有していると思われる。

注

(1) 小野泰博「宗教に何が問われているか」、『こころの科学』1、一九八五年。
(2) ユング／パウリ、河合隼雄／村上陽一郎訳『自然現象と心の構造――非因果的連関の原理』海鳴社、一九七六年。
(3) メダルト・ボス、三好郁男／笠原嘉／藤縄昭訳『夢　その現存在分析』みすず書房、一九七〇年。同書の第三部十五章「夢における「超感覚的な」かかわりの可能性」を参照されたい。
(4) 晩年のフロイトは、しかしながら、テレパシーに関心をもち、英国および米国心霊学会の会員であった。アーネスト・ジョーンズは、精神分析が信用をおとすのを恐れ、フロイトがテレパシーへの関心を公にしないように勧めたという。アーサー・ケストラー、村上陽一郎訳『偶然の本質』蒼樹書房、一九七四年による。
(5) 立花隆『宇宙からの帰還』中央公論社、一九八三年。
(6) ユング、前掲注(2)書。
(7) ヤッフェ編、河合隼雄／藤縄昭／出井淑子訳『ユング自伝』2、みすず書房、一九七三年。

(8) M.L. von Franz, On Divination and Synchronicity, Inner City Books, 1980.
(9) 後述するデイヴィッド・ボームもライプニッツの単子《モナド》論を高く評価している。
(10) アンソニー・ストー、河合隼雄訳『ユング』岩波書店、一九七八年。
(11) オストランダー／スクロウダー、橋本健監修・照洲みのる訳『ソ連圏の四次元科学』上、たま出版、一九七三年。
(12) ホログラフィック・パラダイムに関しては、主として、K・ウィルバー編、井上忠他訳『空像としての世界』青土社、一九八三年、を参考にした。
(13) K・ウィルバー編、前掲注(12)書。
(14) K・ウィルバー編、前掲注(12)書。
(15) デイヴィッド・ボーム「宇宙の暗在系―明在系と意識」、竹本忠雄監訳『量子力学と意識の役割』たま出版、一九八四年、所収。
(16) C. A. Meier, "Psychosomatic Medicine from the Jungian Point of View," Journal of Analytical Psychology, vol. 8, 1963.
(17) デイヴィッド・ボーム、前掲注(15)書。
(18) デイヴィッド・ボーム、前掲注(15)書。
(19) 谷泰『「聖書」世界の構成論理』岩波書店、一九八四年。

第三章　死について

死の恐怖

一九五九年、フルブライト留学生として、ＵＣＬＡの大学院に留学していた頃、ちょっと珍しいアルバイトをした。それは精神病院に入院中で歩行困難な患者さんを、移動ベッドで戸外に連れ出し、日光浴をしながら雑談をするというのである。精神病院に入院しているんだから配慮も必要で、臨床心理専攻の学生に限るアルバイトだったと思う。精神病院だから患者さんはおそらく精神分裂病だろうし、そのような患者さんと話し合うのもよかろうと思い、行くことにした。

数回会っているうちに決して分裂病ではないとは思ったものの、診断名が解らない。それでも会っているうちに親しくなってきた頃、患者さんが真剣な顔になって、自分の診断名は家族も医者もひた隠しにしているが、実は「多発硬化症」である、ふとした機会に自分はカルテを盗み見してそれを知ったが、どうも大変な病気のようである、と言った。その頃、私は多発硬化症のことなど知らなかったので、帰宅して早速調べると、それは不治の病いであり、内容を詳しく知れば知るほど、気が重くなり、会い続けてゆく力が湧いて来ない。

当時、ユング派の分析を受けていたので、この事を話すと、分析家は、そういうことだったらその人の死の準備の援助をする気はないかと問いかけてきた。それが不治の病いであることをはっきりと言い、死のための心の準備をするための話し合いを続けては、というのである。ユング派の分析家で、しかもカトリックの神父というエールワードさんが専ら死の準備のための分析をし、よい仕事をしているという。今ならともかく、当時の私にはこれはあまりにも思いがけないことであり、自分は到底そんなことは出来そうにないと答えると、自分が出来そうもないと感じるかぎりは決してしてはならないことだということで、このことはけりがついた。

このことで私はショックを受けたり、己れの無力さを感じたりしたが、一方では、自分がユング派を選んだのは、多分に偶発的なことだったが、そこには内的な必然性があったことが解り嬉しく思った。というのは、死の問題は私の幼少時代からの課題であったからである。何時頃からかは明確でないが、おそらく五、六歳頃に私は死に対する恐怖や疑問をもっていたように思う。自分が死ぬということはどういうことか、なぜ死なねばならぬのか、などと考えこんだものである。その課題を戦争中もずっと持ち続けてきたが、このようにして死を正面から見すえようとする学派にたどりついたことは、自分にとって大いに意義深いことと思われたのである。

自分が死についての関心が高いためか、よく観察していると、多くの小さい子どもたち、五歳前後の子どもたちが死について関心をもっていることが解ってきた。われわれの相談室に訪れてくる子どもたちを通じて、そのことをよく知らされるのである。ついでのことながら、人間は一般的に言って、人生のある時期に死についての関心が高まるように思われる。たとえば、ここに述べた五歳前後とか、あるいは青年期とか。そのような時期は人生における変化のとき、節目と重なっていると思われる。

話を子どものことに返すと、森崎和江は自分の二人の子どもがそれぞれ、三、四歳の頃に死について問い、死の恐怖について問うたことを述べている(1)。夜、泣きながら問いかけてくる幼な子に対して、母親は「神も仏も天国もことばに出てこない」。「あのね、みんな、こわいのよ。でも、元気よく生きるの」と言いつつ泣いてしまう。ところが、「そのうち、子がわたしの背へちいさな手をのばし、撫でつつ言った。「泣かないでね、もうこわいこと言わないから」」。これは感動的である。死という恐ろしいことを親子で見つめるなかで、幼い子が母を慰めているのである。「わたしは子どもの掌のあたたかさに慰められ、ありがとう、とつぶやいた」と森崎は述べている。ここに示されるような深い母子の心の交流は、死ということを避けていたのでは決して生じないことではなかろうか。死の恐怖それ自身は問題ではない。それをごまかそうとするときに問題が生じてくると思われる。

死の恐怖を和らげるために、近代の医学は随分と貢献してきた。今まで不治あるいはそれに近いと思われてきた病いが、医学の発達により予防されたり、治療法が見出されたりしてきて、平均寿命が急速に延びてきたことは周知のとおりである。われわれは平均的に考えて若死にする心配などせずに、ともかく元気に生を楽しめるはずなのである。ところが、このような近代医学の発達が、予期しない別種の死の恐怖をもたらす可能性のあることを、村上陽一郎は鋭く指摘している。(2) 彼は脳死の問題を取りあげ、「生命維持装置は、もはや延命装置ではなく、綜合的な死よりも早い時期に、死の判定を置くための「死促進」装置である、というような印象が一般に拡が」ることを危惧し、われわれの死をできる限り延ばしてくれるものとしての医師への信頼感が崩れてゆくことをおそれている。極論すれば、われわれを死から守ってくれると思っていた近代医学が、われわれの死を促進するるのではないかという、新たな恐怖を与えるようになったのである。

死の位置

近代医学の発達によって、われわれはともかく死を少し遠ざけられるようになった。しかし、死はいずれやってくる。ここで極端に死を拒否しようとする心情が「近代科学」と妙な結合を行うと、第一章に述べたような、アメリカにおける死化粧兼防腐処理《エンバーミング》の隆盛のようなことになってくる。死者はまったく「生けるが如き」姿のままでいるし、花束は美しいし、葬儀屋の巧みな演出によって、参列者は出来るかぎり死に直面しないように、あるいは、死のことを忘れてしまうようにされる。しかし、いかに工夫しても、死を否定し去ることはできない。いささか喜劇的にさえ見える工夫をこらしてまで、アメリカの人々が死を拒否しようとするのは、彼らのもつ世界観のなかに死が位置づけられないからである。既に第一章に述べたように、西洋の近代自我は一回限りの復活という信仰によって支えられてきた。しかし、近代科学の知識を受けいれた人にとって、一回限りの復活の信仰にコミットすることは至難のことである。

死ということを自分の人生にどう位置づけるか、人間であるかぎり誰も経験したことのない「死」を、自らの生のなかにどう定位するのか。この問題に対する回答として、おのおのの文明はそれにふさわしい宗教をもった。宗教によって死をうまく位置づけることによって、人々は安心して生きることができたのである。欧米人と会話していて、時に「日本人は輪廻を信じているから羨ましい」と言われることがあった。日本人で輪廻を信じている人など殆んどいないと答えると、非常に不思議そうに、それでは日本人はどうしてあれほど静かに死ねるのかと言う。それらの人のなかには、戦争中の神風特攻隊の例をもち出す人もあったし、自分と日本人との交際の経験から、死を静かに受容する日本人のことを話す人もあった。あるいは、ハイジャックによって死の危険が感じられるときの、日本人乗客の信じ難い落ち着きを指摘する人もあった。彼らからすれば、これらの安定感は輪廻の信仰がもたらすものに違いないと感じられるのである。そこで、輪廻どころか、多数の日本人が特定の宗教を厳密な意味では「信仰」していないなどと知ると、彼らはその不可解さに呆れてしまう。

現代の日本においても、死が生活のなかにしっかりと定位されている文化は存在している。前述した森崎和江は、沖縄においては「死者が生者とともになお日々身近にいるのだと感じ、……それは観念としてというよりも、しぐさや会話として日常生活化していた」(3)ことを述べている。また、最近発表された、藤村久和による詳細なアイヌの人々の生活の報告(4)を読むと、その本の表題の如く、アイヌの人々が「神々と共に生き」、老いや死ということが彼らの生活のなかに見事に位置づけられることを知ることができる。このようなことを見ると、現在、仏教の儀式として日本の現代人が形式的に行なっていることの多くは、むしろわが国の固有信仰から引き継がれてきたものであり、意識的には欧米人の言うような「信仰」をもたなくても、古来から日本人の無意識内に底流し続けている宗教性によって、あんがい日本人の安定感が支えられているのではないかと思われる。

日本のことは暫くおき、欧米の状況について考えてみよう。近代科学の発達とともにキリスト教のドグマを受けいれられなくなった人々も、科学やイデオロギーによる社会の進歩発展ということに希望を見出してきた。そして、そのようなことこそが「現実」であり、宗教のようなまやかしではないと確信してきた。しかし、そのような「進歩発展」ということも、正しい現実などでないことが最近になって明らかになってきた。進歩発展は、どうしても青年、壮年のイメージと重なり合い、それだからこそ上に述べたように、その世界観のなかに老いや死を入れこむことが難しかったわけである。このような反省の上にたって、西洋に新しく起った運動は、今まで出来るかぎり拒否しようとしてきた死を、虚心に正面から見つめてみようということであった。そのときに大切なことは、死を特定の宗教に基づく観念によって見るのではなく、できるかぎりその現象そのものを無前提に見てゆこうということである。

臨死体験

何らの前提をもつことなく現象を正面から見てゆこうとするという点において、これから述べようとする死に関する研究は「科学的」と呼べるものである。しかし、その際に相手を客観的な対象として扱うのではなく、できるかぎり相手と共感し、経験をわかち持とうとする点において、従来の自然科学的な態度とは異なるといってもいいだろう。しかも、それは研究者自身の内面に対しても目が開かれている点においても、従来の自然科学とは異なると言ってよい。

癌の宣告を受け余命いくばくもないことが解っているような患者たちに対して、死に至る道について話し合い共感してゆくことを、わが国にもよく知られている、キュブラー・ロス女史が長年にわたって行なってきている。同女史は今回のトランスパーソナル学会でも発表を行なったので、個人的にも話し合う機会もあり、多くのことを教えられた。現在、彼女は死んでゆく子どもたちとの話し合いを続けており、その経験をまとめた本の日本訳が一九八五年春に出版された(5)。同書にも述べられているが、今回の学会においてロス女史がもっぱら強調しようとしたことは、死後生(life after death)の存在であった。そして、彼女は死後生について信じているのではなく、知っていることを強く主張するのであった。

彼女がこうまで存在を強調する死後生について語る前に、臨死体験(near death experience)の研究について述べておかねばならない。アメリカの精神科医レイモンド・ムーディは、一九七五年にLife After Life(邦訳『かいまみた死後の世界』)を出版した(6)。ムーディは最初に哲学を専攻し、後に医学に転じたが、哲学の講義で霊魂の不滅について論じたときに、学生の一人から彼の祖母の臨死体験について聞かされ、その後は積極的にこの問題と取り組むことになった。臨死体験とは、医者が医学的に死んだと判定した後に奇跡的に蘇生した人の体験、および、事故、病気などで死に瀕した人の体験である。ムーディは間接的な資料も加えて約百五十の事例から、次に述べるような結論を出したのである。

臨死体験は人によってそれぞれ異なるが、驚くほどの共通点が存在する。それらの共通点を組み合わせて、ムーディはひとつの理論的な「典型」を提出している。これは非常に重要と思われるので、そのままここに引用してみよう。

わたしは瀕死の状態にあった。物理的な肉体の危機が頂点に達した時、担当の医師がわたしの死を宣告しているのが聞えた。耳障りな音が聞え始めた。大きく響きわたる音だ。騒々しくうなるような音といったほうがいいかもしれない。同時に、長くて暗いトンネルの中を、猛烈な速度で通り抜けているような感じがした。それから突然、自分自身の物理的肉体から抜け出したのがわかった。しかしこの時はまだ、今までと同じ物理的世界にいて、わたしはある距離を保った場所から、まるで傍観者のように自分自身の物理的肉体を見つめていた。その異常な状態で、自分がついさきほど抜け出した物理的な肉体に蘇生術が施されるのを観察している。精神的には非常に混乱していた。

しばらくすると落ちついてきて、現に自分がおかれている奇妙な状態に慣れてきた。わたしには今でも「体」が備わっているが、この体は先に抜け出した物理的肉体とは本質的に異質なもので、きわめて特異な能力を持っていることがわかった。まもなく別のことが始まった。誰かがわたしに力をかすために、会いにきてくれた。すでに死亡している親戚とか友だちの霊が、すぐそばにいるのがなんとなくわかった。そして、今まで一度も経験したことがないような愛と暖かさに満ちた霊——光の生命——が現われた。この光の生命は、わたしに自分の一生を総括させるために質問を投げかけた。具体的なことばを介在させずに質問したのである。さらに、わたしの生涯における主なできごとを連続的に、しかも一瞬のうちに再生してみせることで、総括の手助けをしてくれた。ある時点で、わたしは自分が一種の障壁《バリヤー》とも境界《ボーダー》ともいえるようなものに少しずつ近づいているのに気がついた。それはまぎれもなく、現世と来世との境い目であった。しかし、わたしは現世にもどらなければならない、今はまだ死ぬ時ではないと思った。この時点で葛藤が生じた。なぜなら、わたしは今や死後の世界での体験にすっかり心を奪われていて、現世にもどりたくはなかったから。激しい歓喜、愛、やすらぎに圧倒されていた。ところが意に反して、どういうわけか、わたしは再び自分自身の物理的肉体と結合し、蘇生した。

これは一種のモデルであり、個人によっていろいろ異なるのは当然である。ムーディはこのモデルに含まれる約十五の要素のうち、多くの人が八ないしそれ以上の要素について報告し、十二の要素を報告した人が数人いると述べている。また、人によってはこのモデルとは異なる順序で体験しており、たとえば、「光の生命」に出会うのが肉体から離脱するより先であることもある。また、臨床的な死を宣告された後に蘇生したが、先に述べたような体験を一切しなかったと報告する人もある。

これらの体験をした人は誰も、このようなことを適切に表現できる言葉が全然見つからぬことを強調している。それとその内容があまりにも予想外のことなので他人に話をしても、まともに受けとって貰えないということもあった。このためにこのような体験をした人も沈黙を守っていることが多く、ムーディたちが真剣に聞いてくれるので、はじめて話をしたという人もある。ここに述べられている身体外意識の体験は、ユングも共時性の一現象として記述しているが、[7] 当時ではなかなか信用されなかったものである。交通事故で足がちぎれたりした人が、自分のその体を上から眺めているというのだから、まったくの幻覚と思われがちだが、そのときにその人の見た事実と現実がぴったりと照合するので信頼せざるを得ない。特に、キュブラー・ロスが全盲の人たちの体験を報告しているのは興味深い。[8] 彼らは全盲でありながら、臨死体験の際は、そこに居あわせた人の身につけていた着物や装身具などまで描写できるのである。

わが国でも死ぬときに既に死んだ親しい人が「お迎え」に来ることはよく語られているし、実際の例に接することもある。前章に紹介したボスの報告した「死の告知」の夢でも、先に死んだ母や妻が迎えに来たことを夢見ている。死ぬ前に、このようなお迎えの夢を見る人は割に多くあるようだ。特に、ボスの紹介した例では、本人が元気で直後の死を誰も予想できぬときに見ているので劇的に感じられるわけである。キュブラー・ロスは、子どもたちの死をたくさん見とっているが、注目すべき例を報告している。子どもたちは死の直前に彼女の言う「透《す》んだ瞬間」と呼ぶひとときを持つ。そのときに「もしもよかったら今体験していることを話してくれませんか」と尋ねてみる。そのときにある子は、母とピーターが待っていてくれるので大丈夫と答えた。これは家族もろとも交通事故に遭い、母親は即死、この子とピーターは別々の病院に収容されていたのだった。そして、実際にピーターはこの子の亡くなる数分前に死亡していた。キュブラー・ロスは、このような例を多く調査し、「子供がだれかが待っていると言ったとき、それは当たっていた。実際にその人は、その子供が死ぬ前に——たとえそれがほんの少し前であれ——死んでいたのだった。そしてどの子供も、これらの親族の死を前もって知らされてはいなかった。これは偶然の一致であろうか？[9]」と明言している。

ムーディの報告は多くの具体例に満ちており興味深いが、詳細を知りたい人はムーディの本を参考にしていただくとして、彼の報告のなかで注目すべき二、三の点に触れておきたい。まず、ムーディが「光の命」と名づけている存在についてであるが、これに対して彼は「わたしが研究した事例に共通する各要素の中で、最も信じ難く、同時に体験者に対してまぎれもなく絶大な影響を与えているのは、非常に明るい光との出会いである[10]」と述べている。この光は死に瀕している人にとって人格をもったものとして感じられ「その生命から発散される愛と温情は、ことばでは到底説明しきれないものであり、彼らはこの光の生命に完全に包み込まれ」るのである。なお、この光が何者かについては、「体験者個人の信仰、教育、あるいは信念によって大きく左右される」ことが特徴的で、この光を「キリスト」と解釈したり、「天使」と解釈したり、特定の宗派と関連づけず「光の生命」であると言ったりする。残念ながらムーディの事例には仏教徒は含まれていないようであるが、わが国でもこの種の研究が発展すると、興味ある例が報告されるであろう。

この「光」に対しては、ムーディも指摘しているが、有名な『チベットの死者の書[11]』に述べられている、「光明《オエセル》」との類似性に気づかされる。『チベットの死者の書』はチベット密教古派の経典であるが、エヴァンス・ベンツによって一九二七年に英訳され、一九三五年にドイツ語版が出版されたとき、ユングはベンツの依頼を受けて心理学的注解を書いている。当時はあまり注目されなかったが、現代では非常にひろく読まれ、『チベットの死者の書』はアメリカのヒッピーたちの一種の指南書になっている。神学者のパウル・ティリッヒはユングに関心が深く、筆者もユング研究所で彼の講義を聞いたこともあるが、臨終の際に『チベットの死者の書』を読んで欲しいといったというエピソードも伝わっている。『チベットの死者の書』とそれに対するユングの注釈について、ここでは詳しく触れる余裕はないが、この書に記載されている、死者が体験することの記述が、ムーディの報告と極めて類似性が高いことを強調しておきたい。この書は死んでゆく人の枕辺で僧が読誦する「枕経」的なものであるが、死者の魂が輪廻を離脱して不死性を獲得する方向に向かうように教えるものであり、そこには死者の魂がさまよう中陰の様子が描写されることになる。その描写がムーディの報告と類似性をもち、既に述べたような中陰の光明も、ムーディの言う「光の生命」との類似を感じさせるのである。

ユングは『チベットの死者の書』の注釈のなかで、スウェーデンボリの著作との類似を指摘し、この両者の間に関連があったなどとは考えられないので、このような類似は極めて興味深いと述べている。(12) スウェーデンボリ(一六八八―一七七二)はストックホルムに生まれた偉大な科学者、哲学者というか、簡単な分類を許さない巨大な人物であるが、彼自ら「死の技術」と呼んだ方法を体得し、死後の世界を自ら探索してきたと主張し、膨大な「霊界著述」を残したことが有名である。ユングはスウェーデンボリの著作を相当に読んでいたと思われるが、『チベットの死者の書』に描写される死後の世界と、スウェーデンボリの霊界体験に多くの類似点のあることを指摘しているのである。スウェーデンボリも「主の光」について記述しており、それは霊界に満ち満ちていて、たとえようもない明るい光であったと述べている。

ムーディの研究によって明らかにされた、臨死体験の記述が、古来からある「死後の世界」の記述と多くの類似点をもつことは、なかなか興味深い事実である。

『チベットの死者の書』や、スウェーデンボリの霊界著述などを見ると、おそらく、これらの宗教的天才は病気や事故などによる臨死の状態ではなく、修行によってそれと類似の意識状態になることができたのではないかと思われる。このような仮説に立って極めて大胆な推察を行うと、宮沢賢治の名作『銀河鉄道の夜』は、賢治自身の臨死体験を基礎として書かれたのではないか、と思われるのである。このような推察を抱く理由のひとつは、『銀河鉄道の夜』の記述に、ムーディによる臨死体験の記載と一致または類似するものがあまりにも多いからである。

今から数年前、JBBY(日本児童図書評議会)から宮沢賢治について何か話をするようにという依頼を受けた。当時としては、ちょっと思い切ったことの言い過ぎかと思ったが、活字にするのではなく聴衆の顔を見ながらの話なので、先に述べたような仮説に基づいて『銀河鉄道の夜』について講演してみた。ところが壇上で感じる聴衆の反応は非常に肯定的であり、嬉しく思った。後でJBBYの役員の方たちと話し合ったときも、私の話を深く感じとって下さっていることがわかり、心の強い支えを感じたのである。ここに詳述はしないが、その時に話をしたことの重点のみを紹介してみたい。

賢治の『銀河鉄道の夜』が彼の妹のとし子さんの死につながると考える人は多く[13]、筆者もこれに賛成である。賢治が妹を失った悲しみがどれほど深いものであったかは、「永訣の朝」、「無声慟哭」などの詩を見れば明らかである。しかし、賢治の場合は、常人のような悲しみや嘆きの段階を通り越し、彼の類い稀れな宗教性のためにムーディの記述しているように臨死体験をもつことになったと思われる。あるいは、彼の妹に対する深い共感性の故に、妹の死出の旅路に行ける限り同行した——ジョバンニがカンパネルラにそうしたように——と言うべきであろう。

『銀河鉄道の夜』については、いつかもっと詳細に論じてみたいと思っているが、ここにはその中に示される記述と、臨死体験との著しい類似性にのみ焦点を当てて述べることにする。
まず、「銀河ステーション」からの発車の際の描写に注目してみよう。

するとどこかでふしぎな声が、銀河ステーション、銀河ステーションと言う声がしたと思うと、いきなり目の前が、ぱっと明るくなって、まるで億万のほたる烏賊《いか》の火を一ぺんに化石させて、そこらじゅう沈めたというぐあい、またダイヤモンド会社で、ねだんがやすくならないために、わざと獲れないふりをしてかくしておいた金剛石を、だれかがいきなりひっくりかえしてばらまいたというふうに、目の前がさあっと明るくなって、ジョバンニは思わず何べんも目をこすってしまいました。

これに続いて、列車がごとごとごとごとと走っている描写があるが、ムーディによる臨死体験の最初の部分にある耳障りな音やトンネルの感じに対応している。それに何よりも「億万のほたる烏賊の火を一ぺんに化石させて……」という賢治によるこの世ならぬ光の描写は、ムーディの「生命の光」の輝きにつながるものと思われる。その後に銀河鉄道沿いに見られる「青白く光る銀河の岸に、銀いろの空のすすきが、もうまるでいちめん、風にさらさらさらさら、ゆられてうごいて、波を立てている」景色なども、この世ならぬ透明な輝きの巧みな表現と受けとめられる。
ジョバンニが同行するのが少年であり、少女でないということは、賢治と妹とし子のことを考えると不思議な気がする。しかし、カンパネルラというのは、むしろ、少年よりも少女向きの名前ではなかろうか。『銀河鉄道の夜』を読みつつ、カンパネルラが男性か女性か、ふと解らなくなる感じを読者はもつのではないか、と思われる。この点はもう少しつっこんで考えねばならないと思うが、賢治は、とし子と共に死後の国を旅するときに、男性・女性の区別を超えた存在として妹を感じたのかも知れない。

ムーディの「モデル」には述べてないが、それを詳しく説明する際に、彼は体外意識体験において「絶望的なほどの孤独」を感じることを述べている。ジョバンニが銀河鉄道の旅の間に感じる孤独感も、非常によく描写されている。たとえば、「こんなしずかないいとこで僕はどうしてもっと愉快になれないのだろう。どうしてこんなにひとりさびしいのだろう」と、ジョバンニが感じるところがある。カンパネルラは後から乗ってきた女の子とばかり話し合っているので、ジョバンニはいっそう辛く感じているのだ。しかし、そのカンパネルラにしても「さびしそうに星めぐりの口笛を吹」いている。

臨死体験のとき、不思議な声が聞こえてきたということを報告した例がある。たとえば、「ある声が聞えました。人間の声ではありません。五感の枠外で聞いているような感じで、わたしがなすべきこと——戻ること——を告げていました」というのがある。『銀河鉄道の夜』で、ジョバンニがときどき聞いた、「やさしいセロのような声」がそれに相当するようだ。「セロのような声」はジョバンニに語りかけ、ジョバンニを慰めて、深い知恵を授けてくれる。「声」は彼によく勉強するように、そして実験をしてみることが大切である、と教えてくれる。そして、「おまえがほんとうに勉強して、実験でちゃんとほんとうの考えと、うその考えとを分けてしまえば、その実験の方法さえきまれば、もう信仰も化学と同じようになる」（傍点引用者）と極めて重大な発言をするのである。

『銀河鉄道の夜』と臨死体験の類似は、このような細部にわたるもののみならず、全体として感じとられる、この世ならぬ透明さという点と、確かにこの世のことでないことは明らかでありながら、単なる絵空事ではないしっかりとした実在感という点にも認められる。スウェーデンボリの著述に対して、コリン・ウィルソンは「確からしさの手応え」があると高く評価したという。臨死体験を語った人が、「幻覚とは似ても似つかないものであった」と強調するのも、それがひとつの「現実」であると言いたいからであろう。それではそれは正真正銘の現実なのであろうか。次にその点について考えてみよう。

「知る」ということ

キュブラー・ロスは最近に於ては、死後生(life after death)について彼女が信じている(believe)のではなく、科学者として知っている(know)ということを強く主張している。信じる、という場合は、死後生が存在するかどうかということは、その人の主観的な判断となり、客観的判断の対象とはならない。しかし、「知る」というときは、そのことの存在は客観的な事実となってくる。この点について、キュブラー・ロス『新・死ぬ瞬間』の二人の訳者、秋山剛と早川東作は、次のような興味深い事実を、「訳者あとがき」に記している。

秋山は、死後生は信仰の問題であって科学の認識対象ではないと主張するのに対し、早川は、その立場が一般的であることも認めつつも、死後生は蓋然的であって近年の超心理学上の知見によれば、ロスの主張するように科学的事実である可能性は否定できないと主張する。しかし、両者とも死後生を確信することがターミナルケアの精神的支柱であると理解している。この訳者たちの立場と思想の相違は、宗教と科学の接点ともいえるロスの仕事の理解に役立ち、訳の上で二人が相補的な立場をとることになり中庸を保てたように思う。

ロスが「信じる」と言わず「知る」と強調するのは、彼女の語ることが事実に基づいているのであり、彼女の信念とか想像に基づいているものでないこと、そして、それは事実であるが故に変更することは出来ないことを明らかにしたいのである。彼女の言う「事実」とは既に示したように、臨死体験の高い一致度、および彼女が死にゆく人より聞いた事実などによっている。そのなかには、体外意識とか、死んでゆく人が自分より先に死んだ人のことを、その人に何も伝えていないのに必ず知っているとかの事実も含まれている。彼女がわれわれに語りかけてくるときも、何とかして自分の信念を伝えたい、信念を分ち合いたいという情熱よりも、事実を知って欲しいという、落ち着いた深い自信の方が感じられるのである。そこには「確からしさの手応え」を感じさせられる。

ユングの死ぬ二年前、一九五九年にBBC放送が彼にインタビューを行なった。これはフィルムにして残されているので、筆者も留学中にユング研究所で見ることができた。そのなかで、「あなたは神を信じますか」という問いに対して、ユングは暫しの沈黙の後に力強く、「私は知っています」(I know)と答える。これを聞いた時に一瞬にして生じた聴衆のざわめきを今もよく覚えているが、これは通常のクリスチャンにとって、相当にショッキングな返事であっただろう。このためたくさんの投書があったりして、ユングは誤解を解くために『リスナー』誌に自分の考えを明らかにするための手紙を出した。ユング研究所で映画を見たときも、そのような点を配慮してのことであろう、ユングの『リスナー』誌宛の手紙をわざわざコピーして配布し、有志のもので話し合う会をアレンジした人があった。このときのユングの手紙および、彼のその他の著作などから推して、この問題は次のように考えられるであろう。

ユングは幼少時から、物事をわけもなく信じるのは嫌な傾向を強くもっていた。彼の父は牧師であり、もともと宗教性の深かったユングは父とよく宗教的なことについて話し合った。そんなときに、父親はいらだって、「お前はいつも考えたがっている。考えちゃいけない。信ずるんだ」[14]と口癖のように言った。しかし、それはユングの出来ないことであった。父親はユングに堅信礼のための教えを個人教授してくれた。ユングは三位一体について関心をもっており、父親がどう説明するか期待していた。ところが、父親は「三位一体のところへ来たが、ここは省略しよう。だって本当のところ私には少しもわからないんだから」と言った。ユングは父の正直さに感心するが、すっかり絶望してしまう。実際、ユングはその生涯にわたって、三位一体を信じるのではなく、知ろうとして努力し続け、大きい業績を残したとさえ言えるのだが、この点はここでは触れずにおこう。

ユングが「神を信じるか」と問われ、「私は知っています」と答えたのは、まず第一に「考えるよりは信じろ」という態度に対して一矢を報いたかった点があるだろう。よりよく考え、より多く知ろうとする態度によってこそ宗教性は深められると彼は主張したいのである。従って、事実に関係なくただ信じているのではなく、自分の経験的事実に基づいて彼の宗教は成立しているのである。しかし、その「事実」は単なる外的事実のみではなく、内的な事実も含み、内界は彼にとって——前章に述べた如く——ある客観世界なのである。従って、彼が「知る」と述べているのは、「それ自体は未知のある要因と対峙している」[15]ことを知っており、その未知のある要因を一般の同意に従って「神」と呼ぶことを意味している。そして、その「未知のある要因」と対決し、その現象を慎重に観察することこそ宗教の本質であると考えている。自ら経験し、そのことを「知る」ことが、彼の世界観の基礎にあることをユングは強調したいのである。

キュブラー・ロスの場合も同様のことが言えるであろう。彼女も「死」という人間にとって未知のある要因に対して、形而上学的に考えたり、特定の宗教の教義に従って考えようとしたり、信じたりしようとしたのではなく、死に対峙し、そこに生じる現象を慎重に観察したのである。そこに生じた現象を「知る」ことによって、彼女の死に対する考えや態度が生じてきたのであり、それはユングの定義するような意味での「宗教性」には相当するにしても、一般に考えられる「宗教」には当たらない。このことを強調するためにも、彼女は「知る」という言葉を用いたいのだろうと思われる。しかし、彼女が「死後生を知る」と主張する点については、どう考えるべきであろうか。

死後生

ユングは死後生についての彼の考えを、彼の死後出版された『自伝』のなかに述べている。「人は死後の生命の考えを形づくる上において、あるいは、それについての何らかのイメージを創り出す上において――たとえ、その失敗を告白しなければならないとしても――最善をつくしたということができるべきである」と彼は主張する。われわれがこの世に現在生きていることは重要であり、そのために多くのことをなさねばならないが、それだけでは不十分であり、死後生について想いを致すことによって、われわれの人生はより豊かなものとなり、より全体性をもつことになる。といっても、死後の世界については、人間は「お話を物語る――神話として話す――以上のことはできない」とユングは明言する。それは、この世の現実についての言説ではなく、ひとつの「神話」なのである。

お話とか神話とか言うと、それだけで馬鹿にしてしまう人もあろう。しかし、ユングはここで、お話や神話が外的な現実とまったく同等の重みをもつものであることを強調したいのである。死後生に関する「知」は、神話の知であることを認識し、その神話の知が、いわゆる科学の知と同等の重要性をもつと認識することは難しいことだ。死後生の重要性を強調したい人は、それがいわゆる科学の知として得られると主張したくなってくるし、いわゆる科学の知のみをすべてと思う人は、死後生のことなど問題にしないであろう。

このようなジレンマのなかで、ロスやユングが「信じる」という言葉よりも「知る」という言葉を好むことはよく了解される。そして、ロスが臨死体験の研究や、彼女が接した死んでゆく人たちの残した言葉などから、死後生の存在を主張するのも、心情的には了解できる。しかし、ロスのいう「死後生の存在」は、もう少し厳密な検討を要するように思われる。彼女が「死後生の存在」と言うとき、その「存在」が時空を超越したものであって、この世の現実とまったく異なっているという認識が少し稀薄になっているおそれを感じるのである。ユングは神話の知の重要性を強調する一方で、それがこの世の現実と取り違えられる危険性を繰り返し警告している。

スウェーデンボリの語る死後の世界、『チベットの死者の書』に示される死後の世界、それに現代人の臨死体験などが相当な類似性をもつことは驚くべきことである。時代や文化の差を超えた類似性がそこに存在している。しかし、それらはあくまで類似であって、同じではない。その記述に、その人のもつ意識の在り方が関係していることは明らかである。たとえば、スウェーデンボリの語る霊界は、キリスト教的な色彩が強い。確かに、彼がそれを単なる空想として語っているのではなく、彼の言う「死ぬ技術」によってそこに行き見聞してきたものであることは疑わないにしても、もし、私が彼と同様の方法でそこに行き見聞するならば、私の記述は相当に彼のそれとは違ったものになるだろう。その「実在」は時空を超えた「たましいの実在」であり、それについて語るときは、われわれはこの世に生きている自分の意識に頼るより仕方がないのである。従って、人間の「意識」の在り方というものが非常に重要な問題として浮かびあがってくる。意識の問題については、次章に述べたいと思っている。

たましいの実在に触れることは素晴らしい。しかし、それが重なってくるにつれ危険性も増してくる。たましいの実在に触れれば触れるほど、この世の現実に足をすくわれないように注意しなくてはならない。キュブラー・ロスの語るように、死は確かに素晴らしい。しかし、その反面、死はやはり恐ろしく残酷なものであることも事実ではなかろうか。死の恐ろしい半面を忘れずにいることによって、われわれの宗教性も常に深められてゆくようにも思われるのである。

注

(1) 森崎和江「生活童話」、『飛ぶ教室』六号、一九八三年。
(2) 村上陽一郎「死を巡る第二の断章」、『新岩波講座 哲学1 いま哲学とは』岩波書店、一九八五年、所収。
(3) 森崎和江、前掲注(1)論文。
(4) 藤村久和『アイヌ、神々と生きる人々』福武書店、一九八五年。
(5) キュブラー・ロス、秋山剛/早川東作訳『新・死ぬ瞬間』読売新聞社、一九八五年。
(6) レイモンド・ムーディ、中山善之訳『かいまみた死後の世界』評論社、一九七七年。
(7) ユング/パウリ、河合隼雄/村上陽一郎訳『自然現象と心の構造――非因果的連関の原理』海鳴社、一九七六年。
(8) キュブラー・ロス、前掲注(5)書。
(9) キュブラー・ロス、前掲注(5)書。
(10) レイモンド・ムーディ、前掲注(6)書。以下の引用も同じ。

(11) 正式の題名を「『安寧神《シ》と忿怒神《ト》を観想することにより自己を解脱させる深遠なる宗教書』の中より、中有《バルド》の状態での聴聞《トエ》による大解脱《ドル》」と称し、一般に『バルド・トエ・ドル』と呼ばれている。邦訳は、おおえ・まさのり訳編『チベットの死者の書』講談社、一九七四年。なお同書に関する解説は、川崎信定「〈チベットの死者の書〉死後の生存と意識の遍歴」、『エピステーメー』七月号、一九七六年、を参照。

(12) ユング「チベットの死者の書の心理学」、湯浅泰雄／黒木幹夫訳『東洋的瞑想の心理学』創元社、一九八三年、所収。

(13) たとえば、巽聖歌「解説」、宮沢賢治『銀河鉄道の夜』新潮文庫、一九七九年、所収、および最近出版された、紀野一義『賢治の神秘』佼成出版社、一九八五年、などに認められる。

(14) ヤッフェ編、河合隼雄／藤縄昭／出井淑子訳『ユング自伝』1、みすず書房、一九七二年。

(15) ユングの『リスナー』誌への手紙より。

第四章　意識について

無意識の発見

ここでは意識の問題について述べるが、そのためには、まずはじめに深層心理学における無意識ということについて触れねばならない。既に第一章に軽く触れておいたが、西洋近代に成立した自然科学においては、人間がその観察する対象を自分と切り離し、それを客観的に観察することが前提となっていた。そこで、そのような方法論に従って成立してきた心理学においては、人間の意識を扱うことは、どうしても避けねばならぬことであった。心理学は、そこで客観的に観察し得る人間の行動を対象として、その学問体系を築きあげてきた。ところが、実際にノイローゼの患者の治療などという問題にかかわると、人間の意識ということを取り扱わざるを得ない。そこで、一般の心理学とは異なり、臨床的な仕事にたずさわるものは、人間の意識を問題とし、それを研究する上において、「無意識」などということを言わざるを得なくなったのである。このようなことを発展せしめた初期の深層心理学者たちが、フロイト、ジャネ、ユング、アドラーなどすべて医者であるという事実は、このような研究がいかにノイローゼの治療という実際的なことから生じてきたかを示すものである。

フロイトは特にヒステリー患者の治療から、無意識ということに思い至る。ヒステリーの症状とは、たとえば、身体器官としての目には何ら障害がないのに目が見えなくなる、というような機能の障害が生じるのである。そこで、フロイトは自由連想という技法を用いて、患者がそれまでは意識することのできなかった心的内容を意識化することを助け、そのような無意識的な心的コンプレックスが症状の原因であったことを明らかにすることによって、治療を行おうとした。

フロイトはこのようにして「無意識」という概念を導入しつつ、一応これによってヒステリーの症状を因果律的に説明し、従って「科学的」な方法によってノイローゼを治療する道をひらいたと思われるのである。ここにフロイトの説について詳細な検討をする余裕はないが、ともかく、フロイトの説が「科学的」と受けとめられたことによって、特にアメリカにおいて一九三〇年頃より急激な発展を遂げることになった。ここで彼および精神分析家たちの考えた「無意識」ということは、あくまで、意識に対するものである。そして、そこで扱われている「意識」というものが西洋近代に特有のものであり、またそこに述べられた「無意識」というものが、どうしても病的なニュアンスをもって考えられるという特徴をもつようになったのであるが、当時は誰もそのような点について反省するものはなかった。

ユングははじめフロイトと協調して同様の路線を歩んでいたが、フロイトが主としてノイローゼの患者を治療していたのに対して、彼は精神分裂病者に接することが多かったこと、彼自身が深い無意識との対決の経験をもったことなどから、無意識ということに対してフロイトとは異なる考えをもつようになった。すなわち、無意識は自我が受けいれられないものとして抑圧し排除した心的内容をはるかにこえて、限りなく広い領域であり、それを、個人的無意識と普遍的無意識(集団的無意識)に分けて考える方が妥当と考えた。そして、無意識の内容は必ずしも否定的、マイナスのものばかりではなく、むしろ、それは新しい創造の源泉となるものさえ含んでいると考えるようになった。

ユングの言う個人的無意識とは、ある個人が自我を形成してゆく上で、受けいれ難いこととして抑圧したり、個人的体験のなかで記憶から抜けおちていったりしたものの総体であり、フロイトの言う無意識と関連が深い。ヒステリーの治療においては、このあたりの分析が大切となる。普遍的無意識は個人の経験とはかかわりなく、人類一般に存在しているとも考えられるもので、それ自体は意識的に把握することができないが、それが意識内に顕現するとき神話的なイメージをとる。ユングがこのように考えたのは、分裂病者の妄想や幻覚などに、古来からある神話や宗教のイメージと類似のものが多く、普通の人でも深い夢を見たときは、類似のものが生じることが経験的にわかってきたからである。

ユングは多くの経験を重ねながら、彼の考えを発表することを長い間ためらっていた。それは彼の考えが当時のヨーロッパの学会の流れや、世間一般の考えとあまりにもかけ離れたものであったからである。しかし、彼はすぐれた学者の翻訳を通じて東洋の思想に触れるにつれ、彼の考えが相当な普遍性をもつことを確信しはじめたのである。彼の考えていること、彼があらたに見出したと思っていたことは、東洋においては随分と昔に発表され受けいれられているのである。

いろいろな意識

内的なことであれ外的なことであれ、いかなることも、それを記述して他人に伝えるためには、人間の意識によって把握するより仕方がない。従って、同じ事象に接してもそれに対する人の意識の在り方によって、それは異なったものとして把握されるであろう。ユングは東洋の古典に接するうちに、彼が見聞したと思っている事象を西洋人に伝えることは非常に困難であるにもかかわらず、東洋の書物にはそのものずばりの形で書かれていることに気づいた。つまり、西洋人と東洋人とでは意識の在り方が異なっているのである。その点に気づかず、自分の意識の在り方が「正しい」と信じている人は、その他の見方に対しては、狂っているとか、馬鹿げているとかの断定を下すことになる。ユングが『易経』や『チベットの死者の書』などを高く評価したことは、前章までに述べてきたことであるが、当時の多くの西洋人がそれらに一顧も与えなかったことは、前述したように彼らにとって、それらはまったく「非科学的」で無価値なものと思われたからである。

当時、そのように考えられたことも一面は当然のことと考えられる。自分を対象からまったく切り離して、事象を観察するという自我の在り方を確立して、全世界のなかで西洋のみが自然科学を発展せしめ、その成果は全世界を席捲する勢いを見せていたからである。対象から切り離した自我＝意識によって把握された事象は普遍性をもつ。たとえば、ひとつの花を見て「花びらが五枚」と言えば、それは普遍性をもつ。しかし、花と自分との距離が近くなり、「美しい花」と言ったり「淋しげな花」と言ったりすると、それは普遍性をもつとは限らない。誰に対しても普遍性をもつ知識の積み重ねにより、自然科学は発達し、しかもその成果によって海の上を航海し、空を飛びして、人間は文明を発展させた。このようにして実際的効力を発揮するので、そのようにして認められる事象はすなわち「現実」であり、それと異なる言説はすべて非現実的なことと人々は考えるようになった。太陽を四輪馬車に乗った英雄であると言ったり、月に大きい兎が住むなどと言うと、それは非現実的なこと、あるいは全くの虚言として否定されるようになった。

西洋近代に確立された自我による意識的把握が唯一の「現実」をとらえているのであり、その他の言説は虚偽であるという自信は、一九七〇年頃より急速に衰えはじめた。このような考えがアメリカにおいて急激に変化しはじめた契機としては、ベトナム戦争の体験がまずあげられる。彼らが正しいと信じ、正しいものは勝つと信じて行なったことが、まったくうまくゆかないことを知り、自分たちの判断を根本的に考え直そうとする気運が生じてきた。それに加えて公害の問題が生じ、自然科学の発展とともに、人類が直線的に進歩し続けるという考えにも疑問をもつようになった。彼らの認識している「現実」が唯一の正しい現実ではないのではなかろうか、と考えはじめたのである。

このような傾向を強化するのに役立ったものとして、秀れた文化人類学者の研究も見逃すことができない。以前は「未開人」の風習を調べて、いかにそれが「未開」で「非合理」であるかを知ることに満足していたのだが、才能の豊かな学者たちが、他民族の生き方を「外から」観察するのではなく、自ら「内にはいって」経験することによって、それはそれなりの素晴らしい体系をもつことを明らかにしはじめたのである。たとえば、未開の部族で行われる通過儀礼などは、単なる残酷で無意味なこととして見られていたのに、そこに深い意味があることが見出され、次には逆に、近代社会において通過儀礼を喪失したことによって、多くの問題が生じてきていることさえ明らかにされるようになってきた。つまり「未開」であるとして馬鹿にしてきた人々の意識の在り方が、近代人のそれとは異なるものであって、近代人の意識に照らすときは馬鹿げて見えるが、逆に彼らの意識に照らして近代人を見るとき、近代人も極めて馬鹿げたこと(それがノイローゼの発生につながること)をしていることが明らかになってきたのである。

このような傾向を増幅するものとして、ＬＳＤや麻薬などのドラッグの体験がある。アメリカ人の意識はあまりにも堅くつくりあげられているので、それ以外の意識状態があると知っても変えることはできない。しかし薬物に頼るときはそれが可能であり、薬物の助けによって異次元の経験ができるようになった。近代自我がもたらした閉塞状況と耐え難い疎外感から、何とかして抜け出そうとして、わけもわからずにともかくこれらの薬物に頼ったアメリカ人も多かったであろう。彼らはそこで不思議な体験をしつつ、それをいかに説明していいのかわからないと感じていたとき、ユングの心理学やそれとの関連で読まれはじめた東洋の宗教書が、その説明を用意していることを知ったのである。あるいは、薬物体験を通じて、多くのアメリカ人はユングや東洋人たちが単なる絵空事を述べていなかったことをはっきりと知ったと言うべきかも知れない。ＬＳＤ体験のことについては、後に少し詳しく述べる。

このような一般の動きに刺戟されて、心理学の分野においても、意識の異なった状態について研究しようとする気運が起ってきた。そしてそれは自分たちの通常の意識状態をよしとし、その他のものを異常と見なすのではなく、価値観を棄てて現象を忠実に見ようという態度でそれを行なった。はじめアカデミックな心理学の分野で活躍していたが、その後このような意識の研究に力をつくしたタートは、『意識の変性状態』という名著を編集し[1]、通常の現代人の意識状態以外に注目すべき意識の存在することを例証した。彼はその後、トランスパーソナル心理学の設立にも貢献することになる。

東洋の知恵

西洋近代の意識は確かに強力なものであるが、それが「現実」を認識していると考えるのは誤りであり、真の現実に接するためにはそれにふさわしい意識の状態があるのではないか、そして、それについては東洋の知恵の方がはるかに深いのではないかと考える傾向が欧米で強くなってきた。このために周知のように日本の禅やチベットの仏教が欧米において急に受けいれられるようになった。筆者は一九八四年の十月に渡米したときは、ダライ・ラマの講演を聞いたり、仏教徒であるというアメリカ人たちと話し合ったりしたが、仏教はアメリカにおいて生きている、とさえ感じたのであった。このような宗教と「意識」の問題がどうかかわるのかと思われるかも知れないが、東洋人の意識は西洋人のように明確に他と区別されていないので、宗教と心理学との境目が極めて稀薄なのである。仏教のなかの唯識論は明らかに深層心理学的な面を強くもっている。

東洋の知恵は「現実」に対して接近してゆく上で強さをもっているのであるが、それは極めて言語化し難いものである。禅が不立文字を唱え、その割には多くの本が書かれているので読んでみても、われわれ素人にはなかなか理解し難いことも事実である。その点、意識に関して東洋の知を西洋人にさえ解るように述べるという点で、おそらく井筒俊彦ほどの人はいないと思われる。エラノス学会におけるたびたびの発表をはじめ、英文による多くの著書・論文を通して、東洋の思想を西洋人に理解せしめた功績は実に大きい。最近は幸いにも日本語の論文が多く発表されだしたので恩恵を蒙ることが多いが、ここでも彼の論文によって、意識の問題を考えてみたい。

意識の問題に関しては名著『意識と本質』(2)に多くを学ぶことができるが、ここでは限定された範囲で要点のみを述べねばならぬ必要上、彼が「たんにイスラーム哲学史の一章としてではなく、むしろ東洋哲学全体の新しい構造、解釈学的再構成の準備となるような形で叙述してみようとした」『イスラーム哲学の原像』(3)の方によって論じてみたい。この書物には、最近トランスパーソナルの人たちも大いに影響を受けている、イスラームの神秘主義、スーフィズムのことが論じられている。

イスラーム神秘主義においてまず大切なことは、「現実、あるいはリアリティの多層構造」ということを考える点にある。われわれが普通に現実と呼び、考えている経験的世界は、現実の表層にすぎなくて、その下にいくつもの層があると考える。そして、次に、その現実の多層構造を認知する「人間の側にも主体的に意識が同じような多層構造をもっていると考える」。そして、浅い表層的意識では現実の浅い表面のみが見え、意識の深層には現実の深層が見えるというわけである。

ここで興味深いことは、深層の意識という考えがあって、深層心理学で用いる「無意識」という用語が用いられないことである。それは既に述べたように西洋近代においては、そこに確立された意識は唯一のものであり（従って現実も唯一と思われ）、表層も深層もないのである。ただ深層心理学に関心をもつような人たちは、その意識では捉え難い心のはたらきがあることに気づき、それを意識に対するものとして「無意識」と呼んだのであるが、イスラーム神秘主義や、仏教などの東洋の考えによると、それらは層の異なる「意識」として記述されることになるのである。

ところで、スーフィズムにおいて次に最も大切なことは、「ここでは一応、意識と現実、つまり主体と客体を区別し対立させて考えましたが、この区別はあくまで理論的説明の便宜のため常識的な主客の区別を利用しただけのことでして、神秘主義本来の立場からすれば、本当はこんな区別があるわけではない」という点にある。これは西洋近代の意識のたて方とまったく異なっている。スーフィズムにおいては「いわゆる客観的現実と、いわゆる主体的意識とが混交し融合して渾然たる一体をなしたものだけが現存する。それが見方によって、つまり力点をどこにおくかによって、客体的現実になったり、主体的現実になったりして現われて来るだけのこと」になる。しかし、このような深層の意識に到達するのはなかなか困難で、人間が普通の状態のままでいたのでは、まずそれに至ることは不可能である。そこで「方法的組織的な修行によって意識のあり方を変える」ことが必要となる。「禅宗の坐禅とか、ヒンズー教のヨーガとか、宋代儒者の静座とか、荘子にみえている坐忘とか」いろいろな修行の方法があるが、いずれも先に述べたような深層の意識を獲得するためのものである。修行のことに関しては本章の最後に少し触れるであろう。ここにあげた東洋の修行方法が、何らかの方法で身体的な修行法と結びついているのも、注目すべき点である。意識の深層への道はすなわち存在そのものに至る道でもあるが、それには心の側からと体の側からとの接近法があり、東洋は西洋に比して、身体的な側面を重視する傾向があると言えよう。しかし、西洋の深層心理学でもフロイト派は寝椅子を用いるので患者はリラックスした姿勢になるし、ユング派は夢を分析するが、夢を見るときは特殊な身体状況にあるわけで、身体のことがまったく不問にされているわけでもない。しかし、強調点はあくまで言語的に表現された内容におかれている。

スーフィー的意識の構造

スーフィズムでは意識の構造をどのように考えるかということについて、次に井筒俊彦の『イスラーム哲学の原像』によって、著者の許しを得て少し詳しく述べてみたい。これは本書全体の論議と多くの点で関連することと思うからである。

スーフィズムにおいては魂を非常に重要視し、これを意識構造モデルの基体として考える。井筒は「根源的イマージュ形成機能を、「魂」と呼ぶ精神的実体を理論的に措定して、それの働きとみなす」と述べているが、本書の第一章に「たましいとは何か」について論じた点を基にして言えば、そのときに述べた「たましい」と極めて一致してくる。あるいは、心とたましいとをひとつにしたものがスーフィズムの「魂」であると言っていいかも知れない。このあたりは、三分法（心、たましい、体）をとるか、二分法（心と体、魂と体）をとるかによって、ニュアンスは変ってくるが、本質的な狙いはあまり相違がないと言っていいだろう。デカルト的二分法だけは、はっきりとわれわれの考えと異なるのである。

スーフィズムでは修行によって意識の深層に至るのだが、その意識を五段階にわけ、それを「五つの別々に独立して存在する魂であるかのごとく語る」。それらを図式的に示すと、図1のようになる。これに基づいて説明してみよう。

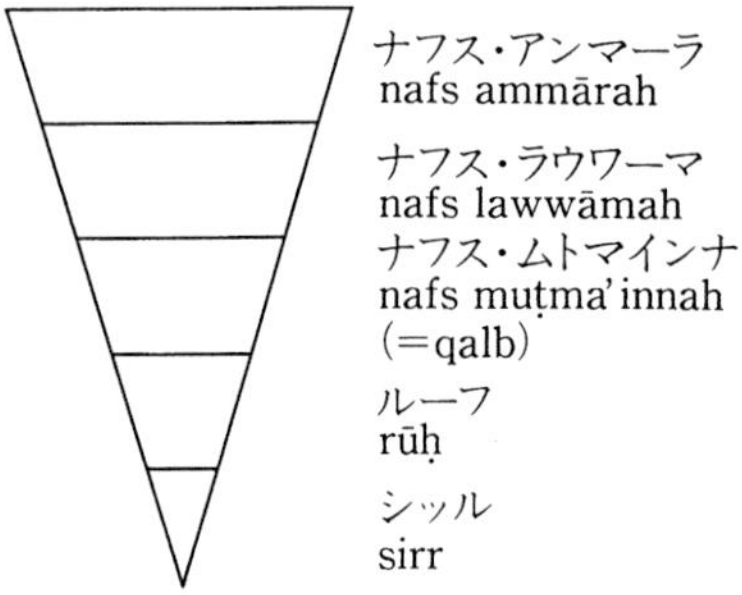

図1　スーフィー的意識の構造
（井筒俊彦による）

最上段がナフス・アンマーラで強制的な命令をやたらに下す魂、という意味である。ああしろ、こうしろと命令する。言わば欲望と欲情の場である。これは意識の感覚的知覚的領域に当る。次に第二層はナフス・ラウワーマで、批判的魂、やたらに非難する魂である。通常の分類でいうと意識の理性的領域に該当する。ここで興味深いのは、第一層の、アンマーラ（やたらに命令したがる）も、第二層のラウワーマ（やたらに非難する）も、アラビア語ではあまりよくない意味をもっているという事実である。通常の認識では感覚知覚をはたらかせ、次に理性的に判断することは望ましいことと考えられるが、スーフィズム的な見方をすれば、それはすなわち魂の深層からの観点によればということになるが、むしろ、よくない意味づけをされるのである。

第三層はナフス・ムトマインナは安定した安静な魂である。この第三層に至って、通常の意識の層とは質的に異なった層になることが了解される。「観想的に集中し、完全な静謐の状態に入った意識、これを特別な魂、つまり一つの意識の層と考えます。揺れ動く意識の表面の下にそういう静かな、物音一つしない領域が開けているというふうに考えるのです。」そして、「魂のこの第三層が意識、および存在の神的次元のしきいにあたります」と井筒は述べている。

第四層はルーフと呼ばれる。アラビア語ではほぼ精神というような意味であるが、極めて特殊な意味で用いられ、心の深みに開けてくる幽遠な領域を示す。「スーフィーの体験ではそれは限りない宇宙的な光の世界、輝き燃えて全世界、全存在感を燦爛たる光に照らし出す宇宙的真昼の太陽として形象化されます」と言う。

最後の第五層はシッルと呼ばれる。シッルは普通のアラビア語では秘密を意味する。つまり、普通の状態では絶対に表面にあらわれて来ない秘密の層なのである。「意識論的にいえば、意識の最深層であり、ふつうの意味での意識を完全に超えた無意識の深みであります。スーフィズム的形象表現では、この聖なる場所で魂はあたかも一滴の水のごとく絶対的な実在の大海のなかに消融してしまうと申します」と井筒は語っている。

この最後の層においては、自我意識が完全に払拭されねばならないことが極めて重要な点である。井筒の言葉を引用すると、「ここに至って修行者の自我意識は完全に払拭されます。それまで彼の人間的実存の中核をなしてきました「われあり」の意識はあますところなく消え去って、無に帰してしまう。この体験を術語的にファナー(fanā)と申します。ファナーとはアラビア語では消滅とか、消失とかいうこと、つまり消えてなくなってしまうということです。「われ」が消えてしまうのですから他もありません。絶対の無です」ということになる。

ここで自我が消滅しても、その消滅された自我の意識そのものが残存している限り、その無もまた一種の「他者」であるので、ファナーの意識自体も無化されなければファナーの完成とは言えない。そこで窮極的には「ファナーのファナー」ということが要請されることになる。ところで、ファナーによって無化された意識は突如逆転して無の意識にならねばならない。「意識の無が、無の自覚として甦るとでもいったらいいでしょうか。そういう新しい超越的主体としての無意識が、理論的にファナーの次の段階であるバカー(baqā)です」ということになって、ここにファナーの次の段階であるバカーという考えが導入される。この「バカーとは、もともとアラビア語の意味では「残る」ということ。術語的には自己存続、一度無化された意識があらためて有化されたところに成立する主体」である。スーフィズムにおける修行の道において、ファナーに至る意識改変の過程を「昇り道」と呼び、ファナーからバカーへの過程を「下り道」と呼ぶ。ここにごく簡単にスケッチしたことは、東洋の他の多くの宗教の基本構造と深くかかわるものだが、その点については、井筒の著作を見ていただくこととして、ここには省略する。

ここで大切なことは東洋こそが真のリアリティを認識することを宗教との関連においてなし遂げようとしており、西洋はまったくその対極としての近代自我の意識をつくりあげていたということである。後者の意識が見るものは虚構であり、虚構であるが故に自然科学という強力な武器をつくりあげるのに役立ったのである。自然科学の力があまりにも大きいので、人間はそれによって自然を支配したとさえ錯覚したが、それは真のリアリティとは異なる世界を見ていたことに気づくと共に、そちらに目を向けていた東洋の宗教に対する関心が欧米において急激に強くなってきた。そして、現実を現実として見ようとする科学の最先端が、古い東洋の宗教の考えと接触をしはじめたのが現在の状況なのである。

意識のスペクトル

東洋の宗教が見出した意識の在り方について述べ、それに対して西洋の人たちが最近とみに関心をもちはじめたことを指摘した。その上、理論物理学の最先端を行く科学者たちが、彼らの体験を踏まえて同様のことを言いはじめたのである。たとえば量子力学の生みの親、シュレーディンガーは「主体と客体は、一つのものである。それらの境界が、物質科学の最近の成果でこわれたということはできない。なぜなら、そんな境界など存在しないからだ[4]」と述べている。

このような最新の物理学の成果も踏まえ、かつ、前節に述べた東洋の宗教の考えも受けいれた上で、ケン・ウィルバーは「意識のスペクトル」という考えを提出する。彼はトランスパーソナル学会の理論的支柱の一人と言ってよいと思うが、彼がこのような考えをもつに至った動機のひとつは、アメリカにおいて実に多くの心理療法の技法や理論が生じ、それぞれがその正当性や有効性を主張する現状において、それに対して一種の整理を行う意味もあったと思われる。心理療法との関連については、最終章に論じるつもりなので、ここでは割愛し、ケン・ウィルバーの考える「意識のスペクトル」について、ごく簡単に紹介する。『意識のスペクトル[5]』は彼の著書の題名であるが、これと前述した井筒俊彦の『意識と本質』や『イスラーム哲学の原像』を読み合わせると、非常に興味深い。

ケン・ウィルバーは図式を用いて説明しているので、それを転載して説明しよう。彼の用語はやや特殊なので、他の一般的な使用法と混同しないように注意してみていただきたい。

図2において、彼は一番下の「心のレベル」から話をはじめている。ユングの言葉にも「「奥底において」は心は単に「世界」なのである[6]」と言う言葉があるが、この図における心は、Mind とわざわざ大文字で示されており、日常的に使う「心」とは異なるものである。このレベルは前節に述べた主体と客体の区別のない、意識即

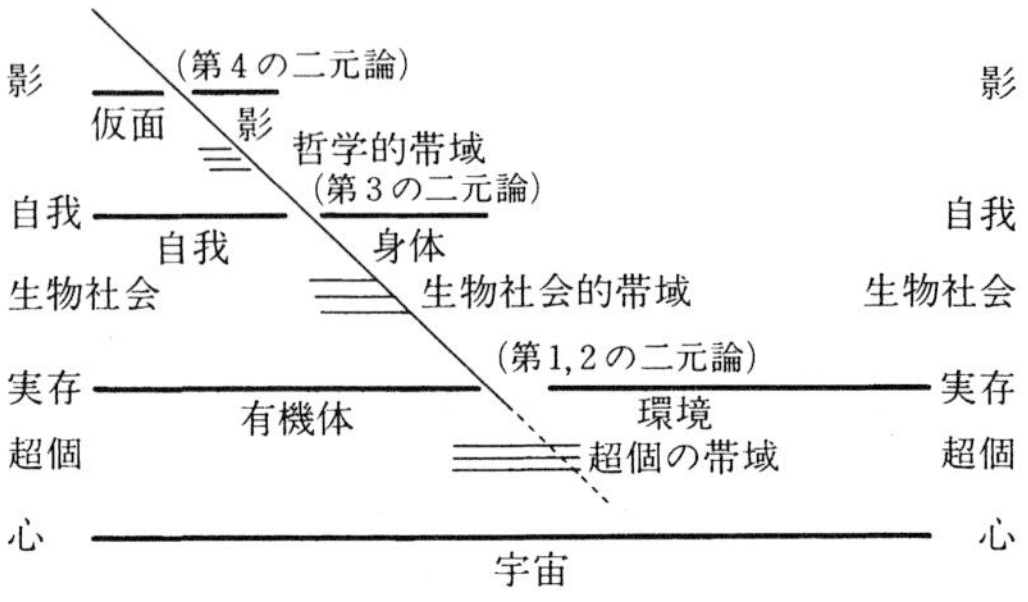

図2 意識のスペクトル(ケン・ウィルバーによる)
(『意識のスペクトル』1, 春秋社刊, より転載)

現実のレベルである。このことを西洋人に解らせるのは大変なことなので、ウィルバーは理論物理学や仏教の成果をうまく利用して、手をかえ品をかえて説明を試みており、なかなか見事である。「リアリティとは観念的なものでも、物質的なものでも、霊的なものでも、具体的なものでも、機械的なものでも、生気論的なものでもないことをわれわれは強調したい。リアリティとは一つの意識のレベルであり、このレベルのみが現実的なのである」と彼は言う。ここであらゆる二元論的な考えがすべて否定されていることに気づかれるだろうが、まさにこの「心のレベル」は非二元的な意識レベルなのである。

次に人間は二元論的思考のプロセスを通して「二元性ないし区分という幻想を導入し……このようにして欺かれた人間は、主体対客体、自己対非自己、あるいは単に有機体対環境といった最初の原初的な二元論に執着する」。最初の「心のレベル」においては、意識と現実とはひとつであり、そこには言葉とか思考というものはなかった。しかし、その次の段階において、「われわれが「空間を分断する」最初の動きが、一つの世界から二つの世界を創り出し、われわれ自身を現象世界に着地させる、この最初の分断の行為を、われわれは原初の二元論と呼ぶことにする」。主体と客体との分離を第一の二元論とすると、次に人間は生と死という第二の二元論に従うことになる。自分という有機的存在を環境から切り離して考えると、その有機体の存在と非存在、つまり、生と死という二元論が大きい問題となってくる。「心」のレベルにおいて、意識がリアリティと一致しているかぎりにおいては、生死などということは問題になり得ないのである。

人間の意識はさらに分割され、図に示されているように、有機体的意識は自我と身体という第三の二元論によって分割され、もっぱら自我が自分であると意識される。つまり、われわれは自分が自分の「身体をもっている」などと考えたりする。有機体のレベル、つまり、実存のレベルでは身体と自我(精神という方が一般的かも知れないが)とが分割されないままで、自己が意識されるのである。心のレベルと実存のレベルの間に「超個の帯域」という表示がなされているが、ここでは心のレベルほど完全にではないが、時間的・空間的な区切りがあいまいとなったり、自他の区別もあいまいとなって、いわゆる超常現象などがよく生じるのである。ウィルバーは言及していないが、たとえば、前章に述べた臨死体験の際の人間の意識に生じるさまざまの不思議なことは、この帯域に生じる現象と考えることができる。この帯域はまた、ユングが普遍的無意識と呼んだ層とも重なると思われる。

一個の有機体としての意識はさらに分割され、その一体性が抑圧されて精神と肉体とに分けられる。これをウィルバーは自我と身体との分割とし、自我レベルの意識と呼んでいる。現代人の場合は、これ以前の実存レベルでの意識を明確にもつことも既に困難であるだろう。現代人もある程度「身体意識」というものをもつが、これは実存レベルの名残りであるとウィルバーは述べている。

人間が自我レベルの意識をもつ点について、ウィルバーは、人間が死を受けいれられないとき、死ぬべき自らの有機体を捨てて、決して傷つくことのない「観念」に逃げこむのだ、と述べているのは興味深い考えである。「死を避ける人間は、無常の身体から逃れ、一見、死なないかに見える観念上の自分自身に同一化するのだ」と彼は言う。おそらく、ウィルバーのような「意識のスペクトル」などという考えとはまったく別に、この自我レベルのアイデンティティを支える強固な宗教として、キリスト教が存在してきたと考えることもできるのではなかろうか。

自我レベルにおいては、人間はリアリティそのものについての直接的知識をもっていない。しかし、それ故にこそというべきだが、このレベルで人間の思考は発達し近代科学の発展が生じたのである。

意識にはまだ第四の二元論が生じ、自我は仮面と影に分けられる。(7) つまり、自我は自分とそれをとりまく環境(と自分で感じているもの)との間で、望ましいと感じる部分とそうでない部分とに分け、前者を仮面として採用し、それに同一化する。彼が望ましくないとして棄て去った部分は影として残される。

このようにして意識のレベルが明らかにされたが、「これらのレベルは別個のものでなく、それぞれ無限に重なりあうものである」こと、および、「人が一つのレベルに限定されることはほとんどない。一日、二十四時間の間、全スペクトルを渡り歩く場合もある」ことを知っておかねばならない。と言っても、全スペクトルどころか、大体は人間が覚醒しているときは、上方の二つのレベルぐらいに限定されているのではなかろうか。

この意識のスペクトルは、人間が混沌の状態から、その自我意識をだんだんと確立してくる過程というふうにも、あるいは、人間がだんだんとその深いアイデンティティを失ってゆく過程というふうにも両方に読みとれるところが興味深いし、おそらく、ケン・ウィルバーもその両方をこめて記述していると思われる。従って、どのスペクトルがいいなどというのではなく、全スペクトルにわたって知ることに意味があると思われる。あまりにも単純化して紹介してしまったので原著の意図がまちがって伝わるのを恐れている。興味をもたれた方はぜひとも原著を参照していただきたい。

ドラッグ体験

井筒俊彦によるスーフィズムの説明や、ケン・ウィルバーの意識のスペクトルの考えによって、意識の階層の存在を示したが、一般の人々はウィルバーの言う仮面レベルの意識と同一化しているので、意識の階層については極めて懐疑的になると思われる。そして、井筒が指摘しているように、この階層を体験してゆくためには相当な修行や技法が必要なのでなおさらのこととなってくる。そのときに、それを薬物の助けを借りることによって行うことを考えた人がいる。つまり、LSDという強力な薬物は、それによっていわゆる「精神異常」をきたすと考えるのではなく、日常的な意識から急激に深層の意識へと至るのを助けるものであると考えるのである。この考えによって心理療法をすすめてきたのが、チェコ生まれで現在米国カリフォルニア州のエスリン研究所にいるスタニスラフ・グロフである。彼は国際トランスパーソナル学会の創始者で、初代会長をつとめ、トランスパーソナル学会の重要な支柱の一人である。

グロフの仕事には以前から関心をもっていたので、今回トランスパーソナル学会で来日した際に対談をしたり(8)、京都大学の臨床心理専攻の大学院生に特別講義をして貰ったりして、彼の研究について相当つっこんで話し合うことができた。その点について簡単に紹介したい。

グロフはもともと精神分析に興味をもったが、それがあまりにも長期に及ぶので、何とかそのプロセスを速める方法はないかと考え、LSDをそのために用いることを考えついた。そして過去三十年あまりの間にチェコおよび米国において、LSDを用いる心理療法を続けてきたが、最近になってLSDの危険性が問題となり、よほどの法律的手続きをとらない限りそれが使用できなくなったため、彼はＬＳＤを用いずに同様の効果をもつ方法を考案し、それをホロトロピック・セラピーと名づけた。それは一種の集団療法で、呼吸のコントロール、および音楽効果、それに身体的な動きなどを組み合せて深層心理の活性化をはかるものである。ここで彼がある程度、身体的なことを考慮に入れているのも興味深い。

グロフがＬＳＤの使用などによって得た結果、個人の体験する意識変化の過程は、一般化すると、次の三段階に要約できるという。(9) すなわち、１個人の自伝的レベル、２周産期《ペリナタール》のレベル、３超個《トランスパーソナル》のレベル、である。

個人の自伝的レベルでは、その個人がそれまで経験してきたことで、その人の人格内に統合されなかったり、未解決のままで抑圧されてしまっているようなことが現われる。これは精神分析など一般の心理療法の取り扱うレベルで、理解しやすいものである。

周産期《ペリナタール》のレベルでは、個人は誕生のプロセスを体験すると言っていいであろう。それは非常に明確に死と再生の過程として生じるときがある。これは前節のウィルバーの図式で言えば、実存のレベルあたりの体験になると思われる。実存レベルにおいて生死の二元論が大きい役割をもつことをウィルバーは指摘しているが、まさにこのあたりで、死と再生の体験が生じるというのも興味深い。

このレベルで個人が体験するのは、出産前後の体験と極めてパラレルであり、たとえば洞窟に閉じこめられていて出口がなく困っているうちに、恐ろしい圧力を感じ死ぬほどの苦しみを味わう。そこでやっと出口が見つかり、細い穴を通って広い空間に出るような幻覚体験をもつのである。(10) このレベルでは身体と自我とが一体となってきているので、異常な体感や実際の痛みなどを伴って感じられるときがあり、「死」の苦しみに耐え難いほどの体験をする人もある。

ここでグロフはこのような出産にまつわる体験が生物学的な誕生の再体験を超えて、心理的、霊的な体験であることを強調するが、個人的に話し合っているときは、ある個人のＬＳＤによる周産期体験は、現実にその人が出産のときに経験したことの再体験と思われるようなことが多いことも述べていた。たとえば難産だった人とか、産道の途中でつかえた人などの産婦人科医による記録と、ＬＳＤ体験で語られることとが相当に一致するというのである。もしそうであれば、人間の記憶という点についても興味深い発見であると思うが、筆者としては今のところ確かめようのないことである。

次の超個のレベルは、ウィルバーが超個の帯域と記述しているところ、ユングの言う普遍的無意識の領域を指している。このレベルにおいては、ＬＳＤ体験に多くの神話的なイメージが出現すると共に、時間、空間の限定を超えた共時性の現象が出現するという。このときに超感覚的体験をする人が多いので、それがどんなに馬鹿げたことに思えても、一応その人に実際にチェックさせる、とグロフは語っていた。このレベルはウィルバーの言う「心」のレベルに接近してゆくので、個人の意識が宇宙の意識、宇宙の心と同一化するのを感じる人もあるという。また、この際に動物や植物、それに無生物に対しても意識的同一化を体験する人もある。

グロフの述べていることで非常に興味深いことは、ＬＳＤ体験で神や悪魔などいろいろな宗教的、神話的イメージを見た人たちが、それらは至高の存在ではないという感じがあり、至高の存在に会ったと感じた人は、それを言語化することが極めて難しく、強いて言えば「至高の無」(supreme nothingness)としか言いようがない、などと表現する事実である。このことは、井筒俊彦が述べているファナーの段階と相応することが感じられるのである。

ＬＳＤを飲むとすべての人がこのような体験をするかというと、もちろんそうではない。まずそのためにはグロフのように豊富な体験をもった人が傍にいなくてはならない。これは絶対的条件といっていいだろう。それでも人によっては、ウィルバーの図式に従って言うと、上から下へと下降してゆくのではなくて、影の世界にはいり込んで出て来れなくなるということもある。ともかく、これが非常に危険な仕事であることは論を待たず、それだからこそ法律的にほとんど禁止に近い状況にあると思われる。

欧米人の仮面《ペルソナ》や自我は極めて強固に出来ているので、ユングの言うことや東洋の宗教など、単なるまやかしとさえ見られがちであったときに、ＬＳＤという強力な手段によって、それらがリアリティに関係していることを体験的に知らしめたという点で、グロフの功績は真に大と言わねばならない。とすると、現代人たるもの、ＬＳＤを飲むか、さもなければ彼の言うホロトロピック・セラピーに参加すべきなのであろうか。この点については次節で考えてみたい。

修行の過程

意識が表層から深層へと変化してゆく過程において「方法的組織的な修行」が必要であることを井筒は指摘していた。坐禅、静座、ヨーガなどの修行法が古来から開発されてきたが、これらはどれも身体の在り方も関連させているところが特徴的である。ウィルバーも指摘しているように、深層の意識は身体と関連が深いので、身体の在り方も修行の過程において重要となってくるものと思われる。

実際ここに述べた意識の変化は、その探求に相応する何らかの「経験」をもたぬかぎり意味をもたないと言ってよいほどである。このようなことは個人の生き方そのものにかかわる問題であり、単なる知的な問題として論じるのはあまり意味がない。井筒俊彦の「主体的、実存的な関わりのない、他人の思想の客観的な研究には始めから全然興味がない[11]」という言葉も厳しいが、仏教における「全人格的思惟」を提唱する玉城康四郎が「戒・定・慧」の三学こそ仏教に固有のものであるとし、「この三学が一体となって働く思惟こそ、仏教的思惟の特徴をなすものであろう[12]」と述べている姿勢にもその厳しさを感じさせられるのである。戒も守らず禅定もせず、ただ仏教の本を読むだけで仏教について論じることはナンセンスだと言われても仕方がないとも思える。ここでは仏教の唯識論については触れなかったが、これも「戒・定」による生き方を抜きにして本当に理解することは不可能とさえ感じられる。

　この点、筆者は戒とも定とも無縁なので申し訳なく感じるが、ただ、筆者としては西洋の「修行」の方法とも言える夢分析を自らに対して常に行うことと、心理療法の場面でいろいろな生きた人間に出会っていることは、ある種の「修行」をなしていると思っている。それは常に意識の改変の問題と直面しているのである。ただ、筆者自身の体験で言えば、井筒の言う「ファナーのファナー」の境地というのは、未だに実感したことはない。それでもどうして心理療法などやっているのかと言われそうであるが、最終章に述べるように心理療法の仕事にはレベルの差があり、自分の取り扱うことのできるレベルの仕事をしていればいいと考えている。ウィルバーの図式で言えば、彼のいう「心」のレベルに至ったと感じたことはないが、彼の言う「心」の顕れとして事象を見るという態度は、相当身についているのではないかと思っている。人はそれぞれ個性に応じた「修行」の道があるようだ。

　あるいは、もう少し開き直って言えば、第一章において「たましいとは何か」について論じた際に述べたように、あくまで「たましい」をあいまいさのなかに残しておき、明確な段階を措定したり、最高の(最終の)境地などということを考えたりせずに、あくまで手さぐりの過程を歩み続ける道を選ぶことに心理療法家の本質があるとも考えられるのである。従って、筆者はいわゆる神秘主義者とも宗教家とも異なると思っている。

ウィルバーの図式にしても、これはやはり西洋人の図式であり、日本人であれば彼が二元論として表現している切断の線がこれほど画然とはしていないと言うべきであろう。ウィルバーの図式においては上昇運動にも意味があると先に述べたが、この図の「仮面」を本当に確立するにはそれ相応の努力がいるのであり、日本人はそれだけのことをしているかという反省も必要である。この図の下方の意識にある程度なじんでいるからと言って、その人は上方の意識において必ずしも強いと言えぬところに、人間の意識の問題の難しさがある。東洋の知恵について深い理解を示す井筒俊彦が今道友信との対話において[13]、今道が「禅にかぶれると思想的には無責任になるような気がして恐いような気がしますね」というのに対して、井筒は禅の修行の過程としては方法論的に考えたりしゃべったりしたら困るけれど、「もし悟ったら言ってもらわなければ困る。それを混同して、方法論的な沈黙と絶対的な沈黙と混同しちゃ困るんですね」と語っている。これは下層の意識体験のみでなく、その体験が上方のそれとどうつながるべきかという点を指摘しているものと思われる。

「修行」の問題がこれほど重要と思われるとき、LSDによって一挙に下降することが可能とすると、これはどう考えるべきであろうか。この点についてもいろいろ考えさせられたので、一九八五年の夏スイスに行ったときは、グロフのワークショップに参加した人、LSD体験をもった人などに相当につっこんで経験談を聞くと共に、著名な分析家に対してグロフの仕事をどう思うかを聞き、討論した。いろいろと興味深い例に接したが、個々のことは抜きにして筆者なりの結論を書いておこう。まず、たとえ話で言えば、高山に下から歩いて上ってゆき頂上をきわめた人と、ヘリコプターの助けによって頂上に立った人との比較のようなことになるかも知れない。

どちらも同じ景色を見るわけだが、その意味の深さという点では前者がはるかにまさるであろう。

しかも後者の場合は高山病にでもなれば、せっかくの景色も意味がないかも知れぬ。と言っても、世界中にそんな高山などないと信じている人がいて、ヘリコプターでそこへ連れて行ったとすると、それはそれで大きい意味をもつことになろう。山の麓のあたりで遭難まがいのことをくり返している人に比べると、まだしもましかも知れない。このたとえで、もちろん、ヘリコプターで頂上に立つことは、ＬＳＤ体験の方を示している。

グロフによって非常に深い体験をした人や、それによって心身症が治療されたという人にもお会いしたし、ＬＳＤ体験がほとんど意味をもたないという人にもお会いした。しかし、これは考えてみるとどの「修行」にも言えそうで、ただ難行や苦行を積み重ねても無意味なことは、釈尊自身も指摘している。ＬＳＤを飲みさえすれば意味深い体験ができる、などというものでないことは、了解していただけると思う。

自我の消滅ということは大切なことであるが、それがウィルバーの図式で言えば、下層への降下による消滅ではなく、上部右の影の領域にはいり込むような形でなされるときはただ苦しむばかりで何ら意味をもたないのであろう。修行もなかなかやり方が難しいものである。

自我の消滅を狙う東洋的修行では、身体的な修行を用いることが多いので、このことはわが国におけるスポーツの訓練との間に常に混乱を起しているように感じられる。スポーツはもちろん体力を競うのであるが、そこに微妙に「心」のことが関係してくる。西洋の場合は、体力を鍛えつつ、強い自我によって体をどこまで制御できるかを考えてゆくので、自我の強化と体力の強化がパラレルに行われる。従ってこれは極めて「合理的」な練習や訓練によって、スポーツ選手を育てることになる。

ところが、わが国では体の鍛練がたましいの修行と重なる伝統をもっているので、話がややこしくなってくる。

ケン・ウィルバーは「意識のスペクトル」を論じた際に、「はね返り」現象という興味深いことを述べている。それは、八八頁に示した意識のスペクトルにおいて、最上層の「影」のぎりぎりの線におしつめられると、超個のレベルへと「はね返る」ことがあるというのである。これは苦痛で死に瀕した人が急に限りない静寂の世界を体験したり、超常現象を経験したりするような例である。このことが経験的に知られていたので、わが国の修行では徹底的に自分の肉体を苦しめる、いわゆる荒行が多く行われてきた。しかし、大切なことは、「はね返り」はいつも起るとは限らない(おそらく、死の瞬間には起るのであろうが)。とすると、時には、自分を苦しめるほど、影の世界に迷いこみ、歪んだ自我をつくりあげるだけのことになる。あるいは、一瞬のはねかえり現象を体験したとしても、長期にわたる歪みの後遺症の方が大きい効果をもつかも知れない。

ともかく、修行においては荒行によって、自我を消滅させる方法を試みるので、練習は苦しければ苦しいほどよいということになるが、それを近代のスポーツの練習として考えると、大きい疑問が湧いてくる。スポーツには別に「悟り」は必要でないし、自我の制御し得る体力の優れたものが勝つのも当然であり、練習でいくら「苦行」していても、いざ国際試合になると弱い自我が妙に作用して、実力も出せずに負ける日本選手が多くとも、別に不思議ではないのである。スポーツ放送を聞いていると、アナウンサーがやたらに「精神力」を強調するときがあるが、それがどのような類のものかをよく考えてみる必要がある。自我をつくりあげるときは「自我消滅」の場合よりも楽しさを感じる方が多いので、楽しんで練習した者の方が、無用な苦しみの練習をした者より「精神力」が強い場合もあるのである。このあたりのことをスポーツ関係者はもっと考えるべきと思われる。

スポーツの指導者でこのあたりのことが解らず、ただ苦しみのための苦しみを与えるような練習をさせたり、選手の自我を歪ませてしまったりしている人があるように思われる。もちろん、スポーツを通じて求道的な生き方を見出す人もある。そのような人は立派な人であるが、それは必ずしもスポーツの強さと一致するものではないことも知っておかねばならない。

スポーツと関連して、現代では体力づくりや健康の問題が非常に強い一般の関心をひきつつある。これは、近代の心と体の二分法によって、心の側から見失われた「たましい」が体の方に無意識的に結びつき、「体」を大切にすることが、たましいを大切にすることにまで無意識的につながっているためと思われる。従って、「体」を大切にすることに人々は途方もない情熱を傾けたり、金を使ったりするのではなかろうか。健康食品や、健康維持のための多くの薬などの取り扱いや、ジョギングをすることなどに、強迫的な傾向が強く見られる人は、それが無意識のうちに宗教的儀式となっているためと思われる。近代人が存在を否定したたましいは、いろいろなところに、そのはたらきを示しているのである。現代人としては、もう少しそのあたりのことを自覚して、もっと適切に自分の意識を磨くことを考えたいものである。

注

(1) C. T. Tart, Altered States of Consciousness, New York, Wiley, 1969.
(2) 井筒俊彦『意識と本質』岩波書店、一九八三年。
(3) 井筒俊彦『イスラーム哲学の原像』岩波書店、一九八〇年。以下の引用は同書による。
(4) E・シュレーディンガー、岡小天／鎮目恭夫訳『生命とは何か』岩波書店、一九五一年。
(5) ケン・ウィルバー、吉福伸逸／菅靖彦訳『意識のスペクトル』1、春秋社、一九八五年。以下の引用は同書による。
(6) C. G. Jung, The Archetype and the Collective Unconscious, The Collected Works, vol. 9, I, Pantheon Books.
(7) 仮面(persona)、影(shadow)などはユングの用語を借りてきているのだろうが、ユングの用語とは異なった用い方をしている。ウィルバーの図式で、仮面―影、自我―身体、と分けているところはそれぞれ、自我―影、精神―身体とした方が解りやすい気もする。

(8) 河合隼雄「内界への旅―グロフとの対話」、『読売新聞』一九八五年五月八日夕刊。
(9) グロフのＬＳＤ体験に関する研究結果は、S. Grof, LSD Psychotherapy, Hunter House Inc. Publishers, 1980, に詳細に述べられている。なお、グロフが今回トランスパーソナル学会で行なった講演は邦訳されている。グロフ、吉福伸逸訳「意識の研究と人類の生存」、『春秋』二六九号、一九八五年。
(10) スタニスラフ・グロフ／クリスティナ・グロフ、山折哲雄訳『魂の航海術　死と死後の世界』平凡社、一九八二年、に画家ハリエット・フランシスがＬＳＤによる死と再生の体験を描いた例を示している。
(11) 井筒俊彦、前掲注(3)書。
(12) 玉城康四郎『瞑想と思索』春秋社、一九八四年。
(13) 井筒俊彦／今道友信「東西の哲学」、『思想』六四三号、一九七八年一月。井筒俊彦対談集『叡知の台座』岩波書店、一九八六年、に所収。

第五章　自然について

人と自然

一九八四年の三月十九日より二十二日に至るまで、東京と箱根において「生命科学と人間の会議」という国際会議が開かれ、私も桑原武夫、江橋節郎両先生に伍して出席することになった。これは最近における生命科学の著しい発展により、それが人間の生命と人間の尊厳に及ぼす影響について検討する目的をもって、サミット加盟国の七か国の代表が集まって討論を行なった会議である。この会議に出席してみて、このような問題を考察するにあたっての宗教的背景の差を強く感じさせられたが、たとえば、ひとつの大きい点について言えば、「人間の尊厳」を考える上において、日本以外の諸国の代表は、「人間と他の生物——バクテリア、植物、動物——との間に根本的な違いがあること」(1)を絶対的な前提として話をすすめてゆこうとするのに対して、日本人としてはどうしても納得がいかないという点があった。つまり、日本以外の諸国はすべてキリスト教国であるので、聖書の教えに従ってこのように考えるのは当然のことなのである。これに対して私は日本人が感じる、人間から植物に至るまでの生命の連続性のようなことを伝えようと努力したのであるが、どこまで成功したのか、まったく心もとないことであった。ただ休憩時間になると、二、三の学者が私の意見が面白かったとか賛成とか、熱心に話し合いに来てくれた。その割には本会議のときにあまり反応がなかったのは、推察するところ、キリスト教的ではない意見に公的な場で賛成を示すことは、やはり難しいのが現状なのではなかろうかと思われた。

一九八五年の夏、スイスにおけるエラノス学会に出席した後で、二、三日イタリアのトスカナ地方を旅行した。そのとき有名なシエナの町の広場を訪れたが、野球場の二、三倍くらいの広さの広場が完全に石づくりの建築物で囲まれ、土も石で掩われているので、植物がまったく目にはいらないということが極めて印象的であった。言ってみれば「自然」が全然目にはいって来ないのである。この町は十四世紀くらいにつくられたものであるが、人間が住み、集まってくる場所は、人間によって建てられたものによってこそ囲まれているべきで、そこに自然がはいってくるのは排除されている、という感じなのである。

日本人であれば、人の集まるところに、どのように「自然」を配するかが常に考慮されている、というべきである。もっとも、それは「自然」そのままのものでないことが多いわけであるが、この点については後に論じるであろう。シエナの広場に立っていて、夜になると月や星が出るので、何かほっとしたような感じをもったが、月や星も含めた天空は、建造物によって完全に取り囲まれているので、天空の運行さえ、人間に支配されているような錯覚を生ぜしめるのである。

日本人の「自然」に対する特別な親近感のようなことに私が注目するようになった端緒は、夢分析の経験を通じてである。日本人の夢のなかで「自然」は、西洋人の場合よりもはるかに大きい意味をもつことが、私の夢分析の経験を通じて明らかになってきた。たとえば、ユングは「影」ということを重視する。人間が自我をつくりあげてくるときに、それに受けいれられない半面は「影」となる。そして、その影は夢では自分とは性格を異にする人物像となって出現することが多い。そのような影のイメージと対話をかわすことによって、自分の影の部分についての認識を深めることになる。このようなことは、もちろん、日本人にもそのまま通用する。しかし、時に夢のなかで、月明りのなかで山の影が長く尾をひく景色などを見て、「影の世界」についての洞察を得る人が、日本人には存在するのである。

次に、他に発表したことがあるが、典型的な例を示す。これは性に対する抑圧が強く、恋愛ということさえ罪悪のように感じていた若い女性が、相当に分析が進んだときに見た夢である。それは、「桐の箱が二つあり、各〻に朱色と白色の色紙がはいっている。それには歌が毛筆で書いてある。各〻四枚ずつはいっていて、それぞれ四季の歌が書いてある。「春なれや……」、「夏なれや……」、「秋なれや……」、「冬なれや……」という夢であった。彼女はこの夢から覚めながら「この世の中に春夏秋冬があるように、恋愛ということも存在するのだ」と感じ、何か安堵するものを感じたと言う。この夢の解釈については立ち入らないが、ここで大変印象的なことは、今まで忌避していた恋愛あるいは性ということを受け容れ、より全体的に統合されるというイメージを、四季の存在によって示しているところである。おそらく西洋人であれば、人物が登場することによって、同様のことが表現されることであろう。

今は一例を示したのにすぎないが、日本人の夢分析を通じて、日本人に於ける「自然」の重要性を感じてきた。それに後述するような昔話の分析を通じても、同様のことを感じさせられたのである。しかし、これまで「　」をわざわざ付して、自然ということを自明のこととして用いてきたが、そもそも自然とは何かという点について、少し詳しく考えてみる必要があると思われる。それはまさに宗教と科学、東洋と西洋、の接点における問題なのである。

自然とは何か

今日では、日本人のほとんどが「自然」という言葉を、英語の nature と同じような意味に解していると言っていいだろう。人間および人工的なものに対するものとして、いわゆる山川草木、および人間以外の動物、それに鉱物などを含め、それを宇宙にまで拡大して、総称して「自然」と呼んでいる。しかし、実のところ、そのような客観的な対象としての「自然」などという概念も、また言葉も、もともと日本にはなかったものであり、nature という英語に「自然」という訳語を当てたために多くの混乱が生じることになった事実は、柳父章の周到な分析によって周知のこととなっている。[2] 従って、この点については省略するが、そうなると、現代の日本人は、自然をどう把握しているのか、そもそも古来からはどうであったかなどが問題となってくる。この点についても、木村敏[3]、大河内了義[4]らが興味深い論を既に展開しており、筆者の考えもそれと重なるところが多く、あまり取りたてて言うこともないが、これまで述べてきたこととの関連において、問題点を明らかにしておきたい。

「自然」という語は、もちろん中国から由来しているわけであるが、この語が文献に現われるのは、福永光司によると「道家すなわち「道《タオ》」――世界と人生の根源的な真理――の哲学を説く人々、いわゆる老荘学派の古典文献」[5]であり、福永は『老子』の「功成り事遂《と》げて、百姓は皆我れを自然と謂う」(第一七章)、「(聖人は)万物の自然を輔《たす》けて敢て為さず」(第六四章)、また『荘子』の「物の自然に順いて私を容るる無し」(応帝王篇)などを引用して、自然という語は、「「オノズカラシカル」すなわち本来的にそうであること(そうであるもの)、もしくは人間的な作為の加えられていない(人為に歪曲されず汚染されていない)、あるがままの在り方を意味し、必ずしも外界としての自然の世界、人間界に対する自然界をそのままでは意味しない」ことを指摘している。
この「オノズカラシカル」という考えは、天地万物も人間も同等に自生自化するという考えにつながり、「物我の一体性すなわち万物と自己とが根源的には一つであること」を認める態度につながるものである。福永は『荘子』の「天地は我れと並《とも》に生じて、万物は我れと一たり」(斉物論篇)、「天地は一体たり」(天下篇)などを引用して、この点を明らかにし、「道を以て之を観れば、物に貴賤無し」(秋水篇)に示されるように、「人間(自己)と自然界の万物とが根源的な一体性のゆえに存在者として本来的に平等であり、価値的な優劣に関して絶対的な基準の有り得ない」と考えられていたことを指摘している。

このような中国の「自然」に対する態度は、インドから仏教を受けいれたときに影響し、福永は、「西暦七—一〇世紀、唐の時代の中国仏教学をインドのそれと比較して最も注目されることの一つは、草木土石の自然物に対しても仏性すなわち成仏の可能性を肯定していることである」と述べている。つまり、生物のみならず無生物も、森羅万象すべてが仏性をもつと考えたのである。

このような考えはそのままわが国にも伝来されてきたが、「自然」という用語は、従って、「オノズカラシカル」という意味で用いられ、それは「自然《じねん》」と発音されることとなった。そして、西洋人のように自我に対する客観的対象として「自然《ネイチャー》」を把握する態度は存在せず、従って、そのような名詞も日本語にはなかったのである。「山川草木」というような表現が示すように、個々の具体的なものを認識の対象とはしたであろうが、おそらく、それは近代人のする「認知」とは異なるものであったと考えられる。対象と自分との区別は、昔の日本人にとって思いの外にあいまいなものであったろうと思われる。

西洋における「自然」についてギリシャあるいはそれ以前にまで遡って論じる能力はないので、一足とびに、われわれが問題としている西洋に発生した自然科学について考えてみることにしよう。「自然」を客観的対象としてみる態度の背後には、キリスト教による人間観、世界観が強く存在していると思われる。聖書には、神が世界を創造し、人間を創造するときに「われわれのかたちに、われわれにかたどって人を造り、それに海の魚と、空の鳥と、家畜と、地のすべての獣と、地のすべての這うものとを治めさせよう」（創世記一章二六）と言ったと述べられている。ここに、人間とその他の存在物との間に画然とした区別が存在することになった。このような宗教的な背景をもって、他と自分とを明確に区別し、他を客観的対象とし得るような自我が成立することになったと思われる。そして、その自我が「自然」を対象として観察し、そこに自然科学が発達することになったのである。このため、「自然《ネイチャー》」は西洋において科学の対象となるし、「自然《じねん》」は東洋において宗教のもっとも本質にかかわるものとなったのである。

ところで、日本人は近代になって西洋の nature の概念に接したとき、これに「自然《じねん》」の漢字をあて、「自然《しぜん》」と呼ぶようにしたのであるが、そのために柳父章の指摘するような混乱が生じたにしても、それにはそれ相応の理由があったと思われる。というのは、わが国においては、中国から伝来された老荘の「自然《じねん》」を相当に「自然《ネイチャー》」にひきつけて見る態度があったと思えるからである。「オノズカラシカル」在り様を、山川草木、日月の在り様に見出して、これらの自然物に超越的なものを見る態度が日本では強くなるのである。従って、山や川や木そのものが神として認識されるわけである。

自然・自我・自己

中国における老荘思想においては、自然は「物我の一体性すなわち万物と自己とが根源的に一つである」ことを指すと述べたが、これは第四章で意識について論じた際に示したケン・ウィルバーの図式で言えば、最下段の「心」のレベルに相当するものである。つまり、そのレベルにおいては前章で論じたように、自と他の二元論が存在せず、自分は即ち世界、心はすなわち世界なのである。このレベルが老荘における「自然」である。これに対して、西洋の「自然《ネイチャー》」は、ケン・ウィルバーの図式によると、自我のレベルにおいて、自我が自分と切り離して対象化したものである。しかし、このような明確な自我の確立を西洋の近代がなし得たからこそ、自然科学の急激な発展が生じたのである。

近代における自然科学の多くの業績を目の前にして、近代的な自我の確立、自我の強化ということに高い価値がおかれるようになったのも、むしろ当然のことである。次章で述べることになるが、多くの心理療法がこのような意味における自我の確立、自我の強化ということを目標にして発達したのである。

日本語で自我とか自己とか言うとその「自」は、自然の「自」でもある。自然はもともと「オノズカラシカル」という意味で、「自」は、「おのずから」を意味している。しかし、「自」は「おのずから」を意味するのみではなく、「みずから」をも意味している。前者の場合は、主体の営為によらず、ものごとがひとりでに生じ、存在することであるが、後者は主体の自主的、能動的かかわりのある場合である。英語であればこの二者はまったく異なる語によって表現される。ところで、日本人は「おのずから」と「みずから」とを使いわけてきながら、漢字を移入したときに、どちらも同じ「自」という文字で表記することにした。この点について、木村敏は次のような重要な指摘をしている。(6) つまり、「「おのずから」と「みずから」とは、一応の現象的な区別はあっても、根本においては一つの事柄を指しているという、いわば現象学的な理解がそこにはたらいていたに違いない」というのである。なぜ、このようなことが生じるのか、この点を明らかにするために、ユングによる自我と自己とに関する考えを述べてみたい。ユングの「自己」は特殊な用語であり、一般の心理学における定義とは異なるので、その点に留意していただきたい。

ユングは一九一二年、彼が三十七歳の頃にフロイトと訣別するが、その後自ら「方向喪失の状態」と呼んだような凄まじい内的体験をする。幻覚や幻聴が生じ、この世ならぬイメージに満ちた夢におびやかされ、その症状のみに注目するならば精神分裂病と同様と言えるような体験をする。後にユングについて研究したエレンベルガーが、これをいみじくも「創造の病い」と呼んだが、これは確かに「病い」であると共に彼のその後の創造活動の源泉となった体験であった。

このような体験を通じてユングは多くのことを学んだが、まず彼は「自我の意志よりも高いものが存在し、それに対して人は頭を下げねばならない(7)」ことを知り、「われわれが内的人格の欲することや、語ることに従ってゆくならば、苦痛は消え去る」ことを経験した。つまり、ユングは当時の西洋人の一人として、自我の意志、その判断力などを重視し、それに頼ろうとしてきたが、自分の内なる世界に自我を超える存在があることを認めざるを得なくなったのである。

ユングの凄まじい内的体験については、これ以上述べないが、前章の「意識について」の論考と関連づけて述べるなら、ユングは西洋近代自我のもつ意識とは異なる次元の意識状態への急激な下降を経験したと言うことができる。前章ではその点についてあまり言及しなかったが、そのような「下降」は、一般的にはいかに「異常」で「病的」と見なされることであるかを、われわれはよく知っておかねばならない。少なくとも「下降」の後に「上昇」が生じないときは、やはり「病い」と言わざるを得ないであろう。ともかく、このような経験の後に、ユングはだんだんと自分の全体的な総合性が回復されて来ることを感じるのだが、それを言語的には表現できず、図形によって示すことに満足感を感じるようになる。一九一六―一九年にわたって、ユングは自分でも半信半疑ながら、数多くの類似の図形を描く。それは円および正方形を基調とするものであり、全体的な均衡を示すものであった。そのうちユングはこのような図形がユングの「全存在」のはたらきの表現であり、それは彼の自我を超えたものであること、そして、自我がそのような全存在と調和的に機能しているときにこそ、心の平静が得られることを自覚しはじめた。ユングはこのような体験を踏まえつつ、精神障害者の治療を行なってゆくが、不思議なことに彼の患者たちも、ユングが何も言っていないのに、治癒過程において彼の描いたのと同様の図形を描くことに気づいたのである。

彼はこれを非常に大切なことと考えたが、それまで学会においてそのような発表がまったくなかったし、奇妙なことにも思えたので他に発表することを長らくためらっていた。ところが、その後リヒャルト・ヴィルヘルムを通じて中国の宗教について知るようになり、また、ベンツを通じてチベットの仏教について知るようになるにつれ、彼が体験してきたことは、東洋においては二千年も以前から語られていたことを知ったのである。つまり、彼や彼の患者たちの描いた図形は、チベットの仏教などに用いられている曼荼羅と極めて類似しているし、彼が「自我を超える高い存在」として実感していたものは、中国では「道《タオ》」と呼ばれていることを知ったのである。

彼は自分の考えがまったく特異なものでなく、普遍的なものであると確信し、リヒャルト・ヴィルヘルムが道教の煉丹術の書である『太乙金華宗旨』を一九二九年に独訳して出版したときにコメントを書き、そこで彼の「自己」に関する考えを明らかにしたのである。ユングはこの書物で、自我は意識の中心であるが、意識のみならず無意識に対しても考慮を払うような態度をもつと、全人格の力の中心は自我ではなく、意識と無意識の間にある潜在的な中心とも言うべき「自己」(self, Selbst)であることがわかると主張している。なお興味深いことは、この書物にユングは「ヨーロッパのマンダラの例」を発表しているが、その中に患者の作品と共に自分自身の描いたマンダラも発表していることである。彼の描いたマンダラは彼の死後に相当発表されている。

ユングは彼の『自伝』に「一九一八年から一九二〇年の間に、私は心の発達のゴールは自己であることを理解し始めた。それは直線的な発展ではなく、自己の周囲の巡行のみである。均一な発達は存在するが、それはたかだか最初のころだけで、後になると、すべてのことは中心に向けられる」と述べている。彼が「自己の周囲の巡行のみ」と語るのは、われわれは「自己」そのものについて直接に知ることはなく、ただその周りをまわっているのみであることを示している。つまり、われわれは「自己」の顕現としていろいろなものを意識的に把握できるが、自己そのものは知ることのできないものである、というのである。しかし、このような存在を仮定することによって多くの現象が理解しやすくなると考えるわけである。

このようなユングの自然と自己の考えを踏まえて、先に述べた「みずから」と「おのずから」の問題に戻ってみよう。この際、「みずから」はユングの言う意味での自我から発することであり、「おのずから」は自己から発することと考えられるであろう。そして、日本人の場合は自我と自己との境界線があいまいであり、両者は融合した形で体験されるので、「おのずから」も「みずから」も、木村敏の指摘するように「根本においては一つの事柄」という理解が生じてくるのではないかと思われる。日本の芸道においては「自然」ということが非常に尊ばれる。いろいろな行為が自然に行われねばならぬと言われるが、これは即ち行為の主体を自我から自己へと譲る境地を指していると考えられるのである。このようなことは、能動的主体としては自我しか考えられない西洋的な意識からすると、矛盾に満ちた言説であると感じられるのである。

棟方志功が「私は自分の仕事には責任を持っていません」と語ったという事実は、この辺のことをよく示している。これに対して柳宗悦は「棟方の仕事には「作る」という性質より「生れる」という性質の方が濃い」[8]と述べている。これはユングの用語を用いるなら、棟方がその自我よりは、自己のはたらきによって仕事をする境地に達したということができるであろう。あるいは、阿満利麿が夏目漱石が述べる「自己本位」ということに対して、この自己はユングの言う意味の「自己」であり、「自我《エゴ》」ではないと解説しているのも同様のことと思われる[9]。日本の芸術について語るとき、ユングの用いた自我と自己の区別はなかなか有効であり、その「自己」は日本においては、山川草木の自然に投影されることが多いのである。

東西の進化論

次に話題を変えて、自然《ネイチャー》を科学的に捉えてみた見方としての進化論という問題について、いかにこれが宗教と科学、東洋と西洋の接点に立つ問題となるかを明らかにしてみたい。わが国では一般に進化論というと科学であり、それはキリスト教による宗教的世界観に対抗するものとして理解されがちであるが、実際はそれほど単純なものではない。

『自然《じねん》の復権』の著者、大河内了義はヨーロッパ滞在経験を基にして、「キリスト教の神は死んでいない」ことを強調している。つまり、日本人は自然科学と対立するものとしてキリスト教を捉え、自然科学の発達によって「神が死んだ」などと浅薄な理解をしている人が多いが、自然科学とキリスト教の関係はそれほど単純ではなく、一見キリスト教に反するものと思われているような考えも、キリストの神の支えをもっていることを、われわれは認識しなくてはならないと、大河内は強く主張している。筆者もこれに賛成であり、マルクス主義、フロイトの精神分析、進化論なども、そのような観点から考えてみることが必要と思っている。ここでは「自然」との関連において進化論を取りあげる。

自分の専門とまったくかけ離れている進化論をここに取りあげたのは、わが国において独自の進化論を提唱している今西錦司の考えをここに述べることが、われわれがここまで問題としてきたことと極めて密接にかかわるものと考えるからである。日本人の自然観について興味深い論を展開した源了圓は、その最後に今西の業績に言及し、「日本の文化から当然出るべくして出たものであり、同時代の日本人として誇りに思う(10)」と賞讃している。欧米人とは異なる日本人の自然観がその説に反映され、ユニークな論となっているというのである。

今西錦司が「進化論研究の締めくくりとして」最近に発表したものから、少し長くなるが引用してみよう。

「ここにダーウィニズムというのは、単なる理屈だけの問題でなくて、さきに私の心配しておいたとおり、なにか西欧人の心底にアピールするものがあるのでなかろうか。それは長い間にわたって培われた彼我のあいだの自然観のちがい、あるいは生物観のちがいといったようなものが、彼我のあいだの進化論のちがいとなって、反映しているのでなかろうか、と疑いたくなる。こうなったらダーウィニズムは生物学上の一セオリーというよりも、むしろ一つの神話として取りあげたほうがよいのかもしれない(11)」と彼は述べている。ここで「さきに私の心配しておいた」と言っているのは、ダーウィニズムにおける適者生存の考えが競争原理に基づいており、それは「神様はつねにエリートの味方をしているということだ。そのへんのところが、キリスト教徒である西欧人には魅力的なのか、今年はダーウィン没後百一年目だが、いまだに共鳴者がたえない」という点なのである。つまり、進化論などということはほとんど科学的検証に耐えられぬようなものであるのに、自分たちのもっているキリスト教的自然観と合致するために、それが正しいと思いこんでしまう欠点を、今西は明確に指摘しているのである。このような点は今西自身が言うとおり、「これは西洋から見ていたらわからないことですよ、東洋から見ているからわかるかもしれない[12]」ということであろう。

今西による進化論は、ダーウィンの競争原理に対して「棲みわけ」による共存原理によるところがまず大きく異なる。それと何よりユニークなところは「種社会」という概念の立て方であろう。欧米の学者が生物の「種」を問題とするとき、今西は「種社会」という全体的な捉え方をする。種社会の個々のメンバーは種社会の構成員として、その維持に寄与している。そして、このような種社会はより大きな生物全体社会(holospecia)を構成している。このような考えに従って、今西は、「われわれの見る生物的自然は、生存競争の場でなくて、種社会の平和共存する場であると見るから、私に進化とは種社会の棲みわけの密度化である、という言葉も生まれてくるのである[13]」と述べている。

今西はこれまで「個体発生は系統発生をくりかえす」と言われてきたが、これを逆にして、「系統発生(進化)は個体発生をくりかえす[14]」という「まことに大胆な類推」を行い、一つの個体が受精卵から出発し分化発展して、変るべくして変ってゆくように、進化においても、「変るべくして変る」のであり、ダーウィンが言うように、突然変異によって生じた個体が生存競争に勝ち、「適者生存」を行なって進化が生じるという説と、まったく異なる立場をとるのである。

このような今西説は、これまでに述べてきた論議と関連させるならば次のように言えるであろう。今西は自然《ネイチャー》についての進化を語っているのではなく、自然《じねん》の方に近い現象について語っている。その世界は極端に言えば、「物我の一体性すなわち万物と自己とが根源的には一つである」という福永の言葉に示される世界なのである。ダーウィニズムにおいては、突然変異によって生じた個体が「みずから」の力によって適応するところに進化の本質を見ようとするのに対して、今西説では「存在」の「おのずから」なる変化に進化の本質を見ようとしている、ということが出来る。このように考えると、今西の「変るべくして変る」という言葉の意味がよく了解される。

ここに示した今西の自然観は、東洋の「自然《じねん》」の方にひきつけられたものであると言えるだろう。今西が自分のそのような自然観を「自然と一つになる。自然にかえる、あるいは又自然に抱かれるという事ですね」と言い、そのような自然観をもつようになったひとつの体験として、次のようなエピソードを話しているのは非常に興味深い(15)。

今西がまだ二十歳くらいの時に岩登りにゆき、岩壁を登った。がむしゃらに登っていったが、途中でけわしくて登れなくなった。登るに登れず下るに下れず、まったく進退きわまって絶望の淵におち込んでしまった。その時突如として、非常になごやかな気持に包まれた。ここのことを今西は、「それは昔の修験者が山の中の岩窟にこもって一週間行をしておりますと、一週間目に紫の雲にのって大日如来が現われるという。そういう風に書いたものを読んだ事があるのですが、紫の雲も、大日如来も現われなんだけれども、先程言いました大慈・大悲といった自然の本質と言いますか、そういうものに触れたんですね。それで進退きわまったという事も忘れてふと見上げたら一条のルートがみつかった」と語っている。ここに今西の言う「なごやかな気持」の状態は、前章で「スーフィー的意識の構造」について述べたときの第三層ナフス・ムトマインナにおける「完全な静謐の状態」とパラレルに感じられて興味深い。

このような体験に支えられて、今西は生物の世界を「自然《じねん》」に見る態度を身につけていったと言えるであろう。

しかし、それが生物社会における理論として結実してゆくためには、大学卒業後、十年間にもわたって、ひたすらカゲロウの幼虫の生態を観察し続けるような努力が必要であったことも忘れてはならないであろう。

ついでのことながら、今西を中心とするわが国の霊長類学研究グループが極めてユニークな研究をし、国際的な評価を受けている理由のひとつとして、彼らが欧米の学者とは異なる研究態度を身につけていることがあげられるだろう。この点を解明して興味深い論文を書いたパメラ・アスキスは、「日本人が自然や動物に対して明らかにわれわれ欧米人よりも自らをはるかに近い位置に置き、またそれらに親近感をもっていること、そして日本人の思惟方法の違い[16]」がその特徴のひとつであると指摘している。そして彼女は河合雅雄がゲラダヒヒに食物を与えているところをテレビで見たときに「彼とサルとの関係が何か特別で、彼がサルの生活の中に融け込んでいるといった感に打たれた」ことを述べ、「私はそのような情景をこれまで目にしたことはありませんでしたし、言葉で言い表わすのも難しい[17]」と言っている。つまり、わが国の霊長類研究グループの人は、西洋近代の自我意識によって、霊長類の「観察」を行なっているのではなく、もっと異なる意識の次元へと下降し、そこで自然《じねん》に生じてくることを記述しようとしたのである。

このような意識状態の変化を基にして、欧米の学者と異なるユニークな学説を展開するということは、おそらく、わが国の誇りとする科学者、湯川秀樹、福井謙一などの場合においても生じているのではないかと推察される。たとえば、福井はこれから科学者となろうとするものは、「自然と両立する科学」「自然に組み込まれた科学」「自然を尊敬する科学」に自分の研究がどうかかわってくるかを見通す先見性を養うことが必要であると説いている。[18]日本人の個性の問題を考える上で、これらのことを研究し明らかにしてゆくことは今後極めて重要な課題であると思われるが、今はこの点を示唆するのみにとどめておく。

昔話における自然

日本の昔話はヨーロッパの昔話に比較すると、著しい相違点をもっている。たとえば、「猿聟入」と呼ばれている昔話を取りあげてみよう。[19] これは日本中に広く分布し類話も非常に多い話である。そのなかの典型的な話の要約を次に示す。爺さんには三人の娘がある。田に水を引くのが大変で、その仕事をしてくれたものには娘のうちの誰かを嫁にやるという。一匹の猿がこれを聞きつけて、田の水引きをやってのける。爺は困ったが約束なので娘を説得する。上の二人の娘は拒絶するが、末の娘が父親のためを思い猿と結婚する。ここまでは西洋にもよくある、いわゆる「美女と野獣」タイプの昔話と同様である。ところが後半はまったく展開が異なってくる。話は簡略化するが、娘は猿の聟を連れて実家に帰るとき、みやげに桜の花が欲しいと言い、猿に木の枝の先へ先へと登らせ、ついに枝が折れ、猿は川に落ちて死んでしまう。そこで、末娘は一人で家に帰り、爺は大いに喜び、上の二人の娘は家から出され、末娘は爺と一緒に暮らすことになった。

これで話は終りであるが、西洋の「美女と野獣」タイプと終結の仕方が著しく異なるところに気づかれるであろう。あちらの物語では、野獣は王子へと変身して、二人の結婚はめでたしめでたしで終るのである。人間と人間以外のものとの結婚についての昔話は、異類婚の話として分類されている。今ここで一例を示したのみであるが、ひろく一般的に見ても、日本とヨーロッパの異類婚の昔話には著しい差が認められる。この点について、小澤俊夫が明確な分析を行なっている。[20] その要点を次に示してみよう。

まず言えることは、ヨーロッパでは本来的に動物と人間の結婚ということは起り得ず、人間と結婚することになる動物は、もともと人間であったものが魔法によって動物に一時的に変身させられたものである。従って、昔話の世界においても、西洋では人間と動物の区別は極めて明確なものと言わねばならない。これに対して、日本の場合では、猿聟入の話のように、猿と人間との結婚が語られて、何の不思議も感じさせない。あるいは、よく知られている「夕鶴」のように、鶴が人間に変身するときも、別に魔法ということはなくて、変身の事実のみが平気で語られるのである。

ところで、目をヨーロッパ以外に移すと、小澤はパプア・ニューギニア、エスキモーなどの例をあげ、人間と動物の結婚が何の問題もなく語られることを示している。ここで興味深いことは、人間は動物とまったく同等であり、話のなかで両者の間に何らの区別がないことである。この点について、日本では、たとえば猿聟入の場合、猿と人間は対等に話し合い、結婚も可能であるが、娘たちは結婚を嫌い、ついには計略で殺してしまう点が異なっている。「夕鶴」の物語では、乙女の姿に変身していた鶴は、その本性を知られたときは男性のところから立ち去ってしまう。つまり、そこには、人間と動物をまったく同等には扱わない点が認められるのである。

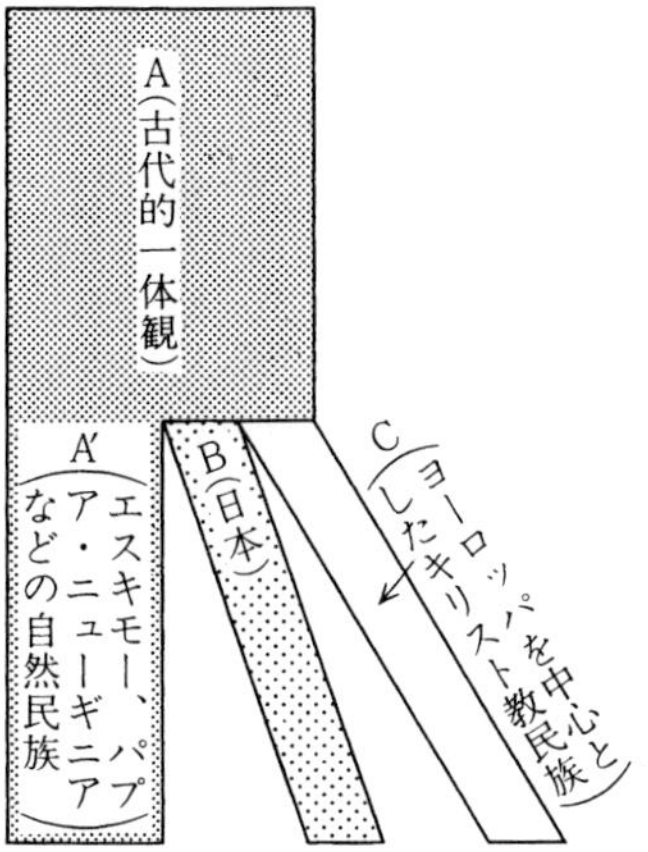

図3　世界の異類婚譚
(小澤俊夫『世界の民話』中央公論社,
をもとに筆者が少し変更した)

小澤俊夫は以上に述べたような点を、図3のような形で図式的に示している(小澤の原図を少し解りやすい形に変えた)。これによると、Aは人間と動物が一体に感じられる古代を示し、その後、A′はそれを引きついだもので、エスキモー、パプア・ニューギニアなどの自然民族の昔話に見られ、人間と動物の結婚がむしろ同類婚の如くにおこなわれる。これに対して、Ｃはヨーロッパを中心としたキリスト教民族の昔話に見られるもので、人間と動物の結婚と思われるものも、実はもともと人間だったのが魔法によって動物の姿になっているもので、実のところ、人間と動物の結婚は生じず、両者の間の区別は厳然としている。ＡとＣの中間に存在するＢは日本の昔話に見られるものである。これはまさに中間的であり、人間と動物が結婚する点においてＡと同様であるが、結局は人間が動物との結婚の継続を望まない、あるいは、動物の方がその正体を人間に知られた限り立ち去ってしまうという点で、Ｃに近いところがあると思われる。

昔話における人間の動物との関係の在り方を、人間と自然《ネイチャー》とのかかわり方を示すものとして考えてみると興味深い。ＡＡの世界においては、人間はまったく自然のなかに包みこまれていて、その一部をなしている。これに対して、Ｃの世界では人間は自然を自分から切り離して見ており、今まで述べてきたように客観的対象として認知されるのである。Ｂの日本は、両者の中間点にあり、自然と人間とを分ち難いものとして見たり、時には別のものとして見たり、両価的な態度をとっていると思われる。昔話の分析から考えても、日本というのは特異な立場にあることがよくわかるのである。

これ以上詳細に論じる余裕はないが、日本の昔話において、猿聟入のように男性が動物であるときは殺されることが多いのに、女性が動物である話では、女性は単に「立ち去る」だけで殺されることがないというのも興味深い事実である。日本人は自然のもつ男性的要素に対して拒否する態度が強いと考えるべきなのか、この点は今後とも追求すべき課題であると考えられる。

「自然」の死

「自然《じねん》」ということが中国の老荘思想において重要な意味をもつことは、既に述べた。日本の宗教においても、これはもちろん重要であり、親鸞の「自然法爾《じねんほうに》」も、このような考えの延長上にあるものとして考えられるだろう。そして、日本においては、自己＝自然《じねん》存在は、山川草木に投影され、日本人の自我のあいまいさとも結びついて、自然《じねん》とも自然《ネイチャー》とも区別されないあいまいな自然が、宗教的な意味合いをもって認知されることになるのである。

このような「自然」尊重の態度は日本において特に著しいが、中国においてもある程度は認められるものである。『論語』の有名な言葉、「子曰わく、知者は水を楽しみ、仁者は山を楽しむ。……」（雍也第六23）に対するコメントのなかで、桑原武夫は「人間を考えるときに、山水を象徴にもちだすなどということは、ほかの文化圏にあることだろうか。西洋文化にはなさそうだ。中国には古く七世紀の唐代から山水画が発達するのに（たとえば最近発掘された懿徳《いとく》太子の墳墓に描かれた山岳画）、ヨーロッパでは「モナ・リザ」の背景に山岳が描かれるのは十六世紀の初めだという事実が頭にうかぶのである[21]」と述べている。このように中国においても古くから自然を重視する態度は存在していた。しかし、このことは、日本において特に強くなったと感じられる。マンダラについては既に述べたが、インドにおける曼荼羅には「自然」が全然認められないのに、わが国の曼荼羅には多くの自然が描かれていることは、山折哲雄の指摘するとおりである。彼は「「山」をはじめとする自然が、古代以来われわれの「魂」や「心」をつよく惹きつけてやまぬ対象であったこと[22]」を詳しく論じている。

ところで、ここに私が強調したいことは、わが国におけるあいまいな宗教的対象としての「自然」は既に死んだのではないか、ということである。このことを私が痛感したのは、日本人の宗教心に関するあるシンポジウムに出席して水俣のことを聞いたときのことである。そのときの報告に基づいて少し説明してみよう。宗像巌[23]は水俣病や水俣の人々を「客観的対象」として研究する態度ではなく、水俣の人々のなかにはいりこんでゆくことによって、水俣問題の中心点としての宗教性に触れたのである。宗像によると、水俣の人々にとって「制度的な宗教世界」よりもむしろ大切な「見えない宗教世界」が存在し、そこに果たす自然、特に海の役割の重要性は測り知れぬものがあるという。彼は「漁民の日常生活に参加して行くと、これらの人々の心の中では自然の存在がきわめて重要な意味を持つものであることがしだいにわかってくる。……それは人々の魂に深い感動を与える宗教的意味をおびた対象である。……美しい絵画的構成を持った風景は、この地に生まれ、長年月にわたり海を身近に感じて生活してきた漁民の心の奥に、不思議な安定感と永遠性を感じさせる世界を構成してきているのである」と述べている。海は不知火海の漁民たちにとって「神的なるものの遍在を感知させる象徴的意味をおびた「聖なるもの」として存在している」のである。

ところが、その海が汚染され、それは多くの人々に病いと死をもたらした。「自然」は死んだのである。これは何も水俣だけの問題ではない。極論すれば、われわれ日本人が西洋に生まれた自然科学を受けいれ、それによって「進歩発展」を目指した時点において、日本人にとってのあいまいな神イメージの担い手としての「自然」は死んだと言うべきではなかろうか。われわれはニーチェの「神は死んだ」という叫びをよそ事のように聞いてはおれないのである。

水俣の悲劇について、石牟礼道子は「文字のいらない世界と文字の世界との衝突」として捉え、いかに水俣病の被害者とチッソ側との交渉がすれ違ったものとなったかを記述している(24)。それは自然《じねん》の顕われとして「海」を見ている人と、自然《ネイチャー》の一部として「海」を見ている人との間のすれ違いのくり返しなのである。しかし、現代の多くの日本人は心の中で、このような「自然」に関する取り違いや、ごまかしやらをずっとくり返しているのではなかろうか。われわれ日本人は、このあたりであいまいな「自然」との共生関係を基礎とする「日本教」としての宗教を厳しい目で見直してみることが必要であると思われる。

わが国における「自然」の死は、思いがけないところにも生じている。それは日本の家庭における「自然」の問題である。西洋の文化を急激に取り入れるまでは、日本は大家族的であった。子どもたちはそのようななかで「自然」に育ってゆくことによって健全に育っていった。ここに健全というのは難しいことで、言うならば自然に悪を経験することもそのなかに内包することなのである。つまり、親がいくら子どもを善い子にしようとしても、子どもも多く、親も忙しいし、子どもは「自然に」生きてゆくのに必要な悪いことを体験し、それを自ら克服してゆくことによって成長したのである。ところが、現代では子どもを「自然」に育てることは難しくなっており、管理が行きとどき過ぎて、人工的な善い子をつくりあげることが多くなっている。反抗期が来ても自然に育ってきた子どもは自然の許容範囲内で行動するが、人工的善い子は自然の範囲をこえてしまうことになる。ここに詳述しないが、現代における子どもの多くの問題の背後に、育児における「自然」の消滅の問題が存在していることはよく了解できるであろう。しかし、われわれ日本人が西洋の真似をして、核家族を選び、個室をつくり、個人の欲求を充足させる方向で生きる道を選んだかぎり、いまさら、「自然にかえれ」式の標語を叫んだり、大家族はよかったなどと言ってもはじまらない。大家族は大家族なりの多くの欠点をもっていたから、われわれは改変してきたのである。

現代に生きるわれわれとしては、あいまいな形での「自然」との一体感にしがみつくことなく、対象化し得る限りは、自然を対象化して把握することを試みつつ、科学と宗教の接点に存在するものとしての「自然」の不思議な性質をよく弁えて、より深く探求を重ねてゆくことが必要であろう。人間がどう叫ぼうと、どう考えようと、神そのもの、あるいは自然《じねん》は簡単に死ぬものではない。ヨーロッパにおける神の死の自覚がより深い神への接近をもたらしつつあるように、日本において「自然」の死を自覚することが、自然のより深い理解をもたらすであろう。

注

(1) 会議の第3セッション「生命科学の個人にとっての意味」におけるリードオフ・スピーカー、フランツ・ペックレ教授の講演より。国際交流基金編『生命科学と人間の会議』メヂカルフレンド社、一九八四年。
(2) 柳父章『翻訳の思想 「自然」とNATURE』平凡社、一九七七年。
(3) 木村敏『自分ということ』第三文明社、一九八三年。
(4) 大河内了義『自然《じねん》の復権』毎日新聞社、一九八五年。
(5) 福永光司「中国の自然観」、『新岩波講座 哲学5 自然とコスモス』岩波書店、一九八五年、所収。以下福永からの引用は同書による。
(6) 木村敏、前掲注(3)書。
(7) ヤッフェ編、河合隼雄／藤縄昭／出井淑子訳『ユング自伝』1、みすず書房、一九七二年。
(8) 柳宗悦「棟方の仕事」、大原美術館編『棟方志功板業』。
(9) 阿満利麿『宗教の深層』人文書院、一九八五年。
(10) 源了圓「日本人の自然観」、『新岩波講座 哲学5 自然とコスモス』岩波書店、一九八五年、所収。
(11) 今西錦司「自然学の提唱——進化論研究の締めくくりとして——」、『季刊人類学』14—3、一九八三年。
(12) 今西錦司／飯島衛『進化論—東と西』第三文明社、一九七八年。

(13) 今西錦司、前掲注(11)論文。
(14) 今西錦司、前掲注(11)論文。
(15) 今西錦司「自然をどう見るか」、『自然学の提唱』講談社、一九八四年、所収。
(16) パメラ・アスキス「霊長類学の行方」、『思想』七一七号、一九八四年三月。
(17) パメラ・アスキス、前掲注(16)論文。
(18) 福井謙一『学問の創造』佼成出版、一九八四年。
(19) 関敬吾編『日本昔話大成』角川書店、一九七八年、の分類番号一〇三のところに「猿聟入」の多くの類話が示されている。
(20) 小澤俊夫『世界の民話』中央公論社、一九七八年。
(21) 桑原武夫『論語』筑摩書房、一九八二年。
(22) 山折哲雄『日本人の心情　その根底を探る』日本放送出版協会、一九八二年。
(23) 宗像巌「水俣問題に見る宗教」、門脇佳吉／鶴見和子編『日本人の宗教心』講談社、一九八三年、所収。以下の宗像からの引用はこの論文による。
(24) 石牟礼道子「女性の中の原宗教」、門脇佳吉／鶴見和子編『日本人の宗教心』講談社、一九八三年、所収。

第六章　心理療法について

心理療法とは何か

　宗教と科学の接点の問題について論じてきたが、私がこのようなことに関心をもつようになったのは、私自身が専門としている心理療法という仕事を通じてのことであった。心理療法を実際にやり抜いてゆこうとすると、今まで述べてきたようなことを考えざるを得ないのである。それは自分のしている心理療法は「科学であるのか」という疑問に答えるためにも、そして、それに関連することであるが、心理療法の対象である「人間」という存在について考えるためにも、必要なことであった。心理療法についてはいろいろな語り方があると思うが、ここでは宗教と科学の接点という問題意識をもって述べることにしよう。

　心理療法は十九世紀の終り頃より発展をはじめ、現代の欧米においては欠かせないものとなり、多くの心理療法家が個人開業をしているのが実状である。このように近代になってから急激に発展してきた職業であるが、その根をたずねると古来から存在していたとも言えるもので、宗教、教育、医学、の分野にそれを見出すことができる。近代においては、「宗教」に対する反撥が強く出てきたので、心理療法はむしろ、宗教に対立するものとして、教育、医学、の分野から生じてきたように思われる。心理療法が心理学から生じて来なかったのを奇異に感じる人があるかも知れない。これは「心理学」がむしろ当時の物理学を範として「客観的に観察し得る現象」の研究をしようとする態度を堅く持していたので、人間の意識などということを研究対象から除外したので、そこからは臨床的な学問が出て来なかったのである。つまり、近代の自然科学の方法によっては、人間の心とか、たましいというものは研究の対象にすることが出来なかったのである。

教育の分野でまず生じてきたことは、ガイダンス、すなわち指導をするということであった。生徒に学問的知識を教えるのみでなく、その生活について指導や助言を行う。このような考えは現在も引きつがれており、カウンセリングと言うと指導や助言を行うことと思っている人や、そのとおりを行なっている人もある。確かに指導や助言が功を奏することもある。しかし、事はそれほど簡単にゆくものではない。シンナーを吸っている少年に、シンナーは悪いから止めよ、と指導助言を行なっても、それほど簡単に収まるものではない。従って、心理療法ということは指導や助言の域を超えねばならないのである。

一方、医学の分野においては、身体器官に何らの障害がないのに身体機能に障害を生ずる一種の「病気」があることが解ってきて、それを「治療」することが試みられるようになった。それが十九世紀の終り頃より発展してきた精神分析である。この点については既に「意識について」(第四章)論じた際に触れたが、少し観点を変えて述べてみる。たとえば、聴覚器官には何ら異常がないのに、耳が聞こえなくなったという女性のヒステリー患者の場合を考えてみよう。そこには「耳が聞こえない」という症状がある。そこでその症状形成の原因を知るために、話し合いや自由連想、あるいは夢分析などを用いて、フロイトの言う無意識の探索が行われる。すると、その女性が夫の浮気の事実を他人から聞かされ、そんな「主人の声など聞きたくもない」と思ったときから何も聞こえなくなり、しかも、その事実を完全に忘れ去っていたことが解った。そして、このことが明確に意識され、夫への怒りの感情が表出された後に、完全に聴覚は正常に戻ったのである。

この例においては、症状↓症状発生の原因の発見(無意識内における)↓原因の意識化↓治癒という継列が見られ、これは身体的な病気の場合も、症状↓症状発生の原因(病理)の発見↓原因の除去(薬物、手術などによる)↓治癒という流れとパラレルであることが解る。フロイトがこのような点に注目し、彼の治療法が「科学的」であることを世に示し、そのために彼の学説がアメリカにおいてもてはやされることになったことは、既に第四章で述べたところである。

このような考えをわれわれは医学モデルと呼んでいるが、最近のわれわれ心理療法家の経験としては、このような医学モデルがあまり有効でないことを実感しはじめたのである。確かに先に述べた教育モデル同様、この医学モデルも、現代でも有効な場合があるのは事実である。しかし、このような単純なモデルのために、どれほど多くの人が苦しめられているかということも大いに強調しておかねばならない。人間という不可解で広く深い存在を、単純なモデルによって指導したり、原因の追求をされてはたまったものではない、と言うべきであろうか。

対人恐怖症のためにどうしても学校に行けぬ生徒に、学校へは行くべきだとか、行かないと損をする、と指導助言しても何の効果もない。あるいは、「学校に行けない原因があるだろう、それを言いなさい」などと迫っても、およそ答えられないであろう。時には、子どもたちは質問者の勢いにおされて、「先生が怖い」とか「お母さんがうるさい」とか適当に答えるときもある。原因追求型の線型の論理一本槍の人は、次に矛先を変えて、「原因」としての教師や母親を攻撃することになる。それに熱心な人ほど、自分の思いどおりの結果が生じないときは、その熱意は憎しみや攻撃の感情に変化しやすいものである。自分はこれほど熱心にやっているのに、母親が悪いから、あるいは、本人の意志が弱すぎるから……などの理由でうまくゆかぬと嘆いている人は多い。教育モデル、医学モデルに頼るときは、結果はうまくゆかぬとしても、自分は熱心で正しいことをしているのに、誰か必ず自分以外の悪者がいるからうまくゆかないのだ、という結論に達することができるので、なかなか便利である。このような便利さのために、有効性が低い割に現在もなお相当に用いられていると思われる。

自己治癒の力

指導や助言も効果がなく、病因を探し出す方法も有効でないとすると、どのような方法を用いるのがよいのであろうか。それは治療者が治療するのではなく、患者自身の治る力を利用することによってなされるのである。このことは心理療法において極めて大切なことであるが、なかなか理解されないことなので、もう少し詳しく説明しよう。

たとえば、学校に行きたいのにどうしても学校に行けぬと言う高校生が来談したとする。私がこの高校生を出来るだけ早く学校に行かしてあげたいという気持や、なぜ学校へ行きたいのか原因を知りたいという気持を全然もっていないと言うと、それはうそになるだろう。しかし、一応それらのことは括弧に入れておいて、ともかくこの高校生の自由な表現をできる限り許容し、それに耳を傾ける態度をとるだろう。そして、場合によってはその人の見た夢について話して貰ったり、絵を描いて貰ったり、箱庭を作って貰ったりすることになるだろう。多くの患者さんたちは、私に対して指導や助言を期待しておられたり、なかには「どうしてこうなったのでしょう」と尋ねる人もあるように、原因を早く知りたがったりされるが、それらにはほとんど関心を払わない私の態度に不思議な感じを抱かれるが、私の態度に支えられて、いろいろと自由な表現をされる。

これは、本人および本人を取り巻く人々の、そのときの意志や考えよりも「たましい」の語ることを尊重しようとしているのだ、と言うことができるであろう。夢や箱庭や絵画などを利用するのは、たましいの言語としての「イメージ」を尊重しようとするからに他ならない。

多くの人は後から振り返ってみて、なぜ自分はあんな話をしたのか解らないと言われる。つまり、学校のことを問題にするつもりだったのに、「自由に」話していたら、知らぬまに母親のことばかり話をしていたとか、まったく思いがけない過去のことを思い出して話をしてしまったとか言われるのである。これは治療者が通常の意識レベルにおける原因―結果の論理からフリーになった態度で接しているので、患者の方は知らず知らず感情のおもむくままに話をはじめ、心の深い層へと下降をはじめるわけである。自由に、感情のおもむくままに、ということは自我がたましいの方に主導権を譲るということである。

ところで、学校恐怖症で相談に来た高校生の話に耳を傾けていると、彼は学校のことなど忘れてしまって、彼の母親がいかに教育ママであるかということを詳細に語り、非難をはじめる。ここで単純な発想をする人は、母親がこの高校生の学校恐怖症の「原因」であると断定し、母親に指導を試みたり、それでもうまくゆかぬと――そんなときが多いのだが――子どもを母親から「自立」させようとして、下宿をさせたりする。

「自立」がそれほど大切だったら、この高校生を思いのままに動かそうとしている自分の態度はどう考えられるかなどと、その人は全然反省しない。だいたい「人のためにつくしている」と確信している人は、まず反省などしないものである。そして、この試みが失敗に終ったとき、その人は自分がこれほどまでに努力してやったのに、それに従わなかった母子は、どうにも仕方がないと非難することになる。

われわれはこのようなとき、母親に会うこともめったにない。ひたすらこの高校生の話を聴き続ける。と言っても一度にはできないので一週に一回とか二回とか、日時を決めて会うのである。そうすると興味深いことが生じてくる。母親の悪口ばかり言っていた高校生が、ふと母親のよい点を見つけ出したり、自分が母親を非難する一方で結構甘えていたことを自覚するときもある。時にはもう少し劇的なことが生じ、子どもの家出をきっかけに、それまで逃げてばかりいた父親までが動き、父、母、子の三人の正面からの対決を経て、子どもが自立への一歩を踏み出すときもある。

ここで重要なことは、すべてが本人の心の動きによって生じることであり、言うなれば本人の自己治癒の力によってすべてが解決されたと言うべきことである。それまでは本人も誰かに頼ろうとし、他人も何とか助けようとして、それらの作用が人間の心の底に存在する自己治癒の力を妨害していたときに、治療者の態度がそのはたらきを容易ならしめた、と言うことができる。

人間のもつ自己治癒の力というものは、まったく不思議なものである。時には、患者さんに箱庭を置いて貰っているだけで治療が進むときがある。箱庭療法というのはもともとは西洋で創始されたものであるが、私はこれにはじめて接したとき、日本人に非常に向いていると感じ、一九六五年にわが国に紹介したものである。つまり、第五章で述べたような日本人の「自然」に対する態度のために、箱庭のような非言語的手段によって自分の内面を表現し、またそれを治療者が了解するということが容易なので、うまくゆくと思ったのである。果たしてわが国では大いに発展し、世界中でわが国が最も盛んであると言っても過言でないであろう(1)。

ところで、このような箱庭を患者さんに置いて貰うと、はじめは片隅に少しだけ置いていたような人がだんだんと箱の領域全体を使うようになり、表現も豊かになってゆく。そのようなことができてゆくにつれて、症状の方も消滅して治療が終るということになる。このような箱庭の変化の過程を写真にとっておいて見せると、素人にも明白にその流れが解る。そうして患者さんの内界に変化が生じ、治っていったことも納得されるのである。前章で述べたマンダラが見事に表現されることもある。もっとも、マンダラを置けば治るなどという単純なものでないことはもちろんであるが。

ところで、このような箱庭を見て多くの人が質問することは、「先生はここでどのような指導をされたのですか」ということである。またしても「指導」なのだ。何と多くの人たちが他人を指導したり、助けたりしたがることだろう。箱庭療法の本質は、治療者がそのような試みをまったく放棄して、ただそこにいることなのである。何もしないでただそこにいること、これが治療者の役割なのである。このように言っても理解できない人もあるかも知れない。そこで、治療者の役割について次にもう少し考えてみることにしたい。

治療者の役割

最初に教育モデル、医学モデルはあまり有効ではないと述べたが、そのようなことが無いと言うのではない。治療者としてはこれらのモデルが有効かどうかをまず判断し、それに従うべきときは、それに従うことが必要である。従って、われわれも必要と感じるときは、指導助言をしたり、原因追求の態度で接するときもある。治療者としてはこのような判断力と臨機応変の態度をもっていることが、まず必要である。

前記のような方法が有効でないとき——われわれのところまで来られる人はこのような人が多いが——われわれの態度は来談した人を客観的「対象」として見るのではなく、自と他との境界をできるかぎり取り去って接するようになる。治療者は自分の自我の判断によって患者を助けようとすることを放棄し、「たましい」の世界に患者と共に踏みこむことを決意するのである。ここのところがいわゆる自然科学的な研究法と異なるのである。

このような治療者の態度に支えられてこそ、患者の自己治癒の力が活性化され、治癒に至る道が開かれる。従って、治療者は何もしていないようでありながら、たとえば、箱庭を患者が作ろうとするとき、どのような治療者がどのような態度で傍にいるかによって、その表現はまったく異なるものとなるのである。そうでなければ、各人が勝手に絵を描いたり、箱庭を作ったりしてノイローゼを治してゆけそうなものだが、そうはならないのである。このような態度は言うはやすく行うは難いことであり、相当な訓練を受けないとできないことである。

自己治癒の力がはたらくと言っても、実はそこに大変な危険性や苦しみが存在することも強調しておかねばならない。たとえば、前記の学校恐怖症の高校生の心理療法をしていて、彼が「家出をする」と言い出したときどうすべきなのか。家出ということは彼の自立する力が強くなったから出てきたものである。簡単にとめてしまうことは、彼の自立への志向をとめることになる。さりとて、家出にすぐ賛成してしまうと馬鹿げた失敗になる。こんなときに治療者はどうすべきなのか。一応自己治癒の力として述べておいたことは、むしろ、自己実現の力と言うべきであるし、自己実現の力は時に人間の自我に対して破壊的にはたらくことを、われわれはよく知っておかねばならない。

最初にあげたヒステリーの例について考えてみよう。この人は耳が聞こえないのは確かに辛いことである。しかし、耳が聞こえぬということで夫にいろいろと迷惑をかけ、言うならば浮気をした夫に無意識的に復讐をしつつ、自分は悩まずに生きている。しかし、治ってゆく途中においては、このような浮気をした夫に対して自分はどう考えるのか、どのように生きるべきかについて考え、苦しまねばならない。多くの場合、治ることに苦しみはつきものである。というよりは、正面から苦しむことによってこそ治癒はあるとさえ言うべきである。

心理療法によって苦しみや不安が軽減されると思っている人は、心理療法によって苦しみや不安がむしろ増えてくると感じるだろう。治療者は患者がそれと正面から向き合うようにし、ただ、その苦しみを共にわかち合うことによって乗り越えようとしているのである。

解りやすい例をあげよう。ある会社員が会社に行く気がしないと言うので相談に来た。ところが、カウンセラーに話をしているうちに、自分の上司が不正をはたらいており、それを同じ課のものは少しの恩恵を受けたりして見て見ぬふりをしている。自分だけがそれに仲間入りする気がせず、さりとて密告するのも嫌だし、毎日がゆううつで仕方がないと話をした。ところで、そのカウンセラーはまったくの素人だったので、単純に考えてしまって、そのことを本人には内緒で会社の幹部にもらしてしまった。暫くたって、例の上司は左遷され、来談した社員は喜んで会社にゆくようになった。カウンセラーが喜んでいると旬日ならずして、その社員は欠席をはじめ重い抑うつ状態になり、結局は退社してしまった。

これは二十年ほど前の話で、現在では専門のカウンセラーならこのような馬鹿げたことは決してしないだろう。つまり、相談に来た会社員は上司のことを嘆き、それを攻撃したり、どうすべきか悩んだりすることを自らやりぬくことにこそ意味があったのだ。本人に内緒に事を運んだカウンセラーは、言うなれば当人の生きる意味を奪ってしまったのであり、強い抑うつ状態になったのも当然である。素人はとかく人の役に立ちたがって失敗するのである。

ここまで述べてきた治療者の態度は、第五章で自然について述べたことと関連させて言うならば、できるかぎり人為を排して自然《じねん》のはたらきにまかせる、ということができるであろう。ここに心理療法にとっての宗教の問題が生じてくる。宗教と言っても特定の神を信じ、教義を守ろうと言うのではない。自分の自我を超えた自然《じねん》のはたらきに身をまかそうとする。しかし、あくまでそこに生じる現象を把握し、できるかぎり理解してゆこうとする態度は失っていない。従って、一般に考えられるように、宗教によって守られて安泰になるのではなく、むしろ、限りなく不可解な領域に正面から向かってゆこうとする態度を述べているのであって、危険に満ちていると言わねばならない。

自己実現という言葉も最近では安易に用いられて、それに伴う危険性や不可解さなどに対する考えが抜け落ちていることが多い。晩年の夏目漱石は、彼の言う「剣呑な自己」の顕われに対して、いかに人はそれを客観視し得るかという例として次のようなたとえ話をしたと言う。(2) たとえば、彼の娘さんが父の知らぬまに片目になってしまっていて、ひょいと目の前に現われたとする。普通の親なら大騒動するだろうが、「今の僕なら、多分、ああ、そうかといって、それを平静に眺めることが出来るだろうと思う」。漱石の弟子たちもこれには驚いて、それは残酷だと言った。すると漱石は「およそ、真理というものはみんな、残酷なものだよ」と言ったとのことである。

漱石の言葉は、「およそ自己実現というものはみんな、残酷なものだ」と言いかえられるかも知れない。そして、心理療法家は漱石が言うようにその現象を「平静に眺める」目を持つのみならず、その現象のなかに自らも身を置いて、その自己実現というものの残酷さからできることならば逃れたいと感じる気持も、持っていないと駄目なのである。この両者の間に立って、治療者自身もどうしていいのか解らぬほどの境地に追い込まれたり、どちらかへの振れが強くなりすぎて失敗し、失敗を通じて軌道修正を試みたり、そのようなことの連続の中から、何とか新しい道が開けてくるのである。

道が開けたと思っても、すぐにまた行き止まりになることもある。このようなことを繰り返し繰り返しして、十数年の年月を共にすることもある。心理療法家の道は平坦なものではない。

コンステレーションを読む

人為を排して自然《じねん》に頼るということは、簡単に言ってしまえば何もしないこととさえ言える。既に述べたように心理療法で失敗するときは、何かをしないことよりも何かをすることによる場合が多いものである。しかし、治療者は冷たい観察者ではなく、そこに生じる現象に自らが参与していなくてはならない。前者の態度が強いと、患者は決して続けてやってきてくれないだろう。何もしないでいて、全存在をそこに参与させることは極めて難しいことである。そのためにはどうするのがよいであろうか。

先にあげた会社員の例によって考えてみよう。あのとき、素人カウンセラーは、来談者が会社を嫌になる原因は、不正を行なっている上司であり、その原因を取り除くことによって問題を解決しようとした。これは線型の因果律による現象把握の失敗をもたらした好例である。このとき、経験を積んだ治療者なら、来談者の話をもっともっと聞くであろう。そうすると、この人のこれまでの過去から、これからこの人が一人前の会社員として成長してゆこうとする未来への、全体的構図のなかで、この人が不正な上司との関係に苦しみ、なんとか乗り越えようと努力することの意味が見えてくるであろう。ここで大切なことは、その人の過去のみでなく未来をも考慮に入れて、全体を見ようとすることである。

そのような意味をはっきりと知ることによって、治療者は何もしないのではあるが、たましいのレベルにおいて、その現象にかかわってゆくことができるのである。すぐに原因と結果とを結びつけるのではなく、いろいろな事柄の全体像を把握することを、コンステレーションを読む、と言っている。コンステレーションは星座を意味する言葉だが、一応「布置」などと訳している。原因、結果という考えにとらわれず、ともかくそこに、ひとつのコンステレーションの出来あがっていることを認めるのである。

コンステレーションを読むためには、われわれは「開かれた」態度を持たねばならない。性急に悪や不正を排除しようとする態度をもつ人は、コンステレーションを把握できない。一般の人がすぐに拒否したがるような、症状や非行や事故なども、全体のなかに取り入れてこそ、意味のある構図が見えてくるのである。このように極めて「開かれた」態度で現象に接していると、第二章に論じた共時的現象が思いの外に生じており、それが極めて治療的に作用することを見出すのである。

このような点が私自身にとってもあまり明らかでなかった頃、私は自分の行なっている治療が「偶然に」うまくゆくことが多いので、他に発表するのをためらっていたことがある。要するにそれは偶然にうまくいったのであって、そんなことは一般的には役に立たないと言われそうに思えるのである。そこで、あるときやや自嘲的に「僕の治療は奇跡で治るだけや」と言うと、ある友人が「あんたの治療に奇跡が多いことについて真剣に考えたら」と言ってくれた。確かによく考えてみると、共時的現象はよく生じているのだが、それに対して開かれた態度をもっていないと、それを利用できることが少ないとも言える。

長い間学校へ行けなかった子がとうとう登校を決意する。明日行くというときに、風邪を引いて寝こんでしまう。このときに「またか！」と思い両親も治療者も落胆してしまうのと、登校する以前に病気ということを通じて母と子がもう一度一体感を確かめる機会を与えられたと受けとめるのとでは、まったく結果が異なってくる。病気のときは子どもも案外素直に甘えられるし、母親も子どもの肌に自然に触れられたりして、一体感を味わいやすいものなのである。奇跡が起ると言っても奇跡はしばしばマイナスの形で生じ、それを読む力のあるものにとってはプラスになることも多いので、コンステレーションを読む能力は治療者にとって非常に大切なものである。

せっぱつまったときに生じる共時的現象との関連において、いわゆるオカルト的なものがわれわれの仕事と相当に関係してくる。自己実現は残酷なものだと言ったが、その残酷さに耐えかねてオカルト的なものに救いを求める人が何と多いことであろう。まさに、藁をもつかむ心境なのであろう。一般にオカルト的として総称されるすべてのものに対して、偽物だとか絶滅せよとか言う気持はない。これらの人のなかには、コンステレーションを読む上で特異な能力をもった人たちもいるであろう。あるいは、本人たちの意図を超えて、興味深い共時現象が生じ、好結果を生むこともあろう。しかし、一般的に見てやはり問題は実に大きいと言わねばならない。

相当な学問や知識のある人が、みすみす迷信とわかるようなことに多額の金を費やすので不思議に思うときがある。しかし、考えてみると、これは自己実現の残酷さに直面することを逃れるための免罪符としてなされていることがわかるときがある。自分は問題を解決するためには迷信と思えるようなことにさえ敢えて頼ろうとした。しかし駄目であった、と言うことによって、もっとも本質的な苦しみとの直面を避けるのである。それが免罪符的意味をもつために、金額は高ければ高いほど歓迎されるようなところがある。このあたりをうまく見越してうまく儲ける人もある。

コンステレーションを読むということは、単純な例をあげてしまったので、簡単に思われたかも知れぬが、実はなかなか困難なことである。次節に述べる「意識の次元」との関連で言うと、相当深い意識レベルにまで下降してゆかないと、全体像が把握できない。そのような特異な才能のある人が、それを職業とした場合を考えてみると、それによっていかに儲けるか、などということを真剣に考えはじめると、それは意識の次元では表層のレベルのことになるので、そちらに関心を持ち過ぎると、コンステレーションを読む能力が減退してくる。従ってその後はペテンとかいかさまに頼るようなことにもなってくるのである。それでも、人の弱みにつけこんでお金を儲ける方法には磨きがかかってくるので、実害が多くなるのである。

私は大きい苦しみを背負っている人にお会いすることが多いので、特にそのような話を聞くことが多いのかも知れないが、偽宗教や偽心理療法によって多額のお金を失ったり、単純な論理によって悪者扱いされている人に接することがよくあり、残念に思うことが多い。

心理療法家になるためには相当な訓練を必要とするが、わが国にも相当数の専門的訓練を受けた心理療法家が出てきたので、この人たちに対して公的な機関が資格を与えることを考えるようにしてはどうかと思っている。もちろん、誰がどのようなところに相談に行ったり治療を受けに行ったりするのも自由であるが、何も知らずに変なことに巻き込まれるのを防ぐ上において、少なくとも国家から資格を与えられた専門家がいる、というようにしていただきたいものである。さもなければ、今は悩みを持ちながらどこに相談に行っていいか解らずにいる人が随分多いので、みすみす危険なことにひっかかることが増加するのである。欧米の諸外国においては、国家などの公的機関が資格を認めていることが多いこともつけ加えておきたい。

意識の次元

今まで述べてきたことを、意識の次元という点と関連させながら、まとめてゆきたい。心理療法には数え切れぬほど多くの理論や技法があり、これまで異なる学派の間で、どちらが正しいかとか、どちらが有効であるかなどという論争が繰り返されてきた。そもそも学派によって理論が異なるなどということは、心理療法が「科学的」でないことを立証しているものだ、などという批判もあった。しかし、これは今まで述べてきたように西洋の近代意識のみを正しいと考えたときの「科学」としての議論であり、治療者が患者を客観的対象として見ずに、両者のかかわりを重視する態度をよしとする限り、議論はそれほど単純にゆかないはずである。治療の理論には治療者の人間としての在り方が何らかの意味でかかわってくるのである。その上に、第四章に述べた「意識のスペクトル」という考えに基づくと、患者のどのような意識のレベルを問題にしているかによって、理論や技法が異なるのも当然なのである。各学派の理論や技法は、ある特定の意識のレベルの問題について、特に有効性をもつと考えられるのである。

「意識のスペクトル」の図式に従って言えば、この図(八八頁)の上方の意識レベルに限定するときは「科学的」アプローチが可能となり、下方に至るほど宗教性が強くなると言える。しかし実際の個々の例について言えば、これらの層は常に入り組んでいるし、当人が意識的に取りあげる問題が必ずしも、本来的なものとは限らないということもあって、実際的には簡単にゆかぬことが多い。たとえば、人間にとって死とは何か、などという極めて実存的な問題をもって学生相談所を訪れてきた学生が、恋人ができるとそのようなことはすぐに忘れ去ってしまうこともあるし、アルコール依存で、ともかく酒をやめたいと言ってきた人が極めて宗教的な問題に直面してゆくこともある。性《セックス》の問題に悩んで来談した人が、深い宗教的体験に至ることもあれば、宗教的な問題に悩んでいる人が、実は性《セックス》の問題に直面しなくてはならぬこともある。

「宗教的」と言っても問題は簡単ではない。お経を読んだり、写経をしたり、時には新聞の「宗教欄」に投稿して採用されたりしていても、非行を続ける自分の息子と正面から向き合うことができずにいる人もある。その人の「宗教」を偽ものとまで断じる気はないが、ありがたい経典がその人にとっては息子を避ける道具になっているとさえ感じられるのである。あるいは、もっと肯定的な言い方をするならば、親のせっかくの宗教心を深めるために息子は非行を続けている、と言うことになるだろう。

意識のスペクトルのそれぞれの層において、各人の得意、不得意があると考えられる。人間のもつ影について分析を行い、その人の自我を強化することが得意な治療者が、必ずしも宗教的な深さをもつとは限らないのは当然だが、深い意識の層における体験をもった人が、必ずしも表層のレベルの問題解決に役立つとも限らないようである。日本のある有名な宗教家の話を聞いたヨーロッパの友人に感想を聞くと、「宇宙と一体となったり、宇宙の心が解ったりする偉大な人が、どうして聴衆の気持を感じとれないのだろう」と言われて参ったことがあった。宇宙の心がわかるその宗教家は、聴衆が退屈し切っていることにお構いなく、同じような話を繰り返したというのである。このことによって、この宗教家をすぐに非難はできない。話の内容が深すぎて聴衆が退屈したのかも解らないのである。ただ、この宗教家がいかに深い体験をした人であろうと、家族間のいざこざやノイローゼのことなど相談しても意味のないことは明らかである。

心理療法ならびにそれに類似の仕事をする人は、自分がどのようなことができ、どのようなことができないかについて知っていることが必要である。もちろん、自分の限界はそれほど明白に解らないものではあるが、ある程度のことは知っていて、自分の守備範囲以外のことに手出しをしないように心がけるべきだと思われる。

意識のスペクトルに従って、患者は必要なときは「下降」を行わねばならない。しかし、単純に下降と呼んでいることも、本人の主観的体験としては、既設の組織を破壊するとしか思えぬような恐ろしいこととして感じられるものである。何か既知のものの上に(あるいは下に)未知のものがつけ加わるなどというのではなく、ともかく今まで頼りとしていたものがぶち壊される、と感じるのである。このような恐怖感や危険性を克服してこそ、真の「下降」が行われるし、下降によって体験したことを「わが事」として受けいれられるのである。このような下降には絶対に何らかの導き手が必要であり、禅における老師や、心理療法における心理療法家がその役割を担うのである。

禅の体験をもたない老師が存在しないように、心理療法家も自らが心理療法を受ける体験をもつべきである。このことは深層心理学の諸学派においては教育分析の必要性として明確にされている。自らの体験を基にせず、単に書物の知識のみを頼りとして心理療法を行おうとする人は、自己実現の残酷さについて認識がなく、患者に過酷なことを強いたり、単純なモデルに頼って、患者や患者の家族など——要するに自分以外の誰か——を悪者にして自己満足することが多い。

宗教と科学の接点

今まで述べてきたことで、心理療法が宗教と科学の接点に存在するものであることを了解していただけたであろうか。西洋の医学が人間の身体を「客観的対象」と見なすことにより、科学的な医学を発展させてきたように、人間の「心」というものを「客観的対象」と見なそうとしても、観察者自身も「心」をもっているので、そのようなことが成立しないのである。もちろん、そのようなことが生じないように治療者ができるかぎり「客観的」な態度をとることにより、科学的治療が行えると考えられたこともあった。確かに問題を限定すると相当科学的に治療が行えることは事実である。しかし、「たましい」のレベルまで問題にするときは、科学的にはできなくなってくる。既に述べたように、治療者がいわゆる「客観的」な態度をとるかぎり、患者の自己治癒の力がはたらきにくくなり、治療は進展しないのである。

既に述べたような「開かれた」態度によって治療者が接すると、それまでに考えられなかったような現象が生じ、そこにはしばしば共時的現象が生じる。その現象は因果律によっては説明できない。しかし、そこに意味のある一致の現象が生じたことは事実である。そのことを出来るかぎり正確に記述しようとしたとき、それは「科学」なのであろうか。それは広義の科学なのだという人もあるだろう。しかし、それはまた広義の宗教だとも言えるのではなかろうか。つまり、そこには教義とか信条とかは認められないが、自我による了解を超える現象をそのまま受けいれようとする点において、宗教的であると言えるのではなかろうか。

宗教はもともと人間の死をどのように受けとめるか、ということから生じてきたとも言うことができる。死をどう受けとめるかという点から生じてきた体系、と言っても、それは単なる知識体系ではない。たとえば、仏教において戒・定・慧の重要性が説かれるように、戒を守ることや禅定の体験を通じて得られる知こそ意味があるのである。

しかし、近代人は既に述べたように自我が肥大し過ぎて、過去の宗教の体系を単なる知識体系として見ようとすることもあって、なかなか受けいれられない。従って既存の宗教を信じられなくなるのだが、何を信じようと信じまいと、人間にとって死は必ず存在するのである。最初はいかに生きるかに焦点があてられていた心理療法においても、死をどう受けとめるかが問題にならざるを得なくなった。ユングは彼の患者の約三分の一は、この世によく適応している人だったと述べている。いかに適応している人でも、死の問題は残る。ユングのもとに来たこれらの人は、いかに生きるかということよりも、いかに死ぬかという問題のために来たと言っていいだろう。

　死を特定の教義によって説明するのではなく、ともかく虚心にその現象を見ようとするとき、いろいろと不思議な現象――共時的現象――が生じることについては、第三章に述べた。その点について、キュブラー・ロスは死後の世界を信じているのではなく知っていることを強調する。しかし、ここで彼女は意識の次元での取り違いをしているように思う。深い意識の次元で「知った」ことを、浅い意識の次元の事実として語っているのではなかろうか。ケン・ウィルバーの図式で言えば、「心」のレベルにおいて死後の世界は存在するだろう、というより、そこでは生と死の区別さえなくなるのである。しかし、死後の世界の存在について、キュブラー・ロスは「自我」のレベルで語っている、あるいは、そのような誤解をひき起すような語り方をしているように思われる。

　「死」というような恐ろしいものと対峙してゆこうとするためには、こちらも相当に確固とした基盤をもたねばならない。キュブラー・ロスがそのような確固とした基盤を持っていることは疑いのないことであるが、それをどのような「知」の在り方として表現するか、という点に問題があるように感じられるのである。言語化不能のような領域を、どのように言語化するかという問題がつきまとうのである。

　このあたりに、宗教と科学の接点に存在する心理療法の難しさがある。「自然《じねん》にまかせる」と言っても、それは文字どおりの無為でいるわけではない、そこに生じてくる危険性について考え、治療者としてのかかわりの必要性を感じるとき、治療者としては多くの知が必要となってくる。従って、私は治療を行いつつこれまでに述べてきたような宗教と科学の接点ということについてもいろいろと考えてきたのである。このようにいろいろと考え、知識をもつことは必要であるが、私としては心理療法の実際を離れてしまうと駄目だと思っている。私としては心理療法という極めて実際的なことを離れて読書したり思索したりしても、おそらく足が地から離れたものとなってしまうと思われるのである。

これまで論じてきたようなことは、もっと多くの文献研究や思索を必要とするので、時には心理療法のためにあまりに多くの時間とエネルギーをとられるのを残念に思うときもあるが、人にはそれぞれの役割があるから、今後もこの仕事は続けてゆこうと思っている。暫く以前、私は学生諸君とよく「交渉」をしなくてはならぬ職にあったので、時には不意に血気盛んな学生諸君にいわゆるカンヅメにされてしまうようなこともあった。そんなときでも私は心理療法の約束の時間が来ると学生諸君に了解を求めて、一時間とか二時間とか部屋を出て患者さんに会いに行った。それがすむと、また帰ってきて「カンヅメ」になるのだから、不思議なカンヅメだが、このことに関する限り、学生諸君は極めて紳士的で一度も妨害されたことはなかった。なかなか大変なことが多い時だったが、私はともかく心理療法家としての仕事を守り抜けたことを嬉しく思っている。

心理療法家には守秘義務があるし、既に述べてきたような深い関係において生じてきたことを簡単に公にし難いということもあって、本論においても自分の臨床経験を述べつつ論を展開するということができなかった[3]。そのために説得力が弱くなってしまっている点は申し訳なく思うが、今の所は致し方のないことである。もう少し年月がたてば一般の人に対しても、ある程度の臨床体験を語ることができるかも知れないし、別にそんなことは一生しないかも知れない。しかし、これまで述べてきたことは、私の心理療法の経験という極めて実際的なことを通じて出てきたものであることは了解していただきたいと思う。

東洋における宗教の基礎にある自然《じねん》と、西洋近代の科学の対象であった自然《ネイチャー》は、現代において思いの外に重なりを見せ、新しい科学、新しい宗教の課題となりつつあると思われる。「人間の性質《ネイチャー》は、自然《ネイチャー》に逆らう傾向をもつ」とはユングの言であるが、人間のネイチャーを問題とせざるを得ない心理療法という領域が、新しい科学と宗教の接点として浮かびあがってきたのも故なしとしないと思われるのである。人間の「意識」ということが、心理学の分野をはるかに超えて今後もますます大切な課題となるであろう。

注

(1) 箱庭療法については詳述できなかったが、一般に解りやすいものとして下記を参照していただきたい。河合隼雄/中村雄二郎、明石箱庭療法研究会『トポスの知』TBSブリタニカ、一九八四年。

(2) 阿満利麿『宗教の深層』人文書院、一九八五年。漱石の「自己」について論じたところに紹介されている。

(3) 筆者の心理療法に関する考えについて詳しく知りたい方は、『心理療法論考』新曜社、一九八六年、を参照されたい。

II

心の中の宇宙

夢に出てきたＵＦＯ

宇宙論が盛んになってきたという。宇宙論というよりは、一般の人々が専門用語であるブラック・ホール、ビッグ・バンなどという用語に魅せられ、なんとなく宇宙について語ったり、時にはあらぬ幻想をかきたてられたりしているといったほうが適切であろう。それに、ＵＦＯの話はいまだに尽きず、多くの人の関心をつなぎとめている。

人々の関心が宇宙に向かうのも当然といえば当然のことである。「世界観」という言葉があるように、人間は生きていくためには、それぞれがこの世界をいかに「観ずる」かという問題に直面しなくてはならない。ある文化や社会において、それに属する成員に共通の「観」というものが存在する。たとえば日本ではある時期に、日本を神国と観ずることが共通のことであった。人々は知らず知らずのうちに、そのときの大勢を占める世界観に順応しているようである。しかし、そのような共通の世界観そのものが揺れるときがある。現代が、ちょうどそのようなときではないだろうか。価値の多様化ということが最近よく言われるが、これはすなわち「世界観」の多様性を意味している。人々はいったいどのような世界観に従っていいかわからないので、自らの目でもう一度、世界を見ようとする。宇宙はいったいどのようにして成立しているのか。宇宙の構造はどのようなのか。このような宇宙への関心は、実のところ、いかなる世界観を持つかということと大いに関連しているのである。

ＵＦＯに対する興味も、このような観点から説明できるだろう。つまり、何もかもが科学的に説明がつくと思われる現代において、科学的でありながら、超科学的でもあるＵＦＯの存在は、人々の心を惹きつけるのだ。それは何かしら言いがたいＸの存在を、人々に告げるのである。

ところで、ＵＦＯを夢に見る人がある。夢分析という技法によって心理治療を行なったスイスの分析心理学者、Ｃ・Ｇ・ユングは、夢に現われたＵＦＯについて多くの興味深い報告を行なっている（ユング、松代洋一訳『空飛ぶ円盤』朝日出版社）。その中から、四十二歳の女性患者の夢として報告されているものを次に示すことにしよう。

夢　彼女が庭に立っていると突然上空からエンジンの爆音が聞こえてきた。庭の石垣に腰を掛けて何事かとふりあおぐと、黒い金属の物体が現われ、彼女の上で旋回した。それは巨大な金属性の空飛ぶ蜘蛛で、大きな暗い眼をもっていた。蜘蛛は円い形をしている。新型のきわめて特殊な飛行機である。蜘蛛の胴体からおごそかな声がして、大きく明瞭に祈りを唱えた。それは地上の人間や蜘蛛の搭乗員全員に対するひとつの指示ないしは警告であるらしい。その内容は「われわれを下におろせ、下に留めよ、……われわれを高みへ運べ！」。庭に面して大きな官庁の建物があり、そこでは国際問題の裁決が行われている。蜘蛛は驚くほどの低空飛行で建物の窓にそって飛んだが、それは明らかに建物のなかの人々にその声を聞かせ、平和への道を、つまり内面の秘密に満ちた世界への道を教えようとしたためである。和解の決を議せよというのである。庭にはほかにも見物人があった。彼女は半分裸だったので、いささか困った思いをした。

この夢ではＵＦＯという名はあげられていないが、「昆虫」の形をしたＵＦＯを見たという人は相当あるし、この「円い形」をした「特殊な飛行機」である蜘蛛を、ＵＦＯと見なしてもよかろう。蜘蛛はわが国においてもそうであるが、西洋においても不気味さや不吉な感じをもたれるものである。ドイツでは頭のおかしいことを「屋根裏部屋に蜘蛛の巣が張った」と言う。そのような蜘蛛の形態をしたＵＦＯが空の彼方から飛んできたのであるが、それは人間の無意識の極めて深い層からのメッセージを伝えようとするものと思われる。事実それは「われわれを下におろせ、下に留めよ、……われわれを高みへ運べ！」と、謎に満ちた警告を発するのである。この言葉に対して、ユングは『ファウスト』第二部でメフィストの言う「降りていくがいい。昇るがいい、そう言っても同じことだ」という台辞を想起している。上昇と下降のテーマは人間にとって極めて重要なものである。多くの人は心の中の上昇志向に動かされて努力をつくす。あまりにも急上昇を試みたため、急激な下降を体験させられる人もある。しかし、天空からの「声」は、上昇も下降も同じことだ、あるいはそれを同時的にするべきだと告げている。

これを先に述べた世界観の揺れに結びつけて考えてみると、ある世界観による上昇は、ある世界観による下降を意味するという事実と関係してくるかもしれない。ある観点からの善はある観点からの悪となり、その逆も成立する。この蜘蛛のＵＦＯは「国際問題の裁決」が行われている建物のあたりを飛んで「平和への道」を呼びかけている。実際、国際問題では、自分は善であり相手が悪であるとする国々が、「善」の名のもとに戦いを始めることになりがちである。そのような場に対して、ＵＦＯが上昇と下降の相対性、つまり、善悪の相対性について説いているのは、なかなか効果的なことである。

夢を見た人が半分裸であることは、彼女がこのような考えに対して、適切に防衛されていないことを示している。確かに、このような思いきった相対化は西洋の人にとって、受け入れに困難を感ずることであろう。しかしまた、それ故にこそ、現代においてはこのようなＵＦＯからのメッセージを必要とするとも考えられるのである。

家庭内暴力と子どもの宇宙

夢に現われたＵＦＯの例を示し、これは人間の無意識の極めて深い層から出現したものであろうと述べた。フロイトが無意識の重要性を指摘して以来、長い年月を経て、現在では無意識の存在について反対する人も少なくなった。人間は外界に対して、いろいろと知っている部分と未知の部分をもつように、その内容に対しても未知の部分をもっている。そして個々の人間を超えて、万人共通に未知な世界が外にあるように、内界にもわれわれはそれをもっている。ユングはそのような世界を普遍的無意識と呼んだ。

普遍的無意識の世界は、まさに未知の世界である。しかし、そこから生じてくる働きは、われわれの意識に多くの作用をもたらす。ある個人が、それを内界の作用として意識できないときは、外界の何かに投影されることが多い。たとえば、最近よく問題となっている家庭内暴力ということを取りあげてみよう。

中学生や高校生(最近では大学生までも)が、父親や母親をなぐったり蹴ったりする。骨折したり鞭打ち症になったり、時には生命の危険を感ずることもある。実際に、これらの事件が殺人にまで発展した例のあることは、ご存知の通りである。このような家庭内暴力をふるう子どもに会ってみると、極めて「よい子」であることが多い。彼らは親に暴力をふるう以外は、よい子すぎるほどよい子なのである。いったいこのようなことが、どうして現在のわが国に多く生ずるのであろうか。この子たちは暴力をふるうようになるまでは家庭でも、よい子である。子どもの面倒をよくみる母、それによく従っている子。これは外からみて、時にはうらやましいほどの親子である。しかし、その平和な「世界」に変動が生ずる。よい母はある日突然、悪い母に変貌する。

普遍的無意識内に存在する「母なるもの」は、二つの相貌をもっている。すべてを抱きしめ慈しむ面と、すべてを呑みこみ死に至らしめる面である。子どもの心の中で眠っていた後者の面が、ふとある日、活性化されはじめると、太陽の黒点が地球上に影響を与えるように、子どもの意識に強い作用をもたらす。子どもにとって、今まではうれしいことと感じられていた母の善意は、すべて自分を呑みこもうとする行為に見えてくる。子どもたちは、そこに母の姿を見るにしても、それは既に地球外からやってきたインベーダーに乗っ取られた存在であると感じるのである。

子どもが思春期になって母親の態度が急に変わったのではない。彼女は今までと同様に振舞い、それが子どもにとって「善」であることを疑わない。しかし子どものほうは、彼の心の中で働き始めた母なるものの恐ろしい面を、彼女に投影して見ている。子どもは「自衛」のため、母親になぐりかかるが、母親は子どもの行為の不可解さにあきれてしまい、対応できないのである。

UFOを見るのは思春期の子どもに多いといわれる。彼らは内界に生じてくる不可解なXを、外界に投影しているのである。あるいは、彼らは心の内に何ものをも引き込んでしまうブラック・ホールの存在を、なんとなく感じているかもしれない。かくて彼らは「宇宙論」に心を惹きつけられることになる。

意識と無意識という存在について述べたが、ここで身体はどうなるのであろう。身体は人間の内界としても外界としても感じられる不思議なものである。いざとなれば手足を切断しても生きていられるように、身体は自分の「外」のものとして感じられるが、私がそれによって「生きている」ものとしての身体は、「内」なるものと感じられるであろう。思春期の子どもたちは、自分の心の中に変化を感じる前に、身体の変化をまず感じるであろう。彼にとっての内、外界の変化は、まず身体の変化を通じて経験されるであろう。身体こそ彼らにとって、一つの世界なのである。

このように考えてくると、人間の内界、身体、外界などをすべて含んで、それをいかに「観ずる」かという難しい問題が生じてくる。二十世紀における自然科学の爆発的な進歩によって、われわれは外界に対する「観」を大いに進展させることができた。そのため、われわれはそのような観点からすべてが説明できるのではないか、とさえ考えはじめた。身体はもちろん自然科学の対象として究明され、医学はすさまじい発展を遂げた。内界も、それは脳の働きとして還元され、脳という「物質」の研究によって、人間の心の問題はすべて明らかにされるのではないかとさえ思われた。

共時性把握は偽科学か

しかしながら、最近になって、われわれは自然科学の発展にあまりにも安易によりかかっていることの危険性に気づきはじめたのである。そのような反省は、実に自然科学の内部から生じてきた。

二十世紀の理論物理学の様相は、われわれ素人の想像をはるかに絶している。ハイゼンベルクによる有名な不確定性理論によって、物理学が因果の鎖による決定論から脱け出したことは、われわれもよく知っている。ここに詳述はできないが、たとえば読者はケストラーの『偶然の本質』(村上陽一郎訳、蒼樹書房)に目を通されるとよい。その中に引用されている理論物理学者の言葉は、素人には矛盾に満ちているものとしか考えられない。たとえばオッペンハイマーは、電子は静止しているかという問いに対して答は「ノー」であり、運動しているかと問えば、これにも「ノー」と答えねばならないと言っている。あるいはアーサー・エディントンは「物理学の世界ではわれわれは日常見慣れた生活の影の部分の振舞いを眺めているのである。私の肘の影は、影のインクが影の紙の上を滑っていくときに影のテーブルの上に安らいでいる」と述べている。おそらくこれらの自然科学の第一線に活躍する学者にとっては、先に引用した夢の中のＵＦＯの警告など、なんらの矛盾も感じないことであろう。

このような物理学者の言葉を受け入れる人たちならば、ここで筆者が内界と外界の事象には、因果律によらない暗合の成立することがあると述べても、別に驚きはしないであろう。そのような事象をわれわれがよく経験するのは、夢の内容と外的事象の一致である。たとえば肉親の死を夢によって知るような場合である。このような例は今まで数多くの夢の研究者によって紹介されているし、筆者も夢分析の実際の中で経験している。ユングはこのような因果律によって説明できない、意味のある一致の現象に注目し、そこに共時性の原理が働くものと考えた。宇宙に起こっている現象を理解するためには、われわれは因果律のみではなく、共時性の原理にも頼らねばならないというのである。

このような思想は、古来からミクロコスモスとしての人間の身体と、マクロコスモスとしての宇宙との一致という考えとして存在していた。かくて、医者は占星術師でもなければならなかったのである。現在、われわれはこのような心と体の暗合という厄介な問題を心身症として抱えこんでいる。しかし、ここで、古来の人間がなしたようにミクロとマクロの対応を、因果的連関として把握してしまうと、それらは偽科学へと堕ちてしまうことを知らねばならない。易経をはじめ占星術などのように、共時現象に関する関心は古来から高かったのであるが、それは誤って偽科学となっていったため、十九世紀の強烈な近代合理主義の主張によって、迷信の世界へとおとしめられていったのである。

しかしながら、われわれは因果的連関によってすべての事象をみる世界観が終末へきたことを感じている。私という存在を、あるいは私という精神と身体を、この世界の中に定位するための世界観を今、まさぐりつつある。現在の若者たちはこれほどまでの問題意識をもたないにしても、彼らの鋭い感性によって、新しいコスモス像をもつ必要を感じとり、新しい宇宙論に惹きつけられ、それらの外的事象を語って、無意識のうちに内界の再編成を行なっているのではなかろうか。

このように考えてくると、前記のケストラーの『偶然の本質』に引用されている。宇宙物理学者のジェームス・ジーンズの言葉は、極めて示唆深く受け止められるのである。

> 今日では、ひとつの非常に広い範囲にわたる合意が成立している。それによれば、科学の物理学的側面はほとんど一致して、知識の流れが非機械的な現実に向って進み始めているという見解に達している。すなわち、この宇宙はかつてはひとつの偉大な機械として考えられていたが、今日ではむしろひとつの偉大な思想として考えられ始めているということにもなる。（傍点引用者）

無意識の科学

一　はじめに

人間は、自分自身の意識していない心のはたらきによって影響されること、および、そのような事実を応用して病気を治療することが可能であることを、相当古くから知っていたものと思われる。人間の無意識的な心的過程に関する知は、従って、人類の歴史がはじまって以来、早くから蓄積されてきたのであるが、興味深いことに「無意識心性」という概念を打ちたてることは、相当近代になってからなされたのである。つまり、未開社会に認められる、悪魔祓いとかシャーマン式の治療などは、現代のわれわれの力動精神医学の知から見ると、多くの妥当な面をもっており、それは人間の無意識心性に関する知の「応用」として認められるものであるが、彼らは「無意識」という概念は、そこにまったく用いていない。このような長い「応用」の期間を経た後に、無意識心性という概念が出現してくるのである。

無意識という概念は、人間にとっていつから存在していたかを明確に言うのは難しいことであるが、エレンベルガーの指摘するとおり、「無意識という概念に形を与えたのはやはりライプニッツで、ライプニッツ以後、無意識概念は急速な発展を遂げ、ドイツ・ロマン派に至ってきわめて大衆的となる(1)」と考えるのが妥当であろう。

ここに引用したエレンベルガーの『無意識の発見』は卓抜した名著であり、本稿もこれに負うところが大である。ただ、紙数制限のために、ここでは「無意識の科学」について述べるにあたって、無意識についての哲学的な思想の流れや、ドイツ・ロマン派の考えについては割愛せざるを得ない。従って、無意識を「科学的」に取り扱おうとした最初の人としてのフロイトとジャネから話をはじめることになるが、興味をお持ちの方はエレンベルガーをぜひ参照願いたい。そこには、ジャネやフロイト以前のことが詳細に述べられている。なお、ここに「科学的」とわざわざ「　」を付したことにも意味があり、果たしてそれはどのような科学なのか、あるいは、本当に科学なのか、という疑問も存在するのである。無意識の科学などというのは言葉の遊戯であり、無意識という概念そのものが科学的でないという批判さえ存在している。この点については、これから述べてゆくことによって明らかにするが、無意識の科学ということには、そのような大きい疑問が内在されていることを読者は常に意識して、本稿を読んでいただきたいと思う。

二　無意識の発見

無意識ということについて、既に述べたようにライプニッツが概念化を試みたのに続いて、ショーペンハウアー、ハルトマンなどの哲学者が哲学的な思弁を加えたのであるが、無意識を「科学的」な研究対象として明確にとらえようとした人としては、フロイトをあげるのが通常の見方であろう。筆者もそれに従うわけであるが、「無意識の科学」に内在するジレンマについて今後考察をすすめてゆく上において、ジャネのことにも少し触れておくべきだと考えたので、敢えて、この両者を並列して取りあげることにする。

1　フロイトとジャネ

フロイトが無意識という概念を提唱し、それを解明しようとするのには、まず神経症の治療という実際的な要請が存在していたことを、われわれはよく認識しておかねばならない。このことは、ジャネの場合も同様である。治療という実際的要請が科学的研究より先に存在し、しかもそれが人間存在にかかわるものだけに、そのことは常に忘れてはならず、他を犠牲にしても、ともかく「治療」を成功させたいという願いが、いつもそこにつきまとっているという一種の厄介さを、われわれは知っていなくてはならないのである。

フロイトが無意識という概念をたてるようになったのは、周知のごとく神経症、わけてもヒステリーの治療の体験を通じてのことである。フロイトが、当時ウィーンの開業医であったブロイヤーとともに『ヒステリー研究』を出版したのは、一八九五年のことであるが、その中には五人の症例を通じて、ヒステリーの心理が解明され、治療法が述べられている。いまさらここにその内容を記す必要もないと思うので省略するが、そこにおいてフロイトが主張したことは、神経症(ヒステリー)の症状は心理的な原因によって生じており、それは患者の小児期における性的な心的外傷体験を主要因としている。しかし、患者はそれをまったく意識していない。つまり無意識である、ということである。そこで、そのようなことを催眠を用いて患者に意識化せしめることによって、治癒することができることをフロイトは示した。

このような説明は極めて了解しやすく、原因—結果の連鎖の上にのって説明されているので、「科学的」な外見をもそなえている。このためもあってか、次に述べるようにこの考えはフロイト自身によってすぐ修正され、その後も神経症の治療論は大いに変化してきているにもかかわらず、今日においても非専門家で「精神分析好き」な人々は、この単純な心的外傷論をそのまま信じていることが多いのは、まったく困ったことである。しかし、このことは現代人というものが、いかに原因―結果という因果的連関による「科学的思考」に信を寄せるかを端的に示しているものと言うことができる。

フロイトは自分のたてた心的外傷の理論をすぐに修正しなくてはならなかった。それは、彼に対して小児期の外傷体験を語った患者の言が客観的事実と異なることが明らかになったためである。そこで、フロイトはそのような患者の「空想」こそが大切であると考えた。つまり、一九一四年に書かれた論文のなかで、「心理的現実は客観的現実そのものと並んで評価さるべきである(2)」と主張したのである。患者は無意識内に抑圧している客観的事実に関する記憶によって動かされていることもあろうが、むしろ、無意識内に存在する空想、あるいは願望によって動かされていると考えられる。このことは、精神分析における極めて大切な転回点である。というのは、それが「心理的現実」を取り扱う学問であることを明確にしたのであり、このことが、その「科学性」の問題に大きくかかわってくることになるからである。

「心理的現実」の意味に気づいたことは、フロイトにとって大きいことであったが、彼がその後「精神分析学」を構築してゆく上においてそれは両刃の剣として作用することになる。つまり、彼は自分の新しく打ちたてようとする学問が「科学」であることを主張しようとして、いろいろな努力をするが、そのひとつとして、彼の理論の基礎を人間の身体生理的な側面におこうとする。たとえば彼の主張する、口唇期、肛門期、性器期の考えなどがそうであり、また、そのような「科学的」よそおいを持ったことは、精神分析が――多くの抵抗が存在したものの――結局はひろく受けいれられていった原因のひとつとなっている。しかし、一方では彼は彼の理論が「心的現実」に基づいていることも認めているのであり、フロイトの学説を「客観的事実」として受けとめることは、明らかに誤りであり、そこに混乱が生じてくるのである。このことは精神分析の科学性を考える上で非常に大きい問題となってくる。

無意識を科学的研究の対象とし、そこから理論体系を打ちたてた最初の人として、フロイトをあげることは一般の常識であったが、エレンベルガーも指摘するとおり、「時間的順序」からみれば、フランスの精神医学者ピエール・ジャネをあげるのが本当であろう。エレンベルガーが極めて精力的、客観的な研究によって、これまでわれわれが「常識」としてもっていたことの誤りを数多く指摘してくれた意味は実に大である。ピエール・ジャネについて、その功績を一般に知らせてくれたことも、そのなかのひとつである。ジャネはフロイト以前に、ヒステリーの心理機制や、それに対する治療について発表しており、彼は自分の治療を「心理分析」と名づけているが、そこに述べられていることは、フロイトの考えとほとんど同様と言ってよい。彼はヒステリーの症状が、患者の「意識下固定観念」によると述べているが、これはまさに無意識的なコンプレックスと同義語である。彼はまた、治療過程において「夢遊病性残留影響《アンフリュアンス》」が大きい役割をもつと述べているが、これは精神分析的に言えば感情転移の重要性ということになる。

ジャネがこのように先駆的役割を果たしながら、なぜ、フロイトおよびその弟子たちが栄え、ジャネの方はそれほどに認められなかったかという点は、「無意識の科学」の本質にかかわる重要な点であると思う。筆者は一九六七年に『ユング心理学入門』〔本著作集第一巻所収〕を出版した際に、フロイト、ユングに対するドイツ・ロマン派の影響の意味を強調しておいた。エレンベルガーは、フロイト、ユングについて同様の見解を述べつつ、それに加えて、「逆に、ジャネは百パーセント遅れて出現した啓蒙主義の申し子である」(3)と述べている。従って、フロイトやユングは極めて個性的で、かつ、自分の開拓してきた学問や方法を、「私の」ものと考える傾向が強いのに対して、ジャネの方は、「心理分析ということばを使う折に、決してこれを自分の方法などと主張しない。この言葉を、数学者が代数分析と言い化学者が化学分析と言うのと同様、全くふつうの語義で使っているようである」(4)。つまり、「科学」という点に照らして言えば、ジャネの態度の方がより「科学的」であることは明らかであろう。そして、結果的には、普遍的な科学性を重視しようとしたジャネの学説よりもフロイトやユングの学説の方が、その後に発展し受けいれられたという事実は何を意味しているのだろうか。ここに、「無意識の科学」に内在するパラドックスが秘められていると思われる。

最初から極めて本質的な問題にぶっつかってしまったが、この問題に対する解答を与える前に、もう少し歴史的事実の方に目を向けてみることにしよう。

2　無意識現象の究明

無意識の科学は、既に述べたように、神経症の治療という極めて実際的な要請から成立してきたものであるが、それが成立してゆく途上において、人間のいろいろな心理現象を通じてその研究がなされてきた。最初はむしろ、それらの現象を通して、無意識的な心的過程が存在することを証明することに重点がおかれたが、その後には、それによって無意識心性の在り方を探ることが試みられるようになったものである。それらの現象は互いに関連しているが、一応次のように分類することができる。

①神経症症状
②言語連想
③催眠現象

④夢・空想
⑤日常の失錯行為
①は既に述べたように、フロイトやジャネが取り扱ったのは、最初はヒステリーが多数を占めていた。目が見えなくなったり、耳が聞こえなくなったり、身体が麻痺したり、別に身体器官に障害はないのに身体機能に障害が生じ、それが本人の意識していない心的過程のはたらきと関連していることを、明らかにし得たのであるから、初期の精神分析家たちが、これによって無意識という概念が治療に役立つと考えたのも無理ないところである。そして、そのような精神分析治療を、その他の精神障害の治療にまで拡大しようとしたのも当然である。この点については次項に述べるが、そのことによって彼らは大きい困難に出会い、それを克服しようとする過程のなかで、学問の進歩も生じたのである。
②の言語連想は、ユングがその初期の研究に用いたものである。言語連想検査はそれ以前からも用いられていたが、主としてその連想内容の方に注目されてきたのに対して、ユングは単純な連想の際にも、著しい反応の遅れが生じることに注目し、その現象を、無意識内に存在して何らかの感情によって結合されている心的内容の集まりによって、通常の意識活動が、妨害されるためであると考え、そのような心的内容の集まりを「感情によって色づけられた複合体」(gefühlsbetonter Komplex)と名づけた。これは後に略して、コンプレックスと呼ばれるようになった。
③の催眠は、遠い以前より治療のために用いられていた技法であるが、フロイトたちにとって、無意識心性の存在を実証する事実として取りあげられた現象に、ベルネームの行なった後催眠暗示の例がある。たとえば、催眠にかけられた被験者に、催眠が覚めるとすぐ部屋のわきの廊下を二回往復するように暗示を与えておくと、覚

醒時にすぐそのとおりに行い、その理由を尋ねると、「散歩している」と答えたりする。つまり、催眠時に与えられた暗示によって行動しながら、当人はそれをまったく意識せず、しかも、それ相応の合理的な理由を見つけ出すのである。催眠はこのように無意識の心的現象を研究するのに極めて有力な技法であるが、最初は治療技法として用いていたフロイトもユングも、後にそれを放棄するのは注目に値することである。

④の夢や空想については、後に詳しく述べるが、ここでは幼児期に体験したことを本人はまったく忘却しているのに、夢にそのことが出現し、無意識的な記憶(潜在記憶と呼ばれる)の現象が存在することを、フロイトたちが明らかにし、無意識心性の存在の証明としてあげていることのみを指摘しておこう。

⑤の日常の失錯行為については、フロイトが一九〇一年に『日常生活の精神病理』という興味深い著書を出版している。そこに報告された例のなかで有名なのを挙げておくと、ウィーンのある病院の助手が先生の名誉のために乾杯するときに、「皆さん、われらの長の健康を祝して「嘔吐」しましょう」と言ったという。これは「乾杯する」(anstoßen)を言いまちがって、「嘔吐する」(aufstoßen)と言ったのだが、この助手の意識していない心理作用、つまり彼の長に対する敵意の存在を仮定すると、よく了解できると考えるのである。

以上、最初は無意識の心的過程の存在を示すために用いられた現象は、それらを通じて無意識の在り方を探究するために用いられるようになる。連想検査は後にロールシャッハ法をはじめ、多くの投影法へと発展していったし、夢や日常行動の分析・解釈の技法は、人間のつくり出す文化や芸術などに対しても、ひろく適用されるようになった。しかしながら、無意識の研究がもっとも重視されるのは、やはり、心理療法という実際的な分野である。そのことについて、次項に述べてみたい。

無意識の科学は、治療の実際と密接に結びついている。このことがこの学問の性格を著しく規定しているのである。この点について、ユングは次のように明確に述べている。

3　治療との関連

われわれはアカデミックな要請のみによって心理学を専門としているのでもなく、生きることと何ら関係のない説明を見出そうとしているのでもない。われわれの求めているものは、望ましい結果をもたらす実際的な心理学、つまり、その結果が患者にとって正当とされるような方法で、ものごとを説明しうる心理学なのである。(5)

このように考えるとき、治療の場面において、いかなる人間が、いかなる人間に、いかに接するか、という事実が、その学問の性質に強い影響を与えることが予想されるのである。フロイトのいう「心的現実」の尊重は、すなわち個人の主観の世界の尊重ということになる。このことは、治療者自身の主観の世界をも尊重することであり、それを思い切って患者の主観の世界にかかわらしてゆこうとすることによってこそ治療が進行すると言ってよい。そこで、そこに生じてくる「科学」は、治療者と被治療者それぞれの主観の世界に影響されることになる。この点については、四節の感情転移のところで詳しく論じることにするが、ここで大切なことは、フロイトたちのように「私の学派」ということを押し出してきたものの方が、ジャネのように普遍性を求めようとしたものよりも、治療的に強力であるという事実である。つまり、フロイトのような立場をとることによって、治療者は自分の主観の世界を積極的にかかわらせることが可能となり、それが好結果を生むのであろう。

もっとも、フロイト自身は自分の新しく創始した精神分析という学問が、一般に受けいれられるためには、それが「自然科学」であることを主張する必要があると考えていたし、彼自身、自分の見出したことは普遍的な科学であると思っていたことであろう。ここに彼のジレンマがあったし、後になって多くの批判が生じてくることにもなったと思われる。今になって言えることだが、フロイトは彼の心理学を普遍的な心理学と思っていたので、彼と異なる学説を主張するアドラーやユングの存在を許すことができなかったのである。そして、ユングもアドラーもそれぞれが当時は、自分のものこそ普遍的であると思っていたので、彼らの方もフロイトと共に進むことができなかったのであろう。とするとここにはいろいろな「科学」が存在することとなるが、いったいそのように考えて、ひとつの科学ではなく、さまざまの科学の存在を許すなどは、そもそも科学の考えに反するのではないか、と言われそうだが、この問題については後に論じることにする。

フロイト、アドラー、ユング、と三人の異なる心理学が打ちたてられることになったのであるが、ここに治療との関連で言えば、三人の治療した患者の種類が異なることも、その大きい原因となっていることを指摘しておかねばならない。エレンベルガーの極めて精密な探索によって、アドラーやユングが、今日一般に信じられているように、フロイトからの分派などではなくて、それぞれ固有の考えを最初から持っていたことが明らかにされたのは真に喜ばしい(6)。まず、フロイトとユングの比較で言えば、フロイトが神経症の患者に多く接しているのに対して、ユングがむしろ精神分裂病者に多く接していることに注目しなくてはならない。ユングがフロイトと異なる点のひとつに、彼が普遍的無意識(collective unconscious)の存在を主張する点がある。つまり、彼によれば、無意識も個人的無意識と普遍的無意識に分けられるというのである。このことは、ユングが精神分裂病者と多く接していたことにその要因を認められる。つまり、彼の言うような普遍的無意識を認めるか認めないかを別にして、神経症者と比較するとき、分裂病者は、そこに作用している無意識的な心の様相が、明らかに異なることを誰しも認めるところであろう。

フロイトとアドラーの関係については、エレンベルガーは、フロイトの患者がどちらかと言えば、社会の上流に属する人であるのに対して、アドラーのそれは中流ないし下層の人が多かったことを指摘している。アドラーが劣等感コンプレックスの重要性を主張することの背後には、このような事実が存在しているかも知れない。もっとも既に述べた治療対象の差ということは、フロイト、アドラー、ユングのそれぞれの人間としての在り方の差を反映しているとも言えるわけである。ここでは省略するが、フロイト、アドラー、ユングの生い立ちや性格の差と、彼らの学説の差を結びつけて考察することは、もちろん可能である。

無意識の科学ということが成立しはじめたときに現われた、ジャネ、フロイト、アドラー、ユングの四人について簡単に述べたが、それ以後、多くの学派や学説が生じてきているが、この四人の考えをうまくつなぎ合わせることによって、それらはほとんど説明されるのではないかと思われるほど、この四名の人は偉大であり、また、異なった考えや立場を網羅しているようにも思われる。ともかく、無意識の科学の特徴として、いろいろな「立場」をそこに認めざるを得ないのであるが、その特徴を明らかにするものとして、次に夢、および、感情転移、の問題に絞って論じることにしたい。この二つは無意識の科学の在り方を示す上で、極めて重要な事なのである。

三　夢

前節において、無意識心性を探索する方法として、いろいろなものがあることを示していたが、フロイトもユングも最初に用いていた催眠を用いなくなったことは重要である。その理由はいろいろあるが主たるものとして、催眠においては、催眠術者がすべてを支配する形となるので、患者の主体性が損われ、極めて依存的な状況になる、という欠点に両者とも気づいたためと思われる。その点、連想や夢においては、無意識のはたらきが強くはなるが、あくまで患者はそれについて語るとき意識的な制御をまったく放棄するわけではないので、意識と無意識の相互作用が生じ、それによってこそ治療が進展すると考えられる。フロイトは治療技法としては、もっぱら自由連想を用い、ユングは夢分析に頼ることになる。アドラーは自我および自我と社会との関連に注目するために、対面での話し合いが多く、夢はそれほども重視されなくなる。

1　夢の意味

夢は洋の東西を問わず、古代においては極めて意味深いものとして取り扱われていた。『聖書』やわが国の『古事記』には、夢が深い意味をもつものとして記載されている。しかし、啓蒙主義の洗礼を受け、夢は不合理なもの、無意味なものとして、それは近代になるほど軽視されてきたが、夢が意味をもつことを、「科学的」に明らかにしようとしたのが、フロイトである。フロイトの『夢判断』は一九〇〇年に出版され、そのなかで彼は夢が意味をもつことを、多くの例をあげながら示している。フロイトの結論を端的に言うと、夢は「ある(抑圧された）願望の（偽装した）充足である」ということになる。つまり、無意識に存在する性的な願望は、そのままの形で表出される場合は自我をおびやかすので、そこに検閲の機制がはたらき、偽装された形をとって夢に顕われると考えるのである。従って、フロイトの夢判断においては、顕在夢と潜在夢という考えが極めて重要となってくる。一般に人が見ている夢は「顕在夢」であり、それは彼の言う「夢の作業」によって歪曲されているものである。そこで、その歪曲に気づいて、もとの「潜在夢」に到達すると、夢の意味は明らかになるわけであり、このことを行うのが夢判断に他ならない。ここに「夢の作業」とは、彼によると、「圧縮」、「置き換え」、「形象性への配慮」、「二次加工」ということになる。「圧縮」とは夢の表象が多くのものを圧縮したように、ひとつの表象が多くのことを表わしていること、「置き換え」とは、ある表象のアクセントや関心や強度が別の表象へと移ることである。「形象性」とは、人間の思考や感情などが視覚的なイメージで表現されることであり、「二次加工」とは、以上のべたことに加えて、夢全体を自我にとってある程度統一があり、理解可能な形で提示するために行われる修正である。

フロイトのこのような画期的な労作によって、夢が無意味なものでないことが明らかにされたのであるが、フロイトの考えのなかで、もっとも問題とされるのは、その「置き換え」の理論であろう。たとえば、夢のなかで悲しい体験をしたとき、それは実は嬉しい感情の「置き換え」であろうと「解釈」されたり、小さいものは大きいものの置き換えだろうなどと言われるとなると、分析者の極めて恣意的な解釈を許すことになるのではなかろうか。ユングはフロイト理論のこの点を批判し、顕在夢とか潜在夢などといわずに、夢は夢そのものが意味をもっていないだろうか、と問うている。ユングは、夢は夢自身がその解釈を示している、というタルムードの言葉を引用して、夢の現象をそのままで受けとめることの必要性を主張している。それでは、そのような態度で夢の現象をみてみると、どのようなことが解るであろうか。ユングの考えを詳述することはできないが、次にその重要な点を示す。

2 夢の現象

ユングは夢を、そのままに取り扱うべきことを強調し、多くの重要な点を見出したが、そのひとつとして、夢が劇的構成をもつことを指摘した。(7) つまり、夢も劇と同じく、(1)場面の提示、(2)その発展、(3)クライマックス、(4)結末の四段階に分けることができる。紙数制限のため、実例を示して論じることができないので残念であるが、われわれのように夢分析の仕事をしているものにとって、この指摘は自分の経験に照らしても、当を得たものということができる。ロマン派の人たちも、このような類似に気づき、詩や劇はすべてその根源を夢にもっているとさえ考えたという。

夢の劇的構成という点を、われわれの日常の生活に当てはめて考えてみよう。たとえば、私がA氏という初対面の人に、自分の教室の学生の就職依頼にゆく。A氏は愛想よく接してくれ、できるかぎりの努力をするという。私はある程度の満足感をもって帰宅する。これは至極あたり前のことであり、私自身としても別にこれによって心を動かされることもないと思っている。ところが、一個の生きた人間としての「全体」の反応は、もう少し複雑なものを含んでいる。学生の就職がうまくゆきそうだと喜びつつ、私の心の一部では、自分の就職のことをまったく考えてくれなかった父親のことを思い出しているかも知れない。あるいは、一見親切にしてくれたA氏の態度のなかに、学生の就職の世話に動きまわっている大学教授に対する軽蔑感を感じとったかも知れない。しかし、これらのことを自我がすべて意識し、しかも、既存の意識体系のなかに組みこむことは厄介なことである。

従って、多くのことは無視されることになる。われわれの自我はそれなりにある程度の統合性をもたねばならず、統合性を保つためには、それに反対するものは排除せざるを得ない。しかし、人間という「全存在」はそれほど簡単ではない。自我が受けとめかねたもの、それは夢のなかに生じることになる。

ここで、劇というものに目を向けてみよう。それは、人間が受けいれかねることを、いかにして全体的に受けとめるか、ということを表現しているとも思われる。これは典型的な四幕ものの劇を考えてみると解る。つまり最初に提示された「あり得べからざること」は、劇のなかで多くの情動を伴う体験とともに、「解決」へと向かってゆくのである。このように考えると、内界の劇としての夢の意味がよく解るであろうし、ユングが夢の機能の主たるものとして、意識に対する補償作用をあげているのも了解できるであろう。さっきの例でいえば、私は夢の中でA氏が事実に反してまったく不親切であり、A氏に怒りをぶちまけたりすることになる。このことから、私は、親切な教授、親切な先輩などという良いことずくめの自分の意識的態度の影に、不親切だった父とか、それに対して、「親切な父」であろうとしすぎるあまり、学生に親切にしながら、どこかでそのような無理をする自分に対する怒り(父に対する怒りに裏打ちされている)を潜在させていることに気づくことになる。

この例は、ユングの言葉でいうと逆補償の夢と言ってよく、プラスをマイナスによって補償するものだが、夢にはもちろん、マイナスの意識をプラスの内容によって補償するものもある。

劇の最初に「提示」されることは、その人のその時の状態によって異なるのであるが、そこに提示されてくるものが、個人の非常に深い無意識の層から生じてきたものと考えられるものがある。たとえば、さきほどのA氏の夢のように、自分の個人的体験から説明できるものではなく、夢を見ているときに深い情動的体験をする夢である。ユングはこれらの夢の内容が世界中に存在する神話や昔話などのそれと極めて類似しており、人間に共通のパターンを見出せることを指摘した。かくて、彼は普遍的無意識の存在を仮定し、そのような基本的パターンとしての元型の存在を主張したのである。

フロイトの夢に対する接近法が性急にすぎ、下手をするとすべての夢から「エディプス・コンプレックス」の存在を導き出すだけに終りそうな感じがするのに対して、ユングのそれは、夢の現象そのものに忠実であろうとし、より実りの多い結果をもたらしてくれるものであるが、ユングに対して――以上の点は評価しつつも――厳しい批判を加えた人が、メダルト・ボスである。ボスはスイス人であり、ユングにも学んだ人であるが、ユングについて「現象学を用いながら一方では自然科学的研究者であろうとしたため、その意図の遂行を最初から自分でさまたげてしまった(8)」と批判し、「自然科学的現象学なるものができるのなら、木製の鉄なるものを作ることもできるであろう(9)」と手厳しいことを言っている。

ボスはハイデッガーの哲学によって、現象学的な夢研究こそ正当なものであることを強調する。彼は従って、夢をフロイトやユングの言う象徴として解釈することに反対し、「われわれはむしろ夢の中の事物をも事物として、それがあるがままの独自で十全な事物内容のままに、そしてそれが直接的に夢の中に現われ、経験されるままに、とどめておかねばならない(10)」と主張するのである。ボスは彼の現存在分析を、自然科学とは明確に区別される、現象学的な経験科学であることを強調する。しかし、ここで現存在分析学派の人が強調する「現象学」は、単なる現象の記述ではないことも指摘しておかねばならない。このことは、荻野恒一がミンコウスキーの有名な一句「内面告白的日記は、現象学的記述ではない」を引用して明白に示している。つまり、「現象学的記述においては、先取り的にあらかじめ本質直観がなされていなければならず、この本質直観にもとづいて、内面生活の実相が、ありのままに記述されていかれなければならない(11)」ということになる。

フロイト、ユングに対するボスの批判はまことに鋭く、納得させられるところがある。とすると、「無意識の科学」は自然科学的な方法を放棄し、現存在分析的手法をこそ「正当」なものと考えるべきであろうか。ボス自身は、もちろんこれに対して、然りと答えるだろうが、この問題については最終節において論じることにして、次に、今までとまったく異なって、夢に対する「自然科学」的な研究について少し触れておきたい。

3　夢の生理学的研究

人間の睡眠中の神経生理的状態を調べることによって、夢に関する研究が最近急に盛んとなった[12]。アメリカのデメントとクレイトマンという学者が、一九五七年に、夢に関する画期的な研究を発表した。彼らは人間の睡眠中に、一夜に数回レム期(REM期)という特徴的な期間があり、そのときに覚醒させて聞いてみると、約八〇パーセントの人が夢を見ていたと述べてそれを報告することを見出したのである。レム期というのは、睡眠中に急速眼球運動(rapid eye movement)が行われるので、その頭文字をとってREM期と名づけたものであるが、この期間には脳波は除波を示し、視覚性、聴覚性入力の極度の減少、抗重力筋の緊張低下などの特徴をもつ。このようなレム期は、どのような人にも一晩で数回生じることが明らかとなり、それまで夢を一度も見たことがないと主張する人でも、このときに覚醒させると夢を報告することが認められた。なおレム期における夢の出現頻度は研究者によって異なるが、大体八〇パーセントとされている。またレム期以外にも夢を報告する人があるが、大体、二〇パーセントくらいで、夢の内容も単純で不明瞭なものが多い。

次に興味深いのは以上の知見に基づいて行われた断夢の実験である。デメントは断夢実験として、眠っている人がレム期にはいろうとすると起こすという方法で断夢を行なったが、最初の夜は非常にたやすく起こせた人でも、それを第四夜、第五夜と続けると眠りが深くなり、レム期にはいりかけたときに起こしてもすぐ眠ろうとするので、一晩に二〇―三〇回起こさねばならなかった。断夢を行うと、昼間は普通と違った緊張状態になり、まるで一睡もしていないような感じにさえなったという。なお断夢実験の後で自由に眠らせると、まるで除かれた部分を取りもどすようにレム期が増加することが解った。デメントはこれを「はね反り」現象と名づけている。なお、対照実験として、レム期以外に目を覚まさせるグループをつくったが、こちらでは以上のような現象が出現しなかった。このことから、人間にとって夢を見ることが必要であると考えられる。

人間にとって夢を見ることが必要であることが明らかにされたことは、無意識の科学にとっても意味が大きいと思われる。夢の劇的構成のところで既に述べたように、深層心理学的な観点から、夢は人間存在がその全体性を維持してゆくために必要なことではないかと考えられていたが、夢の必要性が客観的なデーターによって確実にされたものということができる。

夢に関する神経生理学的研究が可能になったので、個人が夢を見ている時間と、夢内容の長さとの間に関連があるかという研究もされている。このことは邯鄲の夢などの話にあるように、夢内容の長さと夢をみる時間との間には必ずしも一致度はないと考えられてきたが、今までのところ、実験結果では夢内容と夢を見る時間との間には相関関係があるということになっている。この点については今後も研究が必要であろう。

このような自然科学的な夢の研究が発展してきたことは嬉しいことであるが、マイヤーも指摘しているとおり、これらの研究者たちは、「嫉妬深く科学性を気にかけて、夢の意味についての問いに遭遇することを避けている」[(13)]のが現状である。今後はこのような自然科学的な接近法と、深層心理学あるいは現象学的な接近法による研究が関係し合って、新しい研究がすすめられてゆくことが望まれる。しかし、事柄はそれほど簡単ではない。というのは、夢というような無意識的な心性がからむ素材が関連してくるとき、観察者と被観察者の人間関係が思いの外に大きい意味をもってくるからである。この点については、次節に論じることにする。

四　人間関係と無意識

無意識の科学は治療の実際から生じてきたものである。この際、治療者と被治療者の間には否応なく何らかの人間関係ができあがるのであるが、その「関係」のなかに無意識的要因がからんでくるので、それは一筋縄では解明できない現象を呈することになる。実際に、フロイト以来、心理治療の技法の発展の中核に、治療者・患者の人間関係に対する認識の変化があったといってもよいほどなのである。従って、このことは無意識の科学における中核的な問題と言ってもよい。これについて次に述べてみよう。

1　感情転移とは何か

フロイトと共に『ヒステリー研究』を出版したブロイヤーは、彼の有名な症例、アンナの分析を途中で放棄してしまわねばならなかった。それはアンナがブロイヤーに対して強い恋愛感情を抱くようになったためである。フロイトが催眠療法を中止した理由のひとつとして、患者が催眠より覚醒した後に強い恋愛感情を示したこともあげられている。この際、治療者の方としては、まったく意識していないことであるのに、唐突としか思えないような形で、患者がこのような感情的結びつきを治療者に対して抱くのはどうしてなのか、という点についてフロイトは考えてみた。この際、恋愛感情のみについて述べたが、それは恋愛感情にかぎらず、患者が烈しい攻撃性を示したり、強い嫌悪感を治療者に対してもったりすることもある。その感情は肯定的にしろ否定的にしろ、烈しくて見当違いの感を与えるところが特徴的である。

ここで、フロイトが考えたことは、このような感情は患者がその幼児期に体験したことや、そのときに抑圧されたものなどが、治療者に向かって転移されてくるのではないかということであった。そこで、彼はこのような現象を感情転移(Übertragung)と名づけた。フロイトの言葉を引用すると、転移は「分析の進展する間に喚起され、意識されるに至った古くからの傾向や空想の新装版ないし模写である。しかしこれらの特徴は、彼らが昔、知っていたある人物の代わりに医者自身を置き換えるという点にある。換言すれば心的経験の全系列がよみがえるのであるが、それが過去に属するものとしてではなく、現在の瞬間において医者自身へと適用されて起こるのである」[14]と言うことになる。フロイトは、人間はその幼児期の体験に基づいて、それぞれが「リビドー的期待表象」をもつ、という言い方もしている。これが治療者に向けられてくるというわけである。

フロイトはこのような感情転移現象を治療に利用しようと考えた。つまり、患者が起こす感情転移の現象を解釈して示すことにより、患者が自分の幼児期体験に基づいてもっている無意識的な心性を意識化することを助けようと考えたのである。ただ、このことが達成されるためには、治療者の在り方がそのような現象に影響を与えてはならないことになる。そこで、彼は分析者の「隠れ身」という技法を考えた。分析者は患者が寝椅子に横たわって自由連想をする間、常にその後に坐っていなければならない。つまり、分析者の表情などはまったく見えないので、そのことが患者の自由連想に影響を与えないわけである。そして、分析家は患者に対して会う場所と時間、料金を契約によって明確に定めて会い、それ以外の場所で社交的に接したりすることがないようにする。このようにして、分析家の人格や、その行動が転移現象に影響を与えないように工夫するので、そこに生じてくる現象を患者自身のものとして、分析家は解釈できると考えたのである。

フロイトのこのような考えは、精神分析を自然科学のひとつとして世にひろめたいと願っている彼の姿勢をよく反映している。ところが、転移の現象は患者から治療者の側へのみならず、治療者から患者の方に対しても生じることが、間もなく明らかとなってきた。つまり、治療者がある特定の患者を好ましく思ったり、わけもなく嫌いになったり、あるいは、ある患者に対して何とか早く治したいと特別の努力を払いたくなってくる、ということが生じるのである。フロイトはこの現象を逆転移(Gegenübertragung)と名づけ、治療に害を与えるものとして、既に一九一〇年に論じている。

フロイトやユングが最初に考えたことは、このような逆転移が生じるのは治療者が未熟なためであり、治療者が自分の無意識心性によって影響されないようになっていると、このようなことは生じない、ということであった。そこで、ユングが提唱して、分析家になるためには、本人が教育分析を受け、彼が自分の無意識についてよく知っていることが必要であるとされるようになった。初期の頃のイメージとしては、徹底的な分析を受けるかぎり、ある個人は完全に意識化を行い、その後は無用な無意識のはたらきに左右されないだろう、と考えられていた。しかし、こんなことは可能であるはずがない。

これに加えて、経験を重ねてくると、治療者の方からの何らかの肯定的な感情のはたらきかけが、むしろ治療を促進するものであり、それが不足する場合は、治療が中断されることがあることも解ってきたのである。(15)

2　科学性を脅かすもの

フロイトと別れたユングは、早くから逆転移の治療的有効性について意識していた。彼は患者の解決すべき問題の性格によっては、フロイトの言うとおりの方法が有効であることを認めているが、その問題が深くなってくるとき、「治療者は、もはや患者にまさる賢者として、判定したり相談したりするのではなく、まさに一個の協同者として、個性発展の過程のなかに、患者と共に深く関与してゆくものである」[16]と述べている。つまり、治療するものとされるもの、分析するものと分析されるもの、という区別がそれほど判然とせず、両者はお互いの全存在をかけた相互作用によって道を見出してゆくことになる。ユングが普遍的無意識の存在を仮定するということは、すなわち、われわれの無意識は無限であり、「分析しつくす」ことなど不可能であると考えているわけである。従って、治療あるいは分析においては、治療者および患者の無意識がその治療過程に必ず関与してくるのであり、むしろ、そのようなことを通じてこそ治療は進行するのである。ユングはこのことを、「自分の意識が、何らの可能な方法を見出せぬとき、つまり行きづまってしまったとき、自分の無意識がそれを打破すべく反応するだろう」[17]とも述べている。つまり、治療者の意識的努力や判断によるのみでは、それが進行してゆかぬことを認めているのである。しかし、無意識をむしろガイドとして認めることによって、両者の意識は変容し治療が進むと考えられる。従って、このような治療においては、患者のみではなく治療者も共に人格の変化を経験することになるのである。

ユング派においては、以上のように早くから逆転移をむしろ積極的に評価する傾向があったが、フロイト派では前述したように、それをむしろ否定的な要因と考える態度が強かった。ところが、フロイトの弟子フェレンツィは、早くから、患者に対して愛情のこもった親切な態度で接することが治療を成功に導くことを認め、それをフロイトにも認めさせようとした。しかし、フロイトはそれを認めようとはせず、フェレンツィの方法は分析者への患者の依存を増大させたり、性的な溺愛へと導きやすいと警告した。フロイトとフェレンツィの治療者としての態度の対立は、極めて本質的なものであり、簡単には可否を断定できぬものがあろう。ともかく、フェレンツィの弟子であったメラニー・クラインや、カレン・ホーナイたちが、フロイトの正当派とは異なる意見を後に提出してゆく上で、フェレンツィの上述したような主張が大きい影響を与えていることは見逃せないであろう。このフロイトとフェレンツィの態度の対立は、比喩的に、治療者の父親的なものと母親的なものの対立と呼ばれたりする。このことは、先のフロイトとユングの逆転移に対する考えの差とも結びつけて考えると興味深い。すなわち、フロイト理論における、父性性の強調と母性性の無視として、これがとらえられるからである。

ユングのような治療関係のとらえ方は、言うなれば、治療者と被治療者の区別を弱めるものである。あるいはまた、治療者自身が自らの無意識過程にオープンとなり、そこに生じてくる現象を自ら体験しつつ治療をすすめるという方法は、治療者を単なる観察者、解釈者にとどめるものではなく、自らが現象のなかにかかわってゆくことになる。つまり、観察者と被観察者との区別があいまいになるのである。ここにあげた、区別のあいまいさ、ということも母性的な原理に基づいていると言えないであろうか。フェレンツィは母性的献身を評価しようとした。これも言わば母と子の一体感に基礎をおくものと考えるとき、治療者と患者の区別は、また違った意味であいまいにされていると言うこともできる。これらに対して、フロイトは父性原理の優位を譲らないのである。

フロイトは確かに父性原理の優位性を、その心理学において常に維持しようとしたと言える(フロイトがエディプス・コンプレックスを重要視する点にも、それが認められる)。しかしながら、最近の研究では、フロイト自身は彼の「理論」に反して、その治療の実際においては、貧しい患者を無料で治療したり、患者と共に食事をしたりしていることが明らかとなった(18)。つまり、彼は実際的には、父性も母性も適当にバランスさせた治療を行なっているのである。それでは彼はなぜ彼の理論を変更しなかったのか。それは彼が彼の理論のなかにあまりにも母性性を入れこむと、それは精神分析の「科学性」を脅かすと感じたことが、ひとつの大きい要因であると思われる。彼がこれらのことをどこまで意識していたかは解らない。しかし、当時において自然科学の模範とされていた物理学は、極めて父性原理の強い学問であった。ものの区別をあいまいにすることなどは決して許されなかった。明確な定義によって、すべてのものは他と区別される必要があった。

フロイトの「科学性」に対する配慮は、当時の時代精神を考えるとき、政略的には賢明だったのであろう。もちろん他の要因も作用しているが、フロイト派は世界に拡がり、特にアメリカにおいて急激に拡大した。アメリカにおいての方が、フロイトの言う意味での精神分析の科学性がそのままに受けいれられたように思われる。ユングはその点において、ボスに批判されたようなあいまいさをもっているが、より心の現象に忠実に記述しようとしたところがあったと言える。従って、一九六五年頃より、アメリカにおいて科学全般に対する反省が高まってきた時点から、もう一度ユングが見直され、強い力をもつようになったと思われる。なお、ここに述べることは省略するが、フロイト派においても一九六〇年頃より、逆転移の治療的意味を見直し、それを積極的に評価しようとする動きが強くなってきている。[19] 現在では、この点については、フロイト派もユング派もそれほど大きい差をもっていないとも言うことができる。

なお一言つけ加えておくべきことがある。治療者と被治療者の区別が弱くなり、協同者として共に問題に取り組んでゆくとか、治療者の母性的献身の重要性などと言うと、もともと母性的心性の強いわが国においては、安易に受けとめられるところが多く、欧米のように基本的に父性の強い文化のなかで主張されていることを単純に受け容れ、母性的な甘さによって、患者を「解放」しようとしたり、「裸でぶつかり合おう」と試みたりして、手痛い失敗を数多く、われわれ日本の治療者が体験してきていることも事実である。このような反省の上にも立って、われわれは治療者・患者関係とか、無意識の科学の在り方を考えてみなければならない。

3 コンステレーション

ユングの高弟マイヤーは、転移の現象を解明して、それは患者から治療者へと向けられる一方的なものではなく、治療者から患者へも向かう相互的なものであることを強調する。[20] そのことは、患者も治療者もともに、共通の場としての無意識のなかに形成されてくる元型的布置(archetypal constellation)の作用を両者共に経験してゆくものと考えられる。ここに布置と訳しておいたが、コンステレーションはもともと星座を意味する語であり、何が原因で何が結果と言うのではなく、ともかく、ひとつのまとまった全体的連関ができていることを意味している。つまり、治療者も患者もそこに出来てきたコンステレーションに共にさらされるわけであり、治療者にとってなし得ることは、それをいわゆる「解釈」するとか「操作」すると言うのではなく、「その中に生きる」ことが要請される。パーフォーマンスが最も重要なのである。

簡単な一例をあげる。ある対人恐怖症の青年が、自分が子どもの頃に父親にいかに厳しく、辛く取り扱われたかについて、治療者に訴え続けた。ところが、治療者はどうしても同情する気になれず、むしろ冷然とした気持が湧いてきたので、そのような応答を続けた。青年はついに怒りを爆発させ、これほど辛い話をしているのに、治療者がまったく同情をしないのは、治療者としては失格だと烈しい攻撃を加えてきた。治療者は確かに同情すべきかとも思うが、どうしても自分の心には同情心が湧いて来ないし、むしろ、青年が父親に対してとった弱い態度に対する批判の方が強く生じてくることを正直に告げた。青年はますます怒りをつのらせ治療者にどなりかけたが、ややあって冷静にかえり、「目上の男の人に向かって、こんなに攻撃的なことを言ったのは生まれて初めてです」と言った、そして、「自分もこんなに思い切ったことが言えるのですね」と述懐した。ここに来てはじめて、治療者は自分が「冷厳な父」の役を生きさせられていたことに気づき、またそのようにその場で生きることが自分自身にとっても意味をもつことを悟ったのであった。ここがこの治療にとってひとつの転回点となった。

ここで大切なことは、治療者が患者の気持を受けいれるとか、気の毒な立場に同情すると言った一般的な考えに支配されず、その時その場で自分の心のなかに生じてきたことを忠実に生きたことである。この場合、父親元型の冷厳な側面が強烈にコンステレートしていたのである。両者は烈しい情動のなかでそれを体験してこそ、その意味を把握できたのである。このようなときに不思議に思えるのは、そのコンステレーションのなかに生きることが、治療者自身にとっても意味深いものとなっていることである。しかし、このようなことは危険に満ちていることも事実であり、治療者がその対応を一歩でも誤ると、極めて破壊的な事態が発生するものである。従って、相手の世界に深くかかわりつつも、完全には主体性を失ってしまわない態度を身につけるためには、治療者となるために長年の教育分析を受け、修錬を積むことが必要なのである。

このようなコンステレーションは、因果律によって把握し難い性格をもつものであることも指摘しておかねばならない。ここに詳述する余裕はないが、治療の流れのなかで、われわれはそれを「意味深い偶然の一致」の現象として体験する。夢と現実とのかかわりはもちろん、一見無関係とみえたり、偶然にすぎぬとして棄て去られるような事に対しても、平等に注意を向け、それらを全体として把握するようにしなければならない。現象を因果的な連関によってのみ見るのではなく、非因果的なコンステレーションとして「読みとる」ことを学ばねばならない。そして、このような「読み」は、そのなかに生きていることを前提としてのみ成立するものであることを知っているべきである。

現象の因果的把握のみを科学と考えている人にとって、ここに述べたことはまったく馬鹿げたことと思えるかも知れない。あるいは、馬鹿げたとまで思わぬにしろ、なぜそのようなことを言い出さねばならぬのかと不審に思う人もあろう。それに対しては、われわれが無意識というもの、あるいは人間存在というものを対象とするかぎり、こうならざるを得ないのだと答えねばならないであろう。それは「対象」と言っても、そのなかに観察しようとする者が既に組みこまれているような存在なのである。

五　リゾームとしての無意識

われわれが対象としている無意識というものの性質が、従来から考えられている「科学性」ということを脅かすことが明らかとなった。それでは、そのような無意識というものは、どのような特性をもっているのか。そのことを科学論、あるいは、方法論の問題と結びつけて考えるとき、ドゥルーズとガタリによって提唱された「リゾーム」という考えが極めて有効であると思われる[21]。筆者がこの考えに初めて接したのは、市川浩の「〈身〉の構造」[22]を通じてであった。市川は〈身〉という存在がリビング・システムとしていかに錯綜しているかを、「リゾーム」という用語によって示している。このことはまた、無意識という存在が、いかに〈身〉ということ、つまり身体性とかかわりをもっているかを示しているものと思われる。本稿では無意識と身体のかかわりについて論じる余裕がないが、極めて重要な課題であることは指摘しておかねばならない。

1　ツリーとリゾーム

ドゥルーズとガタリの『リゾーム』は難解な書であるが、前掲の市川の論文に解りやすく説明されているので、その助けを借りつつ、われわれの課題との関連において、リゾームということについて述べておきたい。

リゾーム(根茎)はツリー(樹木)に対応するものである。ツリーとは図1の実線に示すような構造をもっており、これを定義して言えば、「セットの集まりがツリーを形成するのは次の場合、そしてその場合のみである。この集まりに属する任意の二つのセットをとれば、一方が他方に完全に含まれるか、まったく無関係かのいずれかである」[23]と言うことになる。定義をみると解りにくいが、会社のなかの組織図とか、動植物などの分類表などを思い浮かべていただくと簡単であろう。つまり、これは実際の木のようにうまく枝別れがしていて、枝と枝がどこかでつながったりしないシステムである。図で言うと、EはDに含まれDはBに含まれ、BはAに含まれるという構造になっていて、すべては根幹であるAにつながってゆくのだが、ここでGがEにつながろうとしても、GとEの共通の上部にあるBを介さないとつながらないのである。

ここで、リゾームというのは、その「任意の一点は、任意の一点と結合しうるし、結合すべきである」存在なのである。それを図においては、点線によって示しておいたが、実はこの点線はすべての要素をつながねばならないのである。例として、AとF、CとG、HとIなどをつないでみておいたが、こうなると、システムが極めて錯綜してくるのがわかるであろう。たとえば、GはBにもCにも属することになってくるし、Fは自分の上位者を棄てておいて、Aと直接につながることにもなる。ツリー状のシステムを「秩序」と見る人にとっては、リゾームは途方もない混乱ということになるであろう。

このモデルを心のなかの内容に即して言えば、たとえば動物として分類されている「馬」が、それとまったく分類を異にしている「水」などということと、その人個人の恐怖の体験によって結びつけられていることなどを思い浮かべることができる。そのときに、たとえばその人は「馬」と言う語に対する連想として「水」と答え、「馬はよく水を飲むから」などと後で合理的な説明をするにしろ、そこに反応時間のおくれが生じたりして「混乱」を示すことになる。このような例を示すと了解できると思うが、われわれの意識体系は、できるだけツリー状のシステム化を行おうとするのに対して、無意識的なリゾーム的要素がそこにからんでいると言うことができる。

ここにわれわれの意識体系はツリー状のシステムをもつと言ったが、むしろ、厳密にはドゥルーズとガタリの言うように、「樹《ツリー》は、西欧の現実と西欧のあらゆる思考を支配してきた[24]」のであり、すぐれて西欧的なものと言うことができる。このようなツリー型の思考が西洋の文明の発展に寄与したところは大であるが、ツリー型のシステムをすなわち実在そのものと錯覚してしまうと問題が生じてくる。たとえば、市川浩は建築＝環境デザイナー、クリストファー・アレクサンダーの「都市は樹《ツリー》ではない」を引用しているが、ツリー型の思考に基づいてつくられた近代都市ブラジリアが、生活するものにとっては何となくなじめない都市となっていることは周知のことである。それはどこかでリゾーム的なものによって補償されていないかぎり、生命力を失ってしまうのである。

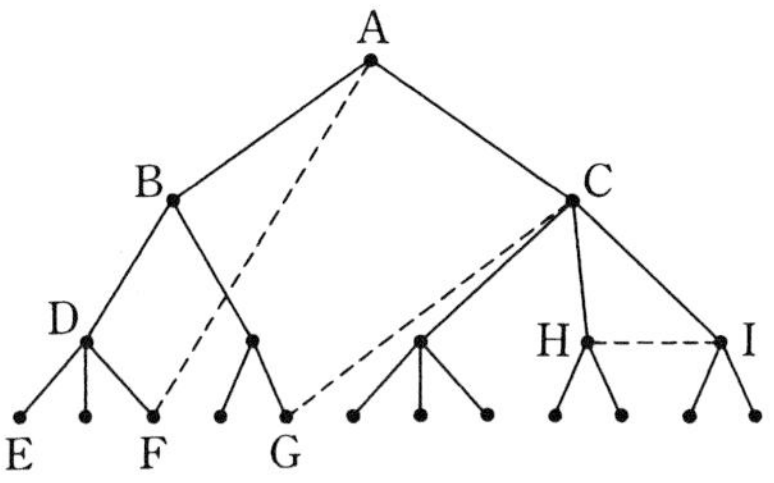

図1　ツリーとリゾーム

この世の現実が、あるいは、人間存在がリゾーム的であることは誰しも認めることではなかろうか。しかし、ドゥルーズとガタリの言うように、「リゾームは、いかなる構造的ないし生成的モデルにも属さない」のであってみれば、われわれが人間存在はリゾーム的だと言ってみても、何の役にも立たないのではないか。むしろ、われわれはそのなかに敢えてツリー状の部分を見出し、それをモデルとして取り出すことによって、それをある程度利用できるのではないか、それが自然科学というものである、と言う主張が成立するように思うが、これに対してわれわれはどう答えるべきであろうか。

2　無意識の科学

無意識をリゾーム的な存在と見て、そのなかでもツリー的に認められる部分を抽出し、それによって理論構成を行う、それが無意識の科学だ、という考えは、確かにフロイトの精神分析がそのような傾向をもっていたように思われる。しかし、問題はフロイトにはそのような自覚が明確でなく、彼の理論が普遍的な真理であると考えたところにある。

自然科学は、客観的な観察事実、実験状況の画一性、実験条件の明確化、などに支えられて、その普遍性、一元性を主張する。確かにこのような方法に支えられてなされる心理学、実験心理学が存在するが、これは、ハロッドが社会科学のタイプについてのべている言葉を借用すると「現実の犠牲において科学の形式が守られている」[25]ものであり、人間存在という現実からはずれたものになりがちである。無意識の科学においては、既に述べたように、主体と客体のかかわりが強く、微妙となってくるので、いわゆる「客観的事実」ということが言えなくなってくる。従って、エレンベルガーが言うように、われわれは科学の一元性という原則を守り抜くべきかどうか、重大なジレンマをもつ領域を取り扱っているのだと言える。少し長くなるがエレンベルガーの結語の一部を引用してみよう。

一元性を求める科学者にとって、人間の心の認識に二つの相容れざる接近法《アプローチ》が同時に存在しうるということは衝撃的なことである。われわれは新しい力動精神医学の諸体系の自律性を葬り去って、科学の一元性という原則を守り抜くべきなのだろうか？　それともこれらの体系(および今後もひきつづき生じるかもしれない諸体系)を存続させて、一元的科学という理想などは浮世離れの高貴な夢とみなすべきなのだろうか？この二律背反から脱出する一つの途は、心理学者と哲学者の共同作業によってえられるだろう。[26]

フロイトは既に述べてきたように、自分のなしていることを「自然科学」であると主張するために無理な試みをなしてきた。ユングはそのあたりを批判して、主体と客体のかかわりの問題などを、フロイトよりは明確にとらえてきたが、彼にとっても、それを自然科学との関連でどのようにとらえるかには迷いがあった。その点、ボスに至って、自らの学問を現象学という経験科学として位置づけることをはっきりとさせたと思われる。しかしながら、ここに生じてくる大きい問題は、ボスの主張する現存在分析が、精神分析やユング派の分析に「優っている」と言えるかどうか、簡単には言い切れぬということである。それは、既に述べたように、このような仕事には、研究者——治療者すなわち研究者と言ってもよいが——のパーフォーマンスということ、あるいは、コミットメントということが大きい要因となってくる。そこで、現象を現象のままで受けとめることは正しいことであっても、その現象がリゾーム構造をもち、つかみようがない場合、その研究者のコミットメントの程度が低下するという問題が生じてくる。

もっと極端なことを言えば、治療者が頼っている理論が正しいか正しくないかを抜きにして、彼がそれを信じている度合そのものが——すべてではないにしても——治療を促進させる要因のひとつとなるわけである。既に述べたように、われわれの自我は現象の因果関係的な把握を喜び、ツリー構造を解りやすいものとして受けとめる性質をもっている。従って、ある理論が因果関係を主としたツリー状のモデルをもつ場合、それを信じている治療者の自我関与は大となろう。リゾーム構造と言えば聞こえがよい。しかし、それは極端に言って、何も解らないことと言ってよく、しかも、非因果的なコンステレーションを読むなどと言われても、現代人の自我はそれに強く関与できるであろうか。

このような反省に立つと、治療者は何らかの自分のよりどころとし得るモデルをもたないと、実際に治療をするのが難しいことが了解できるであろう。ただ、先に極端なことを述べたが、いくら信じる力が強くともそれがあまりにも現実と遊離したものであるときは、それほどの効果をあげ得ないものであることも明らかであろう。そこで、われわれはツリー構造のように、中心点をもって明確に分類可能なモデルではなく、自分の人格なり無意識なりが現象に関与することを認めた上で、自分にとって、その時に見える構造をある程度パターン化してみてはどうであろうか。従って、この場合のパターンは、常に変らぬ客観性や普遍性を要求するものではない。このことを、違う表現でいうならば、脱中心化を行うと共に、自分なりの焦点づけをするというべきであろうか。リゾームはもともと中心を持っていない。従って、そこに何らかの中心を見出して全体を統合することは放棄するとして、個人が個人のおかれた状況において、何らかの焦点化を決意する。これをコミットメントと呼んでいいと思うが、そのような焦点の決定によって、その個人はその人なりに全体が読めるであろう。このとき、彼は自分が絶対的中心に居ないことを自覚しているので、他の焦点からは彼と異なる読みも可能であることを知っている。あるいは、彼の読みのなかに用いられている個々の要素は、他の焦点からの読みによれば異なった名前や役割を与えられることも知っているのである。彼は自分の読みが絶対的なものではなく、経験に従ってよりよいと思われるものに変更する余地を常に残しているのである。彼は自分の見方を一応持っているものの、その相対性をよく意識しているという点において、教義的ではない。このような方法もやはり経験科学と呼んでいいのではなかろうか。ただこれは、一元的普遍的な科学という考えには反対するものであり、従来から一般に持たれている自然科学の概念には反するものである。

脱中心化を行うと共に、自分なりの焦点づけを行い、そこに見出されたものを読みとることが大切であると述べたが、ユングの言う、元型的コンステレーションというのが、そのようなものでなかろうかと思われる。彼はそこで、いろいろな元型の存在を指摘し命名したわけであるが、それをそのまま無意識の現実と等価であるとすることは、間違っていることが今まで述べてきた点からも明らかであろう。しかし、ある程度のこのような見方を、われわれが知っていることは便利であろう。焦点は中心と異なり、あちこちに存在するのだが、やはりそれにふさわしいところが存在するだろうし、われわれは自分の個性に従って、そのような焦点を選ぶことになるだろう。ユングのみでなく、フロイトやその他多くの深層心理学者のたてた有名な概念を、自然科学的な意味における概念として見ずに、今ここに明らかにしたような考えに従ってみるとよく了解できると思う。そして、われわれは自分の個性に従って、どれかの見方にコミットしているのである。われわれは従って、自分を絶対化することなく、しかも自分の道に全力をあげてコミットしてゆくことを学ばねばならないのである。

最後にひとつ重要な点について触れておきたい。それは、人間を取り扱う科学者の倫理性の問題である。マイヤーは最近この問題について広く論じているが(27)、その中の大きい問題について述べておく。人間を取り扱うとき、今まで述べてきたような事態から、明確なアルキメデスの点を設定することが不可能である。たとえば、従来の自然科学的接近法を採用する科学者にしても、リゾーム的な人間存在をツリーモデルに還元するために、あまりにも多くの捨象をなさねばならない、従って、彼は「方法のために現実を犠牲にしている」安易さによりかかって、自分の得た実験データーを、「物」を扱っている自然科学者よりも不用意に取り扱う傾向が生じやすい。しかも、それが既に述べたような無意識の科学を取り扱うときは、普遍的、客観的なメルクマールが、そもそも存在しないので、現象の記述において、自分の理論や考えに合わせて歪曲することが生じやすいのである。あるいは、「都合の悪いことは報告しない」という消極的な虚偽も生じやすいのである。マイヤーは、超心理学の世界的に有名な実験報告で、データーを捏造した例をあげて、激しい自戒の言葉を述べている。われわれは科学の一元性ということに挑戦してゆく科学の建設を考えるかぎり、自らに対して相当厳しい倫理性を課してゆくべきであると思われる。

注

（1）アンリ・エレンベルガー、木村敏／中井久夫監訳『無意識の発見』上、弘文堂、一九八〇年、xii頁。
（2）S. Freud, "On the History of the Psychoanalytic Movement (1914)," Coll. Papers, 1, London, Hogarth Press, 1940, p. 299.
（3）エレンベルガー、前掲注（1）書・下、五五六頁。
（4）エレンベルガー、前掲注（1）書・上、四三二頁。
（5）C. G. Jung, Basic Postulate of Analytical Psychology (1934), in The Collected Works of C. G. Jung, vol. 8, Pantheon Books, 1954, p. 351.
（6）エレンベルガーは、今日一般に思われているように、アドラーやユングが、フロイトの精神分析の一歪曲形であるという考えに対しては「断固反対」であるという強い表現をしている。
（7）C. G. Jung, On the Nature of Dreams, in The Collected Works of C. G. Jung, vol. 8, Pantheon Books, 1954, pp. 294-295.

(8) メダルト・ボス、笠原嘉／三好郁男訳『精神分析と現存在分析論』みすず書房、一九六二年、三七頁。

(9) メダルト・ボス、前掲注(8)書、三七頁。

(10) メダルト・ボス、三好郁男／笠原嘉／藤縄昭訳『夢　その現存在分析』みすず書房、一九七〇年、一三七頁。

(11) 荻野恒一「現象学的方法」、八木冕編『心理学研究法I』東京大学出版会、一九七五年、一六三頁。

(12) 以上の本項の記述は主として、松本淳治『夢の科学』徳間書店、一九六八年、によった。

(13) C. A. Meier, Die Bedeutung des Traumes, Olten, Walter-Verlag, 1972.

(14) S. Freud, "Fragment of an Analysis of a Case of Hysteria (1905)," Coll. Papers, 3, London, Hogarth Press, 1933, p. 139.

(15) 転移・逆転移に関する見方の歴史的な変遷と、フロイト派とユング派の異同などについては、K・ランバート、山口素子訳「転移／逆転移」、『岩波講座　精神の科学　別巻』岩波書店、一九八四年、所収、を参照。

(16) C. G. Jung, Principles of Practical Psychotherapy, in The Collected Works of C. G. Jung, vol. 1, 1954, p. 8.

(17) C. G. Jung, The Aims of Psychotherapy, in The Collected Works of C. G. Jung, vol. 16, 1954, p. 42.

(18) 小此木啓吾『フロイトとの出会い』人文書院、一九七八年、九八頁。

(19) フロイト派における逆転移の有用性の指摘について、シンガーは『心理療法の鍵概念』(鑪幹八郎・一丸藤太郎訳編、誠信書房、一九七六年)において、それを最初に指摘したのはタウバーであるとして、タウバーの次の二つの論文、および、タウバーとグリーンの著書をあげている。

E. S. Tauber, "Observations on counter-transference phenomena," Samiksa, 1952, 6 : 220-28.

E. S. Tauber, "Exploring the therapeutic use of counter-transference data," Psychiatry, 1954, 17 : 332-36.

E. S. Tauber and M. R. Green, Prelogical Experience, New York, Basic Books, 1959.

わが国においても、一九六六年に行われた日本精神病理・精神療法学会第三回大会において、精神療法の技法と理論をめぐるシンポジウムが行われ、精神分析の立場から述べた西園昌久氏が、「逆転移が治療を支え促進させる」面をもつことを指摘している。

(20) C. A. Meier, "Projection, Transference, and the Subject-object Relation in Psychology," Journal of Analytical Psychology, vol. IV, 1959, pp. 21-34.

(21) ドゥルーズ／ガタリ、豊崎光一訳『リゾーム』朝日出版社、一九六七年。

(22) 市川浩「〈身〉の構造」、市川浩・坂部恵編『人称的世界』弘文堂、一九七八年、所収。

(23) 市川浩、前掲注(22)書、一三三頁。

(24) ドゥルーズ／ガタリ、前掲注(21)書、七二頁。

(25) ロイ・ハロッド、清水幾太郎訳『社会科学とは何か』岩波書店、一九七五年。ハロッドはこのようなタイプの社会科学の他に、マルクス・レーニン主義に基づくものは、「現実の犠牲において学説への忠実を守らねばならない」傾向をもつとし、彼自身は「第三の道」を探ろうとするものであると述べている。示唆されるところが大きい。

(26) エレンベルガー、前掲注(1)書・下、五六六頁。

(27) C. A. Meier, "Wissenschaft und Gewissen," Vierteljahrsschrift der Naturforschenden Gesellschaft in Zürich, 126/4, 1981, pp. 285-298.

ニューサイエンスとしての心理学

心理学の新しい潮流

心理学において一九六〇年代後半頃のアメリカに新しい潮流が生じ、最近になって、それはヨーロッパのみならず世界的なひろがりを見せ、大きい勢力となって注目されつつある。それはトランスパーソナル心理学と呼ばれているが、一九八五年四月二十三日より二十九日まで京都の国際会議場において、第九回の国際学会が開かれることになっており、筆者も日本側の組織委員の一人として参加することになっているが、これを機会に、心理学におけるこの新しい流れについて紹介したい。これは、後に述べるように、単に心理学の分野における問題にとどまらず、科学や思想の領域全般にかかわることであり、新しいパラダイムを求めて苦闘している現代人の生き方の根本にもかかわることであるとさえ考えられるのである。

トランスパーソナル心理学の出現について、心理学の発展の歴史をごく簡単になぞりつつ述べてみたい。現代のアカデミックな心理学は、「自然科学」のひとつのブランチであろうと努力することによって、まずそのアイデンティティを確保しようとした。このことは、心理学がややもすると哲学の配下として軽視されがちだったことや、十九世紀における、自然科学の目ざましい発展ぶりなどを考え合わせると、むしろ当然のことであったと思われる。心理学は物理学を範として、現象を「客観的」に観察し、そこに存在する法則を見出すことに努めた。従って、人間の意識などというものは「主観的」であるので、研究の対象から除外し、客観的に観察し得る「行動」こそが研究対象となると考えられた。これが、いわゆる「行動主義」の心理学であり、現在のわが国の大学における大半の心理学は、このような考えを基にしてなされている。このような方法論による心理学は、方法論的に厳密に検討されたものであり、そこから、もちろん多くの成果が得られてきているが、「意識なき心理学」と呼ばれたりもしている。

行動主義の心理学に対して、次に出現してきたのは、フロイトによる精神分析に基づく心理学である。前者が厳密な方法論的検討に裏づけられて発展してきたのに対して、精神分析の場合は、何よりもノイローゼの治療という実際的要請に基づいて出現してきたところに大きい特徴がある。精神分析の場合、その初期に業績をあげた人たちは、大学の心理学者ではなく、医者であるという事実がこのことを端的に示している。フロイトは周知の如く、人間の無意識を取り扱うことによって、その心理学をつくりあげてきた。しかし、これは考えてみると、人間の「意識」を取り扱ってきたと言えないだろうか。行動主義の心理学は人間の意識などという主観的なものは排除して学問体系を打ち立てようとした。それに対して、ノイローゼの治療などを問題とすると、人間の主観の世界を扱わずにすますことができなくなる。ノイローゼとは、まさに主観の世界が病んでいるからである。フロイトは従って、人間の意識を問題としたのだが、そのより深い層を問題としたと言える。「無意識」と言っても、一種の表現の綾で、結局のところは意識的に把握された内容——それ以前は意識されていなくても——を取り扱うのであるから、やはり研究対象となっているのは「意識」であると言わねばならない。

フロイトはこのようにして心理学の対象領域を拡大したが、彼もやはり当時の「自然科学」のパラダイムの呪縛から逃れることはできなかった。というよりも、彼は自分の創始した精神分析学がアカデミックな世界に受け容れられることを願って、意図的に自然科学的な粧いをこらしたと言うべきかも知れない。フロイトは人間の「意識」を扱いつつ、その発達的変化を人間の生理的、生物的現象と結びつけることによって、――それは今日から見ると相当に牽強附会に思われるが――因果律による決定論的な色彩の濃い学問体系をつくりあげたのである。このようなこともあり、精神分析学的心理学はアメリカにおいてアカデミックな心理学の領域に取り入れられ、前期の行動主義の心理学と対立しつつ共存してきた。行動主義心理学は精神分析の方法論のあいまいさを攻撃し、後者は前者が人間の心の実際的問題を扱う点で無力であることを攻撃し、互いにその欠点を補おうと努力しつつ発展してきた。

一九六〇年代になって、心理学における第三勢力として、ヒューマニスティック心理学が台頭してきた。これは前記の二つの心理学が「自然科学」のパラダイムに縛られすぎて、人間を決定論的な観点から捉えているのに反撥し、人間の主体性や自己決定の責任性を重要視し、人間の心の現象を何らかの因果的連関のなかに還元しつくそうとする態度に反対して生じてきたものである。これは、マズロー、ロージャズ、ロロ・メイなどによって提唱された。

ところが、これにすぐ続いてトランスパーソナル心理学が第四勢力として出現してくる。ヒューマニスティック心理学の提唱者たちのなかで、その限界を感じたマズローなどが新たな呼びかけをし、一九七二年に第一回国際トランスパーソナル心理学会がアイスランドで開かれた。以後、この学会は急激に大きくなるとともに、後述するように心理学者以外の会員が増え、物理学、生理学、などの自然科学の分野をはじめ、宗教学、文化人類学、経済学などさまざまの分野の学者たちが参加することになったので、一九七八年に行われた第四回の学会からは、国際トランスパーソナル学会(International Transpersonal Association)と称するようになった。なお、一九八三年、スイスのダボスにおいて開かれた第八回の学会には筆者も招待されて発表を行なったが、全世界から千三百名余の参加者が集った。

意識の次元

トランスパーソナルの動きは、心理学の枠組を超え、学際的になりつつあるが、もう少し、心理学の問題としてこれを論じてみよう。トランスパーソナル心理学が生まれてくるための要因として、ユング心理学、チャールス・タートによる変性意識の研究、スタニスラフ・グロフによるＬＳＤの研究、東洋的心理学、などをあげることができる。

ユングは今世紀の初頭、フロイトと協調したが、後に別れて彼独自の心理学を打ち立てていった。両者の説が分れる要因として多くのことが考えられるが、そのひとつとして、ユングの患者の多くが精神分裂病者であるのに対して、フロイトのそれはノイローゼの患者が多かった点があげられる。ユングはフロイトの扱ったのよりは、もっと深い無意識(つまりは意識ということになるが)を扱わねばならなかったのである。ユングは精神分裂病者の語る幻覚や妄想を病的なもの、異常なものとして捨て去らず、それに対して虚心に耳を傾けた。それによって彼の得た結論は、精神分裂病者の妄想内容のなかには、古来からの宗教や神話などとの類似性が高いものがあり、外的現実とは異なっているにしても、内的現実を語る言葉としては了解し得るものがある、ということであった。もっともこのような了解に達するためには、彼自身が精神分裂病者と見まがうほどの内的体験をしなくてはならなかった。エレンベルガーは、ユングのこの体験を「創造の病い」と呼んでいるが、創造的な仕事をするためには、ユング自身が病いの体験をもつ必要があったのである。この間の事情は、ユングの『自伝』に詳しく述べられているが、省略する。

ユングが理論物理学者パウリとともに提唱した「共時性《シンクロニシティ》」の考えも、トランスパーソナル心理学の発展に強い影響を与えている。ユングは心理療法の過程において、「意味のある偶然の一致」が生じ、それが治療の転回点となることがよくあるのに注目し、事象は因果的な連関によるのみならず、「非因果的秩序性」の点からも見るべきであると考えた。共時性の現象の典型的なものに、夢と外的事象の一致で、一般に「夢のお告げ」などと言われているものがある。この事象を、それまでの学者がエーテルとか特殊な電磁波などの存在を前提として、因果的に説明をこころみようとしてきたのに対して、ユングが非因果的連関として考えようとしたところに大きい意義があると思われる。彼はまた、このような共時性については、西洋よりも東洋がはるかに優れた知をもっていたと考え、易経や老子などもそのような観点から高く評価していた。このことは後に述べる東洋への志向の問題ともつながってくるのである。

ユングの心理学はフロイトのそれと異なり「非科学的」であると考えられ、アメリカにおいては受け容れられなかったが、一九六〇年代の後半より急激に受け容れられるようになった。これは、ベトナム戦争以後、それまでアメリカを支配していた欧米中心主義が大きく崩壊したことと関連している。もちろん、これに公害問題なども生じて、彼らを支えてきたキリスト教と自然科学というものに疑いの目を向け、そこに新しいパラダイムを探し出そうとする動きが社会全体のなかに強くなってきたので、ユングに対する関心が高まったと思われる。ユングは別にキリスト教や自然科学を否定しているのではなく、それを絶対化することに反対してきたのである。しかし、欧米の人々がキリスト教や自然科学を絶対でないと明確に認識することは、なかなか大変なことであった。

欧米中心主義の崩壊は、彼らの頼りとしていた「自我」に対する見直しにもつながってくる。ヨーロッパ近代に確立された「自我」は自然科学を武器として全世界を席捲したとも言える。従って、彼らの自我＝意識をもって理解できない人間の意識状態はすべて異常、あるいは病的であると考えたのも無理からぬところである。これは、キリスト教以外の宗教を邪教と考えることと軌を一にしている。

ところが、ユングの心理学は欧米人の自我を超える意識状態が存在し、それは必ずしも異常とか病的とか言えぬものであることを明らかにした。続いて、前記したチャールス・タートは『意識の変性状態』という大著を編集、一九六九年に出版し、人間には欧米の一般人が考えるのと異なる意識状態が存在し、それはそれで意義をもち、むしろ、欧米人の自我の在り方に反省を求めるような点のあることを明らかにした。特にこの本は、タートのようなアカデミックな心理学者が発表したことに大きい意味があったのである。それまで「未開」とか「野蛮」と考えられていた民族のシャーマンの意識は、欧米の神秘主義の宗教家たちの意識状態と同様に、深い洞察に満ちており、近代的自我の一面的な認識を補うものであることを、タートは説得的に示したのである。

一方、精神科医のスタニスラフ・グロフは、ＬＳＤによって精神分裂病者を治療しようと考え、多くの試みをなした。彼は患者のみならず、一般人にもＬＳＤ体験を拡大し、三千以上にも及ぶ例から、ＬＳＤによって人間は通常の意識では体験できぬ人間の心の深みに至ることができることを見出した。グロフはＬＳＤによる体験の最も深い層は、トランスパーソナル、すなわち、その個人の体験を超えたものであることを指摘しているが、これはユングが普遍的無意識と名づけた層と一致するものである。グロフは洋の東西を問わず、宗教神秘体験として述べられてきた、人間と宇宙との一体感、超越的存在の直接体験などが、ＬＳＤという薬物の助けを借りて、一般人にも体験し得ることを示した。もちろん、ＬＳＤの使用は極めて危険な状況を招くことも多く、結局は法律によって禁止されることになった。そこでグロフはその後ＬＳＤに代るものとして、瞑想などのテクニックを用いるようになったが、同様の結果が得られることを報告している。

このような試みは、これまで、ユングのような特殊な人によってのみ語られ、しかもそれが分裂病の体験と極めて類似するので、半信半疑でみられていた神秘体験を、一般の人々に多く「体験」させ、それらの人が体験を通じてトランスパーソナルな領域の存在を知ったことに大きい意味があると言える。神秘主義の宗教家や、いわゆる未開民族のシャーマンたちの言っていることが、「単なる空想」を語っているのではなく、実際に「体験」したことを語っていることが、多くの人に了承されるようになったのである。

グロフは先に述べたように国際トランスパーソナル学会が一九七八年に成立したとき、初代の会長となり、一九八二年インドのボンベイにおいて行われた第七回の大会の発表を編集し、『古代の知恵と近代の科学』という本を出版している。これを見ると、彼がいかに東洋の知を大切と考えているかが解るし、また東洋からの寄与も大きい(残念ながら、日本からの参加はないが)。

東洋への志向

トランスパーソナルの考えのひとつの特徴は、東洋の思想に対する高い評価であろう。西洋近代の一般的な人間観は、直線的に流れる時間軸に沿って、人類が古代から近代へと「進歩」してきたという考えであり、それに基づく限り、欧米は最も進歩した文化をもち、東洋はそれよりはるかに遅れている文化をもつ、というものであった。しかし、スタニスラフ・グロフが前記の著書の冒頭に述べているように、西洋における「科学の進歩」は大きい逆説をそのなかにもっており、進歩すればするほど、人間性が弱められ、人間の疎外が増大するというころがある。このような点については、ユングが実に早くから指摘しており、彼はその『自伝』のなかで、一九二〇年にはじめてヨーロッパの外に出て、北アフリカに旅したとき、ヨーロッパ人がいかに時計に支配された生き方をしているかを痛感し、「時計がヨーロッパ人に告げていることは、いわゆる中世以来、時間とその同義語である進歩がヨーロッパ人に忍びよって、ヨーロッパ人から取返すことのできないものを奪い去ったということである」との感想をもらしている。しかし、もちろん、当時はユングの警告などほとんど誰も受け容れなかったし、彼が易経や、鈴木大拙の禅や、曼荼羅などの重要性について述べても、一種の異国趣味くらいに感じられていたのである。しかし、現在では様子が一変している。トランスパーソナルなどと言わずとも、欧米人が東洋の思想に対して強い関心をもち、多くの人が禅や曼荼羅や、ヨガなどについて語ることは周知の事実である。

彼らの東洋に対する強い志向を、ごく割り切って言えば、男性原理から女性原理への歩みより、と言えるだろう。男性原理による時間は直線的であるのに対して女性原理による時間は円環的である。男性の原理が「切る」機能によって全体を部分に分割し、部分へと還元してゆくのに対して、女性の原理は「包む」機能により、すべてのことをあくまで全体として包みこんでゆく。男性原理においては、細分化された部分的事象が直線的な時間軸上に、因果的に関係づけられる法則を見出すことが重要となるが、女性の原理ではむしろ、共時的な全体の布置を読みとることが重要となってくる。

ニュートン＝デカルト的世界観は、男性原理を極端に推しすすめ、主体と客体、物質と精神などを明確に区別し、そのように区別された事象を研究することによって、自然科学を生み出してきた。これに対して、東洋の知は、そのような区別をあくまで明確にせず、全体としての認識を重視する。しかし、ここで大切なことは、そのような女性原理に基づく知においては、意識の在り方が大いに関係してくるのであり、言うなれば(西洋の近代自我を男性の意識と特徴づけるとして)、「女性の意識」とでも名づけるべき意識状態の、修練による達成が必要なのである。そして、この修練においては何らかの意味での身体的な修行と結びついていることを特徴としている。そもそも「女性の意識」においては、男性の意識のように心と体が完全に分離されていないので、身体の在り方と意識の状態は不即不離の関係にあり、身体を通じて意識の在り方を変えてゆくところが重要なのである。坐禅や瞑想、ヨガなどの修練を経て鍛えられた意識は、西洋近代の自我とは異なる現実認知をすることになる。そこに認識されるものは、西洋の自我が認識の対象外として捨て去ったもの、つまり、一般に霊とか魂などと呼ばれてきた存在である。ユングはこの点を端的に、東洋にあるのは「宗教的認知か認知的宗教かどちらかである」と述べ、西洋において、宗教、哲学、科学、などを分離しているものが一体となって存在していることを明示している。このような「女性の意識」によって認識されたことを「現実」として受けとめることによって、これまでの近代自我を超えたトランスパーソナルな意識が拓けることを、西洋人が気づき始めたのである。

このような東洋への志向を強める要因のひとつとして、中国によるチベットへの侵入により、ダライ・ラマを始めとする、チベットの高僧たちが亡命し、そのうちの多くがアメリカに渡ることになった事実があげられる。アメリカの一般人がベトナム戦争以後、相当なパラダイムの転換の必要性を感じ始めていたとき、これらのチベット僧に直接に接することにより、密教の教えが単なる絵空事でないことを知ることにより、強い影響を受けたのである。このことは、アメリカの心理学史で言えば、一九三〇年代にヒットラーのユダヤ人の弾圧により、多数の高名な精神分析家がアメリカに亡命し、これがアメリカの心理学の動向を変えていったのと、そのパターンを同じくしている感を受けるのである。

男性原理と女性原理の対比の背後に、唯一の男性神を崇める一神教と、多神教あるいは汎神教の対比が存在していることも事実である。スタニスラフ・グロフはＬＳＤの体験によって、「至高の存在」に出会ったという報告をした人たちが、それは極めて言語化し難いものであるが、ともかく人格化された存在ではなく「至高の無」とでも名づけざるを得ないような、無とか空とか呼ぶべき存在であると記述したと述べている。トランスパーソナルに関心をもつ人々が、仏教の空の思想や、禅者の説く無我などに心を惹かれるのも、このようなことが関係しているのであろう。

もっとも、トランスパーソナル学会は特定の宗教やイデオロギーによって統制されていず、むしろ、現在の状況が新しいパラダイムを求めての模索の時代であると考え、学会はあらゆる考えに対してオープンであるという立場をとっている。従って、宗教も東洋のものとは限らず、キリスト教徒も含み、いろいろな宗教や立場の人を含んでいる。

東洋との関連において一言述べておくべきことは、「死」の問題である。わが国でもよく知られている、キュブラー・ロス女史も今回の大会に参加することが予定されているが、トランスパーソナルの大きい関心事に、死の問題があり、ここにも東洋との関連が認められる。西洋の近代における「進歩」を重視する人生観においては、生きることに強調点がおかれ、ややもすると死の問題が忘れられがちであった。その点、東洋の人生観には死がそのなかに位置づけられ、死の方から生を見るような感を抱かせるものさえあった。トランスパーソナル学会の人たちは、死に対する関心も強く、死んでゆく人のための臨床に取り組む人たちや、最近盛んとなりつつある臨死体験《ニヤ・デス》の研究に従事する人もある。紙数制限のため、ここでは省略するが、医学的には死に近い状況のなかから蘇生してきた人の体験の研究は極めて興味深く、それが古来から存在していた有名な『チベットの死者の書』（ユングはこれにコメントを書いている）などの記述と合致するところが大で、このような点でも東洋の知が見直されている。

ニューサイエンスとの関連

自然科学の枠組を超えてトランスパーソナル心理学が誕生したのであるが、それがまた「科学」との結びつきをもち、それによって心理学という垣根を破り、極めて学際的なトランスパーソナル学会へと発展することになったのであるから、事実というものはまことに不思議なものである。

ここに「科学」と記したことは、最近、わが国でもとみに注目されつつあるニューサイエンスのことである。幸いにも、ケン・ウィルバーの『空像としての世界』をはじめ、コルドバで開かれたニューサイエンスをめぐっての国際シンポジウムの記録など、ニューサイエンス関係の本が続々と邦訳されているので、その内容について知っている人も多いと思うが、少しだけその点について触れておきたい。

前記したケン・ウィルバー(彼も今回の学会に参加する予定)の編集による本は、大脳生理学者のカール・プリブラム、理論物理学者のデイヴィッド・ボームらの提唱するホログラフィック・パラダイムについての議論に関する諸家の説を紹介している。カール・プリブラムはもともと行動主義者であったのが、ヒューマニスティックな考えに変り、続いてトランスパーソナル学会における有力な理論提供者となった。彼は人間の記憶が脳のどの部位に貯えられるかという研究を繰り返し行い、記憶の座などということを見出すことは不可能であると結論した。ついで、彼は英国の物理学者デニス・ガボーアがノーベル賞を受賞することとなった「ホログラム」について知り、脳はホログラフィックな構造をもつと考えるようになった。ホログラフィは光の波の干渉の性質を使った一種の写真術で、レンズを用いないところが特徴的であり、三次元の空間に映像を結ばせることができる。そこで極めて重要なことは、その映像のどの部分も全体についての情報を含んでおり、そのなかのどの部分を取り出しても、そこから全体像を知ることができる点である。刺戟的な表現を用いると「どの部分も全体を含んでいる」と言えるかも知れない。もちろん、厳密には「含む」という言葉は使えないが、言ってみると、部分のみの情報ということは有り得ないのであって、部分は常に全体の情報と密接にかかわりあっているのである。

プリブラムの脳＝ホログラフィの謎は、既に述べたユングの共時性の考えと結びつくものとして興味をもたれた。言ってみれば、人間の脳はすべての事象のホログラフィであり、人間がそれを全部認識するならば、居ながらにして世界のことすべてを知ることになる。ただ、むしろ、不思議なことに人間はわれわれが普通に知覚し得る事象のみを知覚しているのである。そのときに、ある修練を受けた特定の人が、いわゆる超常的な知覚をする（たとえば、遠隔地の他人の死の報せを予知する）ことがあっても、それは特別な物質による「伝播」などという説明を考えなくとも、むしろ、あり得べきこととして納得できるのである。

デイヴィッド・ボームは宇宙の構造がホログラフィックであると考える。そして、人間の脳も同じ構造をもつところから、人間の意識と物質とは基本的には同一の系に属し、ある種の隠された秩序をもつと考える。彼はこの隠された秩序を「暗在系《インプリケート・オーダー》」と呼び、その隠された秩序の表出として、人間の意識なり物質界があると考えた。その外に表出された世界を、彼は「明在系《エクスプリケート・オーダー》」と呼んでいる。彼のこの思い切った説は、人間の意識の在り様により、それは物質界にも通じる秩序に触れるということにもつながり、意識の次元の深まり、意識の変性状態により、一般人の見る世界とは異なる現実を見ると考えたトランスパーソナル心理学につながるとともに、東洋的思惟とも関連をもつのである。つまり、部分が常に全体を「含む」という表現は、華厳経の教えにつながるし、彼の「暗在系」の考えは、創造の源泉としての「無」に通じるものを感じさせる。

これらの論議を読んで感じることは、仏教の古い知恵が最も近代的な自然学者の思考を刺戟した事実は極めて興味深いが、同型あるいは類似のものを、すぐに同じ、あるいは等価と考え、心＝脳＝宇宙という結びつきをそのまま受け容れたり、仏教の教えと物理学の理論を同じレベルで受けとめていいものかという疑問を抱かされるのである。筆者の知識はこの点についてあまりにも不十分であるし、今後も研究し続けてゆきたいと思っている。ともかく簡単には否定し切れぬ意味を、これらの説は持っていると感じられる。

今後の課題

心理学の話として読みすすんでいるうちに、超常現象がでてきたり、仏教が出てきたりで、それだけでこの話を眉唾ものと感じられた方があるのではないかと思うが、そのようなことは相当、日本の特殊性であるという認識は持っていただきたいと思う。日本人は宗教と聞くと、まずうさんくさいと感じ、科学とはまったく相容れないと思ってしまう人が多い。「宗教」には確かにそのような面もあるが、欧米においては、現在、宗教の問題を新たに見直そうとする動きが相当に強くなっている。立花隆『宇宙からの帰還』は極めて興味深い本であるが、彼のインタビューしたほとんどの宇宙飛行士は、宇宙飛行の際に「宗教的体験」をしたことを語っている。そのなかの一人、ラッセル・シュワイカートは宇宙体験について「個人ではなく、人間という種が見えたのだ」という表現をしている。それはまさにトランスパーソナルな体験であり、彼という個人の体験を超えて人間すべてにつながるものとして実感されたのである。

立花は同書のなかで、宇宙飛行士でＥＳＰを実験した者について触れ、「日本ではＥＳＰ研究などというと、怪しげなエセ科学の代名詞のように思われるが、世界各国で、特にアメリカとソ連では科学的研究が真面目につづけられている」ことを指摘している。わが国においても、トランスパーソナルな研究が、――特にそれらの人が東洋に関心をもつ点から考えても――今後行われるべきであると思うが、わが国の学者たちは、宗教や超常現象などに対するアレルギーを相当に克服しなくてはならないであろう。立花は、宇宙ロケットの父と呼ばれるソ連のツィオルコフスキーがテレパシーの研究者であったことを述べ、テレパシー現象はともかく自然に存在する現象なのだから、「これを非科学的な超自然現象などといって科学の領域の外に押しやってしまう態度こそ非科学的である」という彼の批判を紹介している。日本の学者たちはこれに耳を傾けるべきであろう。

とは言っても、立花も宇宙飛行士のＥＳＰ研究家に会ったときの印象を「日本のＥＳＰ研究家にしばしば見られるような、あらゆる非科学的なことを止めどなく信じて狐つきになったようなタイプの人間とはまるで対極にいるような人物」と描写している。では、どうして日本にはエセものが多いのか。このことは、トランスパーソナル心理学者の一人が言うように、近代自我を超えることは大切だが、自我の確立もできていない人は、まず自我をつくることの方が大切な仕事である、ということになるのかも知れぬ。もっともここで、西洋の自我と日本の自我の比較まで持ち出してくると議論がややこしくなるが、ともかく、一般的な合理性や論理性を獲得し、なおその上に超越性に向かうのと、弱さのためにすぐに超越体験へと引きこまれるのとを区別すべきなのだろう。

トランスパーソナルは新しいパラダイムを求めて努力しつつある過程にあることを自覚しているので、その学会は特定の宗教やイデオロギーに左右されず、現会長のセシル・バーニー氏も、精力的に会の発展につくしているが、西洋のこれまでのリーダーのように、自分の考えで会をリードするのではなく、できるかぎり多様な人を入れこもうと努力している。これはおそらく西洋に発生したグループとしては、画期的な形態のものではなかろうかと思う。できるかぎり入れこみつつ、ニセものを排除すること、これはトランスパーソナル学会のもつ困難な課題であろう。
日本人として残念に思うことは、欧米人が彼らの確立した近代的自我を超克する方策として、日本人を含めた東洋人のもつ知恵を何とか取り込もうと努力しているとき、それでは、日本人はどうするのかがあまりにもあいまいなことなのである。日本の仏教や神道は彼らに何かを提供できるであろう。しかし、日本の仏教や神道の求道者は西洋から何も受けつけないのか、あるいは、受けいれる必要がないのだろうか。筆者には、日本人があまりにも安閑として生きているように感じられてならないのである。極論すると仏教についても神道についても、二十一世紀になって国際的に通じる言葉で語れるのは欧米人ばかり、という変なことさえ起こりそうに思われてくるのである。来るトランスパーソナルの学会には、そのようなことのないように、できるかぎり日本人が参加され、世界の人々と対話をし、相互交流を行なっていただきたい。

附記
トランスパーソナル心理学については未だ邦訳がない。本文は左記の書物を参考にした。
Charles T. Tart, ed., Transpersonal Psychologies, Psychological Processes, Incorporated, 1983.
Stanislav Grof, ed., Ancient Wisdom and Modern Science, State University of New York Press, 1984.

深層心理学の潮流

はじめに

編集者から最初に与えられた題は「精神分析学の潮流」ということであったが、頭書のような題に変更していただいた。精神分析(Psychoanalysis)という用語は、世界で用いられるとき、フロイトによって創始され、彼の説に基づいて発展してきた学派を指すことに限定されており、ここにこれから述べようとする他の学派は含まれていない。たとえばアドラー派は自らの心理学を個人心理学(Individual psychology)と唱しているし、ユング派は分析心理学(Analytical psychology)と唱している。わが国ではこれらのすべてを含む意味で精神分析ということもあるが、正確に言えば、深層心理学(Depth psychology)と言うべきである。ごく大まかに言って、人間の心の無意識的なはたらきの存在を認め、それを重視する心理学と言っていいであろう。

深層心理学の成立の過程に関しては、名著『無意識の発見』(1)に詳しく述べられているので、そちらに譲り、本稿では最近の状勢について論じることにする。ただ、深層心理学は他の心理学と異なり、ノイローゼ患者の治療という極めて実際的なことから出発してきて、そのためもあってか、最初の研究者は殆んどが、大学内の心理学者ではなく、医者であったということを指摘しておきたい。ヴント以来、アカデミックな心理学研究が実験心理学として発展し、当時の物理学を範とする方法論に基づいて研究を行なってきたのに対して、深層心理学はむしろ大学の心理学教室とは異なる、町の開業医の部屋から生じてきたものなのである。

フロイトがウィーンにおいて精神分析の理論を発表し始めたとき、いろいろな理由が重なって大学のなかに受け入れられなかった。ところが、ナチスのユダヤ人迫害により、多くの著名な精神分析家が渡米することによって様相が変化してきた。アメリカ人の開放的な性格と、実際的要請に対して大学側がすぐに応えようとする姿勢が作用して、多くの精神分析家がアメリカの大学に迎えられ、一九三〇―六〇年の間は、アメリカにおける大学の臨床心理学の講座の多くが、精神分析的な考えに支えられて機能していた、と言っていいぐらいであろう。これは、フロイトの考えがアメリカにおいて花開き、黄金時代を持ったとも言えるであろう。

深層心理学のなかで特にフロイトの考えが受けいれられたのは、その理論構成が一応自然科学的な形をとっていたためと言うことができる。アメリカはまさに新世界であり、ヨーロッパにおいて発展した自然科学による文明を享受しており、従って人間の理解においても、自然科学的な精神分析に頼ることによって成果をあげてきたと言えるであろう。ところが、一九六〇年頃より精神分析に対する疑いや反省が生じてきて、現在はまさにその過渡期であり、新しいパラダイムを求めて苦闘しているところと言えるであろう。そのような点について、続いて述べてゆくことにしよう。

中心の喪失

精神分析への反省や疑問は一九六〇年頃より生じていたが、一九七〇年代になって急激に明確な形を取りはじめたと言っていいであろう。このことはベトナム戦争の失敗によって、西部開拓以来の「アメリカの夢」が破れたことと無縁とは言えないであろう。個人の能力をできる限り高め、その個人が善意をもって努力し続けると、幸福な世界が広がってくるという考えが簡単には通用し難いことを、アメリカ人は大きい犠牲を払って知ったのである。欧米中心、従ってユダヤ＝キリスト教中心の世界観は大いにぐらつき、彼らはいわば中心喪失の状況に陥ったのである。ユダヤ＝キリスト教的一神教というものは、思いの外に強力なものであって、われわれが今まで単純に、それに反するものと考えていた精神分析、マルクス主義、ダーウィニズムなども、むしろ、一神教的世界観の延長上にあるものとして見る方が、今ではむしろ妥当であると筆者は考えているが、まさに、これらすべてのものに対して、欧米の人々は疑問の目を向けるほどの中心喪失の体験をしつつあると思われる。

近代の欧米の文化を支えてきた、大きい支柱のひとつは彼らの確立した近代的自我にあると言える。精神分析は「無意識」を強調するが、フロイトの有名な「イドのあったところが、自我にならなくてはならない(2)」という言葉が示すように、それはあくまで無意識を分析し統合する自我の存在に中心をおいての主張であったのである。的確な現実吟味の力を有し、衝動を制御し得る強力な自我をつくりあげることに、その目標がおかれ、誕生以後成人に至るまで、健全な自我が確立されるまで、どのような発達段階を経るかが研究された。

強力な自我を中心として、人間の人格が統合される。そして理想的には自我は精神分析という技法によって、無意識を「分析しつくす」ことが可能とさえ考えられた。このような考えの背後には一神教が支えとなっていることが推察される。世界全体が唯一の神の教えに従う神の国となることを理想とすることと、前記の人間の人格に対する理想とはパラレルである。

このような考えに対して、ベトナムの敗戦は米国民に大きい教訓をもたらした。自分たちの考えを唯一の正しいものと考えることなく、自分と異なる考えや生き方を許容し共存すべきことを彼らは学んだのである。それと共に、科学の発展がもたらしたテクノロジーの破壊力の強さが一般に認識されはじめたことも加わって、それを生み出した近代自我の在り方そのものに疑いが生じてきた。この傾向に追い打ちをかけたのが、多くのドラッグの体験である。閉塞状況から何とか逃れようとする試みのひとつとして、麻薬の類の使用が急速にひろがった。ベトナム戦争に参加した兵士たちがもたらしたものも多かったと思うが、多くの若者が麻薬の経験をもった。そこで彼らが経験したことは、日常の覚醒状態とまったく異なる意識の状態であり、そこで経験する多くの幻覚は不可解であり、精神分析の理論によって説明することが不可能と感じられるようなものであった。

精神分析は無意識の内容を幼児期体験と結びつけて考える。自我によって受けつけられず抑圧された内容が無意識内に貯留されていると考える。しかし、そのような考え方から、麻薬によって引き起こされる凄まじいイメージを説明することは困難であった。そのような点を理解するための、ひとつの大きい手段を提供したのは文化人類学者たちの研究である。はじめ、文化人類学は他の「未開」の文化を外から眺め、それがいかに欧米の文化と異なるものであるかを、好奇心をもって記述していたが、そのうち、他の文化の「内側」にはいりこんでゆく文化人類学者が生じてくるに従って、それは独自の価値や体系をもったものであることが了解されてきた。欧米中心、ユダヤ＝キリスト教の中心性が崩れるに従い、彼らは他の文化をよりよく理解すると共に、他の文化圏の宗教において語られることが、荒唐無稽なことではなく、彼らが麻薬の力を借りて経験した「変性意識状態」と深く関連していることに気づいたのである。

一九七〇年代になって、アメリカにおいて急にユングが読まれるようになったのは、このような文化的な背景と関連している。ユングは今世紀の初頭フロイトと共に精神分析の確立のために努力するが、一九一三年頃には、両者は分離してしまう。その理由はいろいろあるが、彼らの理論的な相違をもたらした大きい原因として、フロイトがもっぱらノイローゼの治療に専念していたのに対して、ユングはむしろ精神分裂病者に接することが多かった点があげられる。端的に言えば、ユングの方が無意識内のはるかに深い層を扱わねばならなかったのである。ユングは従って、普遍的無意識などということを言い出さねばならなかったし、ヨーロッパの正統的な考えのみでは現象の理解が困難であるとし、中国や印度などの東洋の思想に強い影響を受けることになったのである。ユングがヨガや禅や、易経などを大切にして語るとき、欧米の多くの人はまったく理解することができなかった。しかし、強い中心喪失体験をもった上で、急に多くの人がユングに理解を示し始めたのである。

ここにフロイトとユングの対比として際立てて述べたことは、深層心理学全般のこととして言えることで、精神分析の諸派のなかに、ユングのこととしてここに述べたような傾向をもち、両者の中間に立つようなものも多く生じてきたのである。この小論のなかで、それぞれの学派について到底述べることは出来ないが、極めて大まかな方法によって、それを記述してみよう。

母性原理の重視

ユングがフロイトに対する批判として述べていることに、フロイトはあまりにも父性原理に頼りすぎ、母性原理を軽視したというのがある。これはフロイトというよりは、欧米の文化の特徴として言えることであろう。父性原理の特徴は「切る」ことにある。対象を自分から「切り離して」客観的に観察する。ここにヨーロッパにおいて発達した自然科学の出発点がある。あるいは精神と身体を切り離して考える。これによって西洋医学は目覚ましい発展を遂げたのである。これに対して母性原理は何もかも「包む」ことに特徴がある。従って、そこでは自と他、精神と身体、などの区別があいまいになる。このようなあいまいさの中では自然科学が発展するはずがなく、母性原理の強い文化では、なかなか物質的文明を享受できなかったのである。

しかし、前節に述べたように欧米の文化は父性原理があまりに強いために問題点を生ぜしめ、今はその反省期にはいりつつあり、深層心理学の分野においてもそれが反映されてきつつある。その端的な顕われとしては、フロイトにおける父＝息子関係の重視に対して、母子関係を重視する学派が勢いを得てきたことがあげられる。イギリスにおけるメラニー・クラインの学派は母子関係が子どもの人格形成に及ぼす影響について詳細に分析したことにその特徴を有している。フロイトはその理論の中心概念としてエディプス・コンプレックスを取りあげたと言えるが、メラニー・クラインは、むしろ前エディプス期、つまり、六歳以前の乳幼児期の体験が極めて重要であることを明らかにしたのである。ここにメラニー・クラインの説を紹介する余裕はないが、彼女のなしたもうひとつの大きい貢献として発達段階という考えの代わりに、態勢(position)という考えを導入したことである。フロイトが小児性欲の存在と結びつけて、人間の心の発達段階を、口唇期、肛門期、男根期などと記述したことは周知のことであるが、これに対して、メラニー・クラインは人間の心は直線的にある段階を経て次に至るようなものではなく、成人になってもそのような状態を内在させているると考えるべきであるとし、段階という用語よりも態勢という用語を用いるべきであると主張した。そして、妄想的－分裂的態勢、抑うつ的態勢、の存在を指摘した。段階的に直線的発達を考えるのは父性原理に基づくものであり、態勢としてすべてが共存しているという考えは母性原理的な考えである。ここにも母性原理を重視した考えが認められるわけである。

母性原理によれば、精神と身体は切り離された存在ではない。従って、客観的な対象としての身体ではなく、生きられるものとしての身体性が重視されてくる。そもそも、フロイトが性を重要視したことは、このような考えに沿っていると言える。フロイトが無意識について、性について注目したのは、西洋の文化が精神と身体をあまりにも分離してしまったことに対する補償作用であると考えられるのだが、既に述べたように彼はそれを父性原理に基づいて理解しようとしたのである。そこで、深層心理学の他の学派では身体性の問題を追究しようとする動きが生じてきて、このことを哲学的な観点から論じたのが、実存分析の学派の人々であったと言える。あるいは、実際に身体の動きによって無意識的な内容を把握しようとして、パールズによるゲシュタルトセラピーなどが生まれてきたとも考えられる。パールズは夢の内容を言語によって解釈する前に、それを身体によって演じてみることにまず重点をおいたのである。

身体性の問題については、西洋人よりも東洋人がはるかによく知っており、東洋における多くの宗教は身体性に関する深層心理学的知見に満ちていると言えるであろう。ユングは早くからクンダリーニ・ヨガを評価していたが、ヨガや禅などの東洋の宗教が、身体性ということを介して、西洋の深層心理学に強い影響を与えつつある。チャクラなどという用語は、今や欧米の深層心理学者の間ではよく使われているが、おそらく日本の臨床心理学者でこのようなことに関心をもつ人は現在では非常に少なく、日本の学者の「東洋」に対する無知を示していると思われる。

ホールとリンゼイの『パーソナリティの理論』は人格心理学の名テキストとして認められているが、一九七八年に第三版が改訂版として出され、それを見ると初版にはなかった「東洋の心理学」という章がわざわざ設けられている。アメリカにおける東洋の心理学に対する関心の高さを示しているが、おそらくそのうち日本においてもアメリカ経由でこの傾向が伝わってくることであろう。

身体性との関連において、もうひとつ指摘しておくべきことは、たましい(soul)の問題である。最近にフロイト派の分析家ベッテルハイム(3)は、フロイトが原作において、たましい(Seele)という語を用いているのが、英訳されるときに、ほとんどmind, mentalなどの表現に置きかえられてしまって、フロイトの心理学は、まさに「たましい抜き」の形でアメリカに移入されたことを嘆いている。しかし、このことは既に述べたように、フロイトの精神分析に「科学的」粧いをこらすために必要だったのであり、それによって、アメリカに精神分析が爆発的にひろがったのであるから、その当否については何とも簡単に判断はできぬであろう。しかし、現在においては、深層心理学はそのような偽科学の粧いを必要とせず、それとは違った形で、次に示すような新しい科学論との関連においてその主張をなすべきであろう。それと共に、もう一度フロイトの原典にあたって、フロイトがたましいについて、科学についてどう考えていたかを考え直して見ることも価値あることと思われる。

新しい潮流

深層心理学の新しい潮流について触れる前に、次の二点を指摘しておきたい。まず第一に深層心理学全般に対する実験心理学側からの批判をこめて、行動療法という療法が考え出され、アメリカでは現在相当な力を有していることである。行動療法についてはここには触れないが、これから述べることはその批判に対する答にもなっていると思う。次に、新しい潮流と言っても、それが古いものに代わるなどという形ではなく、現在は深層心理学の百家争鳴の時代と言ってよく、正統派のフロイト派に加えて、おそらく名前を言い出すと限りがないほどの学派や考えが共存しているということを指摘しておきたい。多くの学派に分かれているということ自体、深層心理学が科学ではないことを示すと考えられるかも知れないが、それは「真実はひとつ」と考える古い形の科学論に縛られているからと思われる。現象に参与する人間の意識が現象の在り方に作用することを、われわれは認めざるを得ないのである。(4)

フロイトの精神分析は一応、当時の「科学的」な形をととのえることによって多くの人に受けいれられたことは既に述べた。ユングはこの点については、あいまいであり、彼の心理学が「たましい」に関するものであると強調しつつ、やはりそれが経験科学であることも主張する立場をとり、方法論的に明確ではなかった。それらの点を鋭く批判し、深層心理学は現象学的な接近法によるものであることを明らかにし、哲学的な検討を行なったのが、スイスにおけるボスの主張する現存在分析の学派である。この学派はヨーロッパでは強い力を有し、フロイト、ユングらの派と肩を並べている。

現存在分析の考えはアメリカにも影響を与えたが、あまり哲学的な方向に発展せず、それまで精神分析に対して批判的であったロージャズらの心理学者の流れと共に、人間性心理学(Humanistic psychology)として発展することになる。これは、行動主義の心理学、精神分析に対して心理学の第三勢力と呼ばれたりするが、人間の主体性や自己決定を重んじ、人間を因果律的決定論によって見ることに反対するところに特徴をもっている。既に述べたような一九六〇年代におけるアメリカの反省期にあたって起こってきたもので、マズロー、ロロ・メイ、ロージャズなどが中心人物である。先に述べたゲシュタルト療法のパールズなどもこのグループのなかに入れられるであろう。人間性心理学は人間がもつ統合的全体性をも強調し、それを部分の単なる和であると考える還元主義に反対する。人間の理性のみではなく、感情や身体性の重要性も主張し、全体としての人間の実存を尊重しようとするのである。

人間性心理学にすぐ続いて、そのなかからトランスパーソナル心理学が一九七〇年頃より、「第四勢力」として登場し注目を集めつつある。人間性心理学が人間の自主性や自己決定の責任などを強調すると共に、人間の全体性の存在を主張しつつも、人間の心の深層についての知識や研究に欠ける傾向があったので、ユング心理学による普遍的無意識の知見などに基づき、より深層へと迫ることによって、ヨーロッパの近代自我を超えようとする動きがそのなかに認められるのである。トランスパーソナル(超個人)とは、人間は個々人が独立しているが、その深層においては普遍的な側面を有し、それは個人の生活史をも超えるものであるという認識の上にたっている。

人間の心の深層においては、主体と客体の区別があいまいになり、観察者の在り方が現象に大きくかかわってくる。そして、その現象は因果律的決定論によって把握することができないと考える。このような心理学の新しい潮流に対して、理論物理学者のデイヴィッド・ボームや脳生理学者のカール・プリブラムらが賛意を示し、単に心理学というにとどまらず、ものとこころを含めた現象の理解を深めるための新しいパラダイムを探る試みとして注目されつつある。今まで述べてきた諸点からも明らかであろうが、この考えは東洋の思想にもつながるところが多く、東洋の宗教に対しても心を開いているところが特徴的である。もちろんこれは西洋を棄てて東洋に移るという安直なものではなく、自然科学の新しい展開として、東洋も西洋も含めたパラダイムを見出そうとするものである。つい先日、その第九回国際会議が京都において開かれたが、単に心理学という分野にとどまらず、ひろく人間観、世界観にかかわるものとして、今後いろいろと起伏はあるだろうが、その発展の軌跡に注目すべきであると感じられた。

注

(1) エレンベルガー、木村敏/中井久夫監訳『無意識の発見』上下、弘文堂、一九八〇年。
(2) フロイト、古沢平作訳『続精神分析入門』日本教文社、一九五三年。
(3) B. Bettelheim, Freud and Man's Soul, Alfred A. Knopf, 1983.
(4) この点についてはエレンベルガー、前掲注(1)書の下巻の終章を参照されたい。

魂の知と信

死後生

魂の問題を考える上で、ひとつの手がかりとして、死後生の存在をどう考えるかという点がある。死後生は人間にとって重大な関心事であり、世界中の民族がそれぞれ死後生のことについて、あれこれと考えをめぐらし、ある民族、あるいは、ある文化に共通の死後生のイメージができあがることにもなった。わが国の場合でも、わが国固有の考え方に、仏教や道教などの考えが混入して、後にも示すように、死後生に関するいろいろな考えが存在するようになった。

死後生を考えるためには、人間の魂ということを考えねばならなくなってくる。人間が死んだ場合、その人の身体や意識は消滅することが明らかなので、死後生を考えるためには、身体や意識を超えた存在を前提としなくてはならない。身体や意識の存在を超えて連続性をもつ——つまり永続性ということになるが——何らかの存在を仮定しなくてはならない。それを何と呼ぼうといいわけであるが、それを古来からの呼び方に従って、魂と呼んでおこう。魂の存在を仮定することによって、人間は自分という存在を永続的な何かとのかかわりのなかに定位することができ、安心することができる。

ところで、近代の自然科学の急激な発展によって、近代国家の人たちは自然科学のもつ普遍的な知のもつ強力さに圧倒され、死後生の存在を疑問視するようになった。自然科学を支えてきた論理実証主義の立場をとる限り、死後生などということは「問題にならない」のである。死んで生き返ってきた人が存在し、その人たちの経験によって確かめることのできない限り、それは科学の研究対象であり得ないわけだから、それは、あるとかないとかいう以前に、問題にすることができないのである。研究対象にならないということは、厳密に言えば死後生について、あるとも無いとも明言できないということなのだが、単純に科学万能の考えをする人は、それによって死後生の存在そのものも科学によって否定されたと感じるようになった。

ところで、非常に興味深いことに、ごく最近になって、死後生の存在を科学的に証明できると考える人たちが現われてきた。その代表的な人が、わが国にもよく知られている、キュブラー・ロスである。彼女は多くの死んでゆく人の傍につきそって、「死の体験」について避けることなく話し合ってゆく仕事をしている医者である。死んでゆく人に対して、周囲の人ができるだけその事実を隠そうとしたり、避けようとしたりするときに、彼女はそれに直面し、死んでゆく人とその体験を共にしようとする画期的な試みをはじめた人である。このことによって、彼女は実に貴重な体験を多くもつことができた。そして、彼女はそれらの経験を踏まえて、彼女が死後生の存在を信じているなどというのではなく、科学者として知っていることを強く主張する。(1) 端的に言えば、彼女は死後生の問題は、信仰の問題ではなく、科学の問題であると主張しているのである。

ここでキュブラー・ロスの言っている、信じることと知ることについて少し述べておく。信じるというのは、そのことについて真偽いずれとも不明であるが、自分が主観的に真と判断するということであり、知るとは、その事実が客観的に存在していて、そのことを知っているのであって、その事実は動かし難い。このような意味で信と知という言葉を使っている。その上で、彼女が主張しているのは、死後生の存在が動かし難い事実であるということである。

キュブラー・ロスがこのように確信する根拠として、最近とみに研究の盛んとなった「臨死体験」(near death experience)がある。最近の蘇生術の進歩によって、臨床的に死と判定されたり、そのような状態にあった人が蘇生してきて、その体験を語る。その体験談に極めて類似した共通因子を認めることができる、というのである。それらについては詳述を避けるが、そのような共通因子の存在に注目して、キュブラー・ロスたちは、死後生の存在を主張するのである。

このような研究が盛んになるにつれて、死後生などという、まったくの信仰の対象とされていたことが、科学の対象としても考えられるようになってきて、宗教と科学とが思いがけない接近を見せるようになったのである。

冥界往還説話

現代における臨死体験の研究を読むと、わが国の仏教説話にある冥界往還の話を想起する。ある人が死ぬが、何日かして生き返ってきて、そのときに冥界で経験してきたことを話す。まさに臨死体験である。このような話が仏教説話のなかにあるが、これらのことは、いわゆる「お話」として、それがどのような仏教的な教義ないし思想を伝えようとしているのか、あるいは、文学的に見てどのような価値をもっているのか、などという点から検討されてきた。特にそれが「冥界往還」などという内容をもつので、昔の人たちの空想ないしは馬鹿げた作話として見られたのであるが、現代における臨死体験の研究に照らして、このような話を「事実の記録」と見なして、考察してみてはどうであろうか。

たとえば、昔の物語で、何かの祟りで太陽が黒くなりあたりが真暗になったという話があるとき、祟りの有無を問題にするのではなく、太陽の黒くなるのを日食という現象として、科学的研究の対象と考えることができるように、ともかく、冥界往還の話を、臨死体験の記述として見てみることはできないだろうか、というわけである。

そこで、今回は『日本霊異記』を取りあげて、そのなかの冥界往還説話について考えてみることにした。『日本霊異記』は周知のように日本最初の仏教説話集であり、中世の多くの説話集の基になったと言ってもいい書物であるし、量的に見ても手頃なものなので、これを取りあげることにした。

『日本霊異記』一一六話を通覧して、見落しがあるかも知れないが、冥界往還の話が一三話、他に一話、蘇生した話があるがそれには冥界のことは語られていない(下巻30)。注目すべきことは、一三話のうち極楽へ行ったのは一話のみ(上巻5)で、すべてが地獄の責苦を受ける話である。これは臨死体験の研究で名高いレイモンド・ムーディの報告(2)が、もっぱら素晴らしい体験に満ちており、いわゆる地獄的なイメージの報告が全然ないのと著しい対照を示している。これは、現代と昔、キリスト教と仏教などの差も影響しているだろうし、今後研究すべき課題であると思われる。

『日本霊異記』の冥界往還の話では、西洋の昔話のように悪魔に連れられてとか、こちらから出かけて行った話などというのがなく、すべてが死んで何日か後に蘇生した話となっているのが特徴的である。死んだと思っていたら何日後かに生き返った、その間の体験として冥界の話がでてくるのである。大体、三日後くらいだが、長いのでは九日後(中巻5)というのもある。これら蘇生した人たちは、死んだときに暫く火葬せずに待ってくれと依頼している者があり、九日後に蘇生した人は、自分が死んだときは十九日間は火葬しないようにと妻に依頼している。蘇生の予感があったのかもしれない。あるいは、当時の医者の診断力も劣っているので、しばしば誤って死んだと思われることも多かったのかも知れない。

このような臨死体験と思われることを、当時においても信じ難いとする人があったことが語られる話がある。下巻35話に、九州肥前国の火君《ひのきみ》という人が突然死んだが、それは死期でないのに誤って呼び出されたことが閻魔大王の調べでわかり、この世に送り返される。その途中、地獄の釜で苦しんでいた物部古丸《もののべふるまろ》という男が、自分は生前に無理な徴税で民を苦しめた罰を受けている、どうか自分のために「法華経」を書き写して欲しい、と頼む。生き返った火君は、このことを細かく書状に書き大宰府に送り、大宰府も朝廷に申告する。ところが、「朝廷信《まこと》としたまはぬが故に、大弁の官、彼の黄泉の事の状《さま》を取りて継ぎ累《かさ》ね、二十年経たり」ということになる。つまり信じられなかったのである。結局、二十年後に桓武天皇がそのことを知り、古丸の行跡を調べさせると申告書には書いてあるとおりで、天皇は写経を命じ、古丸の霊魂の苦しみを救うことになるが、ともかく、一時は信用されずに放っておかれるところが興味深い。冥界往還の話を信用されなかったという話は、下巻37話にも語られている。これについては省略するが、このように話を信用されなかったことが記録されているのは注目すべきことである。

現代の臨死体験をした多くの人が、話をしても信用されなかったり、馬鹿にされたりするのを恐れて、他人に話さずに居たことが報告されている。臨死体験のことが一般に知られてくると、そのようなことを話しても馬鹿にされることはない、と安心して語る人が増えて来たという。『霊異記』が書かれた時代でも、信じなかった人も多くあったと思われる。『霊異記』の話は、周知のように中世の多くの物語のなかに取り入れられるのだが、今、比較のために、『宇治拾遺物語』を取りあげてみると、一九六話中、冥界往還の話は筆者の調べた限りでは四話で、『霊異記』に比べると著しく少なくなっている。もちろん作者の意図もあるので簡単に断定できないが、時代が移ってくると、一般の人々が昔よりは冥界往還(臨死体験)の話を信じなくなったり、興味を持たなくなったりする傾向が以前よりは強くなったのか、と思われたりするが、このような点については、もっと他の説話集も調べねばならぬし、一応の推察を述べただけで、詳しくは今後の研究に待ちたい。

『霊異記』に語られる冥界往還の話と現代における臨死体験との間の共通点としては、次のような点があげられる。まず、自分の一生の体験が思い出されるということがある。ただ、『霊異記』の方は、仏教的因果応報の考えが前面に出るので、そのような考えに基づく善行と悪行とを閻魔によって調べられるという形になる。次に、自分より前に死んだ人に会うということも共通である。現代の臨死体験では既に死んだ近親者が迎えに来るというのが多いが、『霊異記』では、既に死んだ人が閻魔の調べに証言に来たり、地獄の責苦に苦しんでいたりする。あるいは上巻5話の大部屋栖野古《おほとものやすのこ》のように、黄金の山の上で故人の聖徳太子に会ったというのもある。この黄金の山の描写で、「道の頭《ほとり》に黄金の山有り、即ち到れば面炫《かがや》く」などというのをみると、現代の臨死体験をした人の多くが語る、「大いなる光」(3)との類似性も感じられる。

臨死体験をした人は、ある種の境界の存在を感じ、それを越えずにこちらに帰ってくるのであるが、冥界往還の場合も、その境界は閻魔の存在で示されている。そして、閻魔とのやりとりの結果、この世に帰ってくるのである。

冥界往還の話それ自身については、まだまだ興味深いことが多くあるが、それらについては今回は割愛して、一応、現代における臨死体験との類似点を指摘するだけにとどめておく。

共時性

現代における臨死体験と『霊異記』の冥界往還の話との間に、ある程度の類似点は認められたが、もちろん相違点も多々ある。何といっても、そのような「死後生」を記述する人がどのような時代に生き、どのような宗教を信じているかによって、記述が異なってくる事実は明瞭に認められる。今回は触れることはできなかったが、生きている間にしばしば「死後の世界」を探索したと主張したスウェーデンボリ(一六八八—一七七二)の「霊界著述」を見ると、キリスト教的な色彩がはっきりと認められる。

キュブラー・ロスの主張する「死後生」の実在は、従って、客観的外的な実在でないことは明らかである。もしそれが事実なら、時代や信仰にかかわりなく同じものが見えるはずである。こんなことはむしろ自明のことだが、どうしてキュブラー・ロスは「自然科学者として、その事実を知っている」などと主張するのだろう。

この問題について詳論することは限られた紙数内で不可能であるが(4)、現代の科学においては、先に客観的、主観的とか外的、内的などの言葉によって区別したことが、それほど明確に区別できないのではないか、と考えられつつあること、および、現代人の通常の意識によって認識されている「現実」が、唯一の正しいものと言うことができない、と考えられつつあること、などがキュブラー・ロスのような発言を促す要因となっていると思われる。

筆者はロスの考えに全面的には賛成するものではないが、彼女らの主張する事実は認めるし、その重要性を認識するものである。彼女が言う「事実」は、しかしながら、通常の意識によって認知されているものではないことをわれわれは知っておかねばならない。

以上のような点をよくおさえておいた上で、ここに取りあげた仏教説話を単なる空想のお話ではなく、科学的な研究の対象であり得る「ある種の事実」を記述したものとして見るのは、意義あることではなかろうか。

このように言うと、たとえば先に取りあげた下巻35話について、死にかかった火君が今まで会ったこともない物部古丸のことを知ることなどあり得ない、そんな馬鹿なことはないと主張する人もあろう。ところが、現代の臨死体験においても、そのような「時空の制約を超えた認知」は数多く報告されている。たとえば臨死状態になった人が、上から見下ろすように、自分の身体およびそれを取り巻く状況をはっきり「見る」ということはよく報告されている。このような事実の存在を認めても、それは「偶然に過ぎない」ということで無視したい人もあろう。しかし、それは偶然と言って棄てるには、あまりにも数多く、体験した人にとっては極めて「意味深い」こととして生じるのである。

ユングはこのような「意味のある偶然の一致」を説明しようとして、共時性の原理ということを唱えた。(5) 彼は「非因果的連関」という表現も用いているが、因果的には説明し難い、意味のある一致の現象の存在を認め、それは因果法則ではなく共時性の原理によって説明できるとするのである。つまり、先ほどの下巻35話であれば、火君の冥界体験の報告と、古丸の行為とは共時性に連関していると考えられるのである。

再び信と知の問題に戻ろう。先に述べた、『霊異記』の火君の冥界往還の報告は、最初は朝廷の人々に「信じられ」なかった。このように共時的現象に対して、そんなことは信じられぬという人が多い。極めて興味深いことは、それを体験した本人が「そんなことがあったとは信じられないような気持」などと言ったりする。その事実を知っていつつ、信じられないなどとなぜ言うのか。それはそのことを事実としてはっきりと認めるためには、その人の「知の組み変え」が必要であり、それに対して抵抗があることを示している。

近代における自然科学は、その知の体系から、魂とか死後生などということを排除してしまった。しかし、現代人であるわれわれが、魂ということを入れ込んだ知の組み変えを意図するなら、おそらく「共時性」ということを真剣に考えねばならぬのではないかと思われる。近代科学の知の柱は因果律ということであった。これに加えるに、共時性原理をもってすることで、新しい科学が拓かれ、それはこれまで宗教の領域とされてきたことと限りなく接近、あるいは交錯すると思われる。そして、われわれがそのような態度をもって、ここに少し例示してみせたような日本の古い文献を読み返すならば、あんがいな科学の知をそこに見出すことも可能ではなかろうかと思われる。

限られた紙面に思い切った考えを、未だ熟さないままで述べたので、舌足らずの論議になってしまった。興味を感じられた方は、注にあげた文献を参照して考えを深めていただきたい。ここに述べたような点については、他日、もう少し包括的に論じたいと思っている。

注

(1) キュブラー・ロス、秋山剛/早川東作訳『新・死ぬ瞬間』読売新聞社、一九八五年。
(2) レイモンド・ムーディ、中山善之訳『かいまみた死後の世界』評論社、一九七七年。
(3) 臨死体験者の多くが報告するもの。これらについてはムーディの前掲注(2)書参照。
(4) これらの点については詳しくは下記を参照されたい。河合隼雄『宗教と科学の接点』岩波書店、一九八六年。〔本巻所収〕
(5) ユング/パウリ、河合隼雄/村上陽一郎訳『自然現象と心の構造——非因果的連関の原理』海鳴社、一九七六年。
ユングの論文は難解であるが、わかりやすいものとして、前掲注(4)の拙著の第二章「共時性について」および下記を参照されたい。湯浅泰雄『共時性とは何か』山王出版、一九八七年。

ユングと共時性

スイスの深層心理学者、カール・グスタフ・ユングは実に多くの創造的な仕事をなしたが、彼の提唱した共時性という考えは、そのなかでも特に注目すべき考えであろう。

共時性とは、意味のある偶然の一致の現象とも言えるだろうが、例をあげると、ある人が誰かに対して恨みの感情を抱き、「あいつの家など焼けてしまえばいい」と思ったところ、実際にその家が火事で燃えてしまった、などという現象を指して言う。この際、ある人が「あいつの家など焼けてしまえ」と思ったことと、実際にその家が焼けたということの間に、何らかの因果関係を見出せない、ということが大切である。もし、そこに因果関係があるのなら、その人がそれ以後、「あの家など焼けてしまえ」と思うと、必ずその家が焼けねばならぬはずだが、そんなことは起こらない。そこで、前述のようなことも「偶然に過ぎない」ということで打ち棄てられてしまうのであるが、ユングはそこに因果律によらない、非因果的な原理としての共時性の原理の存在を認めようとするのである。

ここで大切なことは、ユングは因果律を否定しているのではなく、因果性と共時性の二つの原理によって現象をみようと提案しているのである。また、このようなときによく言われるように、「家が焼けてしまえと思ったので、家が焼けた」と言って、そこに偽の因果律を認めようとしているのでもない。

このことが解らぬ人は、単純にユングは因果律を否定しているとか、オカルト的だなどと誤解して批判したりする。ユング自身もそのような危険性を十分に察知していたので、彼の考えをなかなか公表しなかったのである。彼は現在わかっているところでは、早くも一九二九年に私的な集いでは、共時性について語っているのだが、それを論文の形で公表したのは、一九五二年のエラノス会議なのだから、彼がいかに慎重であったかが了解されるだろう。

ユングがこの考えを発表して以来、誤解や無視が長く続いたが、最近のニューサイエンスにおいては、共時性の現象はむしろ自明のこととして捉えられ、一般の人々のなかにも、この考えは随分ひろまってきた。そこで、共時性に関する関心が急に高まったが、また誤解が生じる可能性も大となってきた。そのなかで、一番一般的なのは、前述したような偽の因果律、ユングの言葉を借りると、魔術的因果律を安易に信じてしまうことであろう。つまり、そこには呪術的な要素が多分にはいりこんでくる。

ユングは一般に「祈りが通じた」とか、「夢のお告げが当たった」とか、「占いのとおりになった」などという現象が、起こり得ることを認め、その現象を大切にすることをすすめてはいるものの、いつも「祈りが通じる」とか「夢のお告げが当たる」などとは言っていないのである。

このような現象に関しての両極端の態度は、それらの因果関係の無さを重視するあまり、その現象そのものの存在を否定してしまったり、無意味として棄て去ってしまう態度と、逆に、それを魔術的因果律として信じこむ態度とがある。ユングはそのどちらでもないことを、よく心得ておかねばならない。

とすると、ユングはいったい何が言いたいのか、そんなこともあるよ、と言うだけで、共時性などと言っても、そこから何の役に立つことも見出せぬのではなかろうか。祈りが通じるとわかってこそ、祈ることに意味があり、夢が当たるからこそ、夢をみることが大切となるのではなかろうか。

このようなことを考え出すと、ユングの言う共時性ということは、なかなか捉えどころのない困難な課題となってくる。イラ・プロゴフの『ユングと共時性』(創元社)は、その点で何とかこの困難な課題を、時にはユングと直接に討論を重ねることによって、追究した結果書かれたものとして、評価すべきものである。

プロゴフは同書のなかで、共時性についての理論的基礎として、東洋の「道《タオ》」や「易」の考え、西洋におけるライプニッツ、ティヤール・ド・シャルダン、それにアインシュタインなどの考えを取りあげて論じている。これらも興味深いものであるが、今回は割愛して、彼が「超心理的事象の共時性基礎」として論じているところに焦点をあてて論じてみよう。

ユングは幻覚や夢などによって、遠く離れた地点で生じている現象の「知覚」が生じ得ることは、むしろ自明のことと考えている。ただし、それが生じるためには、「部分的な心的水準の低下」が必要であると言う。心的水準の低下という用語は、彼がピエール・ジャネの言葉を借りて用いているのであるが、これによって、彼が何を意味しているのかを少し説明してみよう。普通われわれは覚醒しているときは、ある程度の心的水準を保っている。つまり、外界の現象を見たり、聞いたりして、それを明確に意識するのである。ところが、覚醒していても、「ぼんやり」しているときがある。そんなときには交通事故に遭いそうになって驚いたりするが、要するに外界の知覚が弱くなっている。このようなとき、心的水準が低下しているのである。この低下がすすむと眠くなり、眠ってしまう。しかし、夢を見るときは、意識は活動しているわけだから、夢の意識は心的水準の相当に低下したものである。従って、一般には夢はあまり記憶できず、忘れることの方が多い。

このような低下した心的水準においては、通常の意識的知覚とは異なる「知覚」が生じるわけで、その低下の程度が非常に深くなってゆくと、心と体との区別もあいまいなほどの領域に達することになる。ユングはこれを心に似て非なるものと言う意味で、類心的《サイコイド》領域と呼んでいる。類心的領域に至るまでの心的水準の低下が生じるとき、超心理学的な知覚が生じる。その領域においては、人間の通常の意識とは異なり、時間・空間の制約が無くなってしまっているからである。

　このあたりのことを詳しく説明するためには、ユングによる「元型」の考えについて述べねばならないが、今回は割愛する。詳細に知りたい方は、プロゴフの前掲書を参照されたい。

　このような心的水準の低下によって、共時的現象の知覚が生じるなら、それはどのようにすればよく起こるか、という問題になってくる。これに対して、プロゴフは次のように述べている。「低下は、特定の訓練と技術によって故意に引き起こされるかもしれないし、何が起こっているのか気づかれないで自然発生的に思わず起こるかも知れない。特に後者においては、そこでは、共時的現象の発生が個人の心の内に反映され、超心理的現象としてその人に体験されるため、体験の無意識性は、非常に混乱した効果を生むかもしれない。低下という一般的に定まらない効果に加えて、これは、心霊作用を受けやすい範疇に分類された人々の多くが、不安定で精神的に混乱した状態になりやすい傾向がある一つの理由であると私は信じている。」

　ユングはその心理療法の場における経験から、このような「部分的心的水準の低下」によって、いろいろと不思議な共時的現象が生じることを知ると共に、その危険性についても、よくよく知っていたのである。彼が「部分的心的水準の低下」と言い、わざわざ部分的であることを強調するのは、ある部分で高い意識水準を残しておかないと、事象の知覚やそれに対する判断などがはたらかないからである。単純な低下は、眠りに至るだけである。そこで、この部分的ということによって示される意識状態が微妙な問題を投げかけてくるのである。つまり、プロゴフの前言にあるように、このことが「非常に混乱した効果を生み出す」ことになってくる。

禅や瞑想、ヨーガなどの東洋に存在する修行には、ユングの述べている「部分的心的水準の低下」がつきものであり、そこでは共時的現象が体験されやすい。ユングは東洋は西洋に比して共時的現象の把握にすぐれていたので、事象を因果的に把握する自然科学の発達が遅れたのではないか、とさえ言っている。共時的現象を把握しても、それを偽の因果律体系に置きかえてしまうと、まったくのノンセンスになってくる。たとえば、「易」なのという素晴らしい知恵を持ちながら中国人も日本人も易経の考えからはずれて、単なる、「当てもの」の道具としてそれを用いるようになった事実が、このことを示している。

共時的現象は従って、ある種の修行や訓練によって生じやすいと言うことになるが、それは精神的な病いと強い類縁性をもち、危険性が高いということになる。ユングは自分の臨床的経験から、このことをよく知っていたのである。共時性に関心を持つ人間は、このような点に特に注意する必要があるだろう。

既に述べたように、ユングが共時性のことをはじめて公表したのは、一九五二年のエラノス会議においてであった。エラノス会議は東洋と西洋の宗教や哲学に関心をもつ学者が、スイスのアスコナに年一度集まって意見を発表するもので、ユングは常に中心的メンバーとして、重要な発表をし続けてきた。ユングの死後もそれは続いている。一九八八年のテーマは「一致あるいは符合」(concordance or coincidence)であり、まさに共時性の話題そのものと言っていいだろう。筆者も招かれて発表することになっている。いかにしてこの難問に挑戦するか、と今は頭を悩ましているところであるが、世界の他の学者がどんな発表をするのか、それを聞くのを楽しみにしている。

いま「心」とは

一　現代と心

二十一世紀は「心の時代」になる、と言う人がある。今世紀は物質文明が急激に盛んになったが、次の世紀においては、心が重視されるだろう、という考えである。あるいは、二十一世紀は「宗教の時代」になる、と主張する人もある。少しニュアンスは異なるが、この場合も、物質文明が盛んであった時代に続いて、人間の内的な世界を重視する傾向が強まる時代が来る、と予測している点においては、前者と同様である。

次の時代のこととしてではなく、現代において、物が豊かになりすぎて、心が貧困になったことを嘆く人も多い。これらの人は、次の時代に期待するよりは、「昔はよかった」という類の嘆きをしがちである。自分たちが子どもの頃は、あるいは、自分の親の時代は、もっと人々の心は豊かであった、と主張する。それが物が豊かになるに従って、心の方は貧困になっていった、と言うのである。これらは一応もっともに聞こえ、筆者自身もつい口にしたりするが、実のところ、もう少し厳密に考えてみる必要がありそうである。確かに、現代において、次の世紀へと移ってゆく際に、心の問題について考えてみる必要性が高いことは感じられるが、既に述べたような考えは、単純に過ぎるように思われる。まず、このことの考察からはじめることにしたい。

1　心は貧困化したか

心の問題を論じる際に一般にあげられるような例から考えてみよう。たとえば、団地において、団地の建築物の周辺の掃除をするのに、住民がその費用を分担して業者にやらせることにする。そうすると、誰が掃除をするとか、しないとか、あるいは、掃除の区分をどう分けるかなどといった問題で悩まされることがなくなる。そこで、このような方法を採用することが多い。このようなとき、その便利さにばかり注目しているが、それによって住民の相互接触が絶え、隣に誰が住んでいるかさえわからぬ状態になって、心の交流がなくなってしまう。つまり、お金を使うことによって、心のはたらきを貧困にしてしまうというのである。

このようなことは、確かにわれわれとしては考えねばならぬ問題である。しかし、そこですぐに「心の貧困」という言葉を用いることについて考えてみたい。というのは、他人との接触をわずらわしいと考え、業者を採用する方法を考え出し、それを決定したのも、人間の「心」であることを忘れてはならないと思うからである。つまり、人間の「心」がそれを欲し、それを遂行したのだから、心は自らの意図を満足させることができたのであり、それは豊かにはなるにしても、貧困になっているとは言い難い、とも考えられる。このような点に、心の問題を考える難しさのひとつが認められる。心の問題は考えれば考えるほど、多くのパラドックスを含んでいるのである。

物が豊かになったと言うが、これも物が乏しい悩みを克服しようとして、人間の心が物を豊かにしようと努力して生じてきた結果であり、現代の物の豊かさは、心の豊かさの反映である、とも言えるはずである。もっとも現代に生きる者の実感としては、努力して生み出してきた物の豊かさが、かえって、人間の心の在り方に対して重荷として作用したり、物の力によって心が支配されてくるように感じられ、最初にあげたような反省や、次の世紀に対する期待や予測が生じてくるのである。だからと言って、われわれは現代を心の貧困化という図式でとらえてしまうことは、既に述べたようにあまりに単純であり、そのような考えに従ってゆく限り、懐古趣味に陥ったり、実現不可能なことや、矛盾にまったく気づかないような、単純な主張をすることになってしまう。

「心の貧困化」の論議について、特にわが国において注意すべき点がある。これも同じく懐古的な態度であるが、昔は「家庭的」人間関係があったのに、現代においてそのような心のつながりが失われてしまったと嘆く類の主張がよくある。わが国古来の美風が、西洋の物質文明によって壊されたなどと言う人さえある。これにしても、これらの人の言う、わが国の「家庭的」とか、古来の美風と言われる人間関係が、時には、嫁の完全な忍耐によって保たれたり、子どもの自立の意志を奪うことによって維持されてきた、という事実をわれわれは忘れてはならない。むしろ、そのような個人の存在を無視する人間関係の在り方を克服しようとして、現代の人間関係が生じてきたのであって、それがうまく成功しているかどうかはともかく、昔と比較して現代は、心の触れ合いが少なくなっているなどと言うのは、単純に過ぎると言うべきである。

このように言うことによって、別に現代の方が以前より心が豊かな時代であるとか、日本古来の人間関係よりは、個人主義の方が優れているとか、主張する気はないが、まず最初に述べたかったことは、われわれが単純にある側面のみに注目するときは、心のことに関して結論を得たり、強い主張をしたりできるが、全体的に見ようとするかぎり、なかなかそのようにはできない、ということである。この点によく留意しつつ、今後の論議をすすめてゆきたい。

2　心と自然

人間も自然の一部である。従って人間の心も自然の一部と考えられる。ところが、人間の心は不思議な特性をもっていて、常に自然の外にとび出そうとする傾向がある、と考えられる。ユングはこのことを、自然も、性質も英語では nature と言うのを利用して、「人間の性質(nature)は、自然に反する性質(nature against nature)をもつ」と表現している。確かに、人間の心の変遷の歴史をたどってみると、自然に反する性質(nature against nature)という点が非常によくわかるのである。

人間が他の自然の存在と異なるところは、自分というものをある程度対象化してみる意識をもつことであろう。他の動物も現状を認識したり、行動を選択するための判断を下したりする意識をもつものもあるが、おそらく、自分を対象化して「見る」意識はもたないと考えていいだろう。人間がこのような意識をもつことによって、「自然」の単なる一部であることをやめてしまったことは、神話的な表現をもってすれば「失楽園」ということになるであろう。キリスト教神話は、このことの本質を見事に語ってくれている。神の禁止を破って「知」(つまり、自分を対象化する意識)を手に入れた人間は、自分の存在を恥かしいと感じるようになる。そして、神からの罰として楽園を追放される。つまり、自然との一体感の幸福にひたっていることを拒否されたのである。

自分を対象化する意識をもつと、自分の在り方に対する批判、それの改変ということが意図されてくる。同じ距離を行くのに、もっと早く行く方法はないか、ものを食べるにしても、もっとおいしく食べる方法はないか、などが考えられる。このようなことを遂行してゆくためには、人間は自然をどのように「支配」するかを学ばねばならない。自然をよく観察して、そのなかに法則を見出してゆくと、それに従って自然を「支配」することができる。

このように言っても、人間が自然の一部であることは否定できない。そのことが最も端的に示されるのは、人間にとって死があるということである。このことはいかなる人間も免れることができない。しかも、人間は自然からとび出している面をもつために、自分にとって死が存在することを知り、それを恐れるということが生じてくる。死を人間の心のなかにどう位置づけるかは、人間にとって実に大きい課題であった。他のいろいろなことについては、自然の法則を利用して自然を支配することを考えてきたが、「生物は必ず死ぬ」という自然の法則そのものが、人間を明確に支配していて、それに対して人間はどうすることもできない。人間はこのために、自分の心の在りようをどのようにもつか、ということと取り組んできて、それは人間の宗教という形で、さまざまの様相を示すことになった。ただ、この場合は、既に述べたように、人間が自然を支配するという形を取れないことが特徴的である。

自分を対象化すると共に、人間は自分と他とを区別し、他者を対象化することも学んだのであるが、そのような方法を極端に先鋭化して文化を築いたのが、西洋近代の文化である。西洋の長い歴史のなかから、他から区別され確立されたものとしての、近代自我というものが生み出されたことは、人類の心の歴史のなかでも画期的なことと言わねばならない。世界の文化のなかで、どうして西洋においてのみこのようなことが可能であったかということは、非常に興味のあることだが、ここでは立ち入らない。

西洋に生まれた近代自我は、自然を支配する上において、世界のどの文化よりも優れていた。自然科学的な現象や事実に関する発見は、他の文化においても早くから行われていたが、西洋の自我は、自我を明確に対象から切り離し、そこで客観的に観察したことを記述し体系化することを試みたので、その自然科学の体系は、それを生み出した個々の人間とは関係のない普遍性をもつ、という点において、極めて強力なものとなった。たとえば、ニュートンの見出した力学の法則は、ニュートンという個人にも、あるいは、特定の場所とか時間ともかかわりのない普遍性をもつのである。従って地球上の他の場所へ行っても通用するのだ。

自然科学による自然の支配の強さは拡大されて、西洋の文化は全世界を支配するほどになったと言っていいであろう。現代において、「先進国」と言われている国は、西洋の文化に大いに支配されていることは、わが国の現状を見てもわかるであろう。

近代自我はすべてのものを支配するほどの強力さを誇るようになったが、そこには大きい落し穴があった。それは自と他を明確に区別し、他を観察することによって出来あがってきたものなので、そのシステムには「自」というもの、あるいは、自分の心というものは除外されている。実際に、それが除外されているからこそどこでも誰にでも通用する法則を見出したのだが、それでは、そのシステムによって、自分の心のことをどう考えるか、という場合にそれは答をもっていないのである。

非常に特徴的な言葉なので、他にも引用したことがあるが、学校恐怖症の子どもをもった父親が、「これほど科学が発達して、人間が月まで行けるというのに、うちの息子を学校へ行かす方法はないのですか」と言ったことがある。もちろん、この際、この子どもをひとつの対象として、単に学校へ行かせると言うのなら、いろいろな手段で強制的にでも行かせられるだろう。しかし、彼を「心」をもった存在として、その心の動きに従って、彼自らが学校へ行く、ということになると、これまで述べて来たような「自然科学」の知識は無効になってくるのである。

あるいは、既に述べた死の問題がはいってくると、自然科学は何も答えない。この点については宗教があると言えるが、問題は簡単ではない。自然科学の急激な進歩は、宗教が「真実」として主張してきたことに対して、大きい疑問や明確な反対を表明してきている。近代自我にとって、その死を受けいれるひとつの考えは、「一回かぎりの復活」ということであろう。しかし、現代人でこれを本当に真として受けいれられる人はどのくらい居るだろう。そのことと、近代科学による知識とをどう折り合いをつけるのか。

3 心の病い

今まで論じてきたことから考えても、現代において、心の病いが多くなってきているのもむしろ当然のことと言えるであろう。近代社会以外においても、心の病いと同様の現象は存在する。しかし、それは病いとしてではなく、聖なるものとして尊敬の対象となっていることもあるし、たとえ、病いと認められても、それには宗教的な癒しの方法が用意されている。現代においては、心の病いは「病い」と見なされ、しかも、数が増大するのみでなく、その治療の困難さも増してきている。

現在、臨床家を大いに悩ませているのに、境界例と呼ばれる、最近とみに増加してきた心の病い(病いと言っていいかさえ問題かも知れないが)がある。精神病と神経症の境界に存在するという意味で、このように呼ばれているが、その取扱いは極めて難しい。このことに関しては、既に他に論じた(1)ので詳しくは述べないが、筆者にとっては、このような病いは、現代人があまりにも何もかもを明確に区別することに対する、自然の側からのプロテストの意味をもって生じているように思われるのである。

「分割して統治する」(devide and rule)は帝国主義的な政治活動の標語として用いられた言葉であるが、それよりももっと広く現代人の生き方を示す標語として受けとめても、いいのではなかろうか。つまり、自然科学においても、「区別して法則を見出す」(devide and rule) は至上命令である。いろいろな病気があるなかで、それらを明確に区別し診断して、それに通じる法則を見出すこと、これが医学の常識である。それに従って、心の病いの場合、内因性精神病と神経症を区別したのだが、その「境界」が実に極めてあいまいで、広いことをわれわれは認識させられつつある。つまり、人間の心は帝国主義的な devide and rule に対抗しているのである。

心身症というのも、おそらくこの類であろう。心身症も増加して、現在では子どもたちにも及んでいる。これは単純に、心の問題が原因で身体症状が出る、というようなものではない。そもそもこれは、心と体とを分けて考える考え方にプロテストして、生じてきているような病いである。心と体を明確に区別し、体の部分の組織、機能などを明らかにしてゆくことによって、近代医学は偉大な成果をあげてきた。しかし、心身症はどうもその学問体系をゆるがすような性格をもっていると思われる。

境界例や心身症などは、近代医学にとってはまったくの厄介ものであるが、ひるがえって考えてみると、このような現象を通じて、人間はこれまでの考え方をあらため、新しい領域へと挑戦してゆくことになるのではなかろうか。心の問題に関して言えば、これまでのように、心と体を明確に分割するのではない考えによって、心について考えてみる、あるいは、考えざるを得ないように、われわれを導く役割をもって、このような心の病いが生じているのではないだろうか。

心の病いの治療者としてかかわってきている筆者としては、既にあげた境界例や心身症のみならず、他の病いにしても、それは現代人の心の在り方の何らかの盲点とかかわっており、それは心の病いになった個人の問題点ともかかわっているが、よく見ると、現代人が新しく切り拓いてゆくべき領域の導き手として、それらの人々が選ばれているようにも思えてくるのである。従って、心理療法という仕事が、単に病人を健康にするというだけのことではなく、現代人の心の在り方の根本にかかわる仕事であると感じられる。そのような経験を基にして、本論も書いていているわけである。

二　心の科学

心の病いは現代人の心の在り方の盲点に著しくかかわってくるが、その治療法として今世紀に出現してきた、フロイトによる精神分析などの深層心理学も、最初は「科学」であることを主張して、それを世に問うたのである。このことは、——特にアメリカにおいて——成功を収め、深層心理学の急激な隆盛が認められたが、最近においては、それに対する反省も強くなり、精神分析はアメリカにおいて以前ほどの強さをもっていないと言われる。このような点について考えながら、心の問題を考えてみたい。

1　深層心理学

近代医学から継子扱いされそうになっていた心の病いに対して、「科学的」な治療手段を提示した点において、フロイトによる精神分析は画期的なものであった。ヒステリーの治療経験から、症状の背後にあって、無意識内に症状発生の原因となるような心的内容があり、それを感情体験を伴いつつ意識化すると治癒に至る、ということを見出した。これは身体的な病気の場合に、症状→症状発生の原因(病理)の発見→原因の除去(薬物、手術などによる)→治癒、という経過をたどるのと類似性が高く、彼は自分の治療法の「科学性」を主張した。

フロイトの考えは、ヨーロッパのアカデミズムにはなかなか受けいれられなかったが、アメリカにおいて大いに受けいれられ、そこでは、フロイトのもともとの考えをこえて、「科学性」が強く主張されるようになった。なお、ついでに述べておくが、前述したような単純な考えは現在ではまず通用しないのだが、聞きかじりの精神分析を使おうとする人が、今でもこの考えに取りつかれているのは困ったことである。特にそれが教師とか医者とか何らかの権力をもった人であるときは、それによって扱われる生徒や患者はまったくたまったものではない。

フロイト以前には、医学の世界から棄てておかれたと言ってもいい心の病いに対して、彼が体系的な治療法を見出し、ある程度、世に受けいれられるようにしたことは、実に偉大な功績である。しかし、ヨーロッパのアカデミズムがフロイト（のみならず、その他の深層心理学の諸派）に対して、強い抵抗を示したことは、単に彼がユダヤ人であるなどということではなく、もっと深い意味をもっている。それは、彼のはじめた道は、彼が旧来の科学のなかに入れこもうと苦労したにもかかわらず、既存のアカデミズムに対する強力な挑戦的な要素をもっているからである。その中核となるものは、彼の「感情転移」の考えである。

感情転移とは、患者が幼児期に体験したり、体験するはずであった感情体験を、治療者に向かって転移してくる現象を言う。もちろん、それは成人になってから体験するので、幼児期の感情が恋愛性のものに変化して体験されることがある。このような感情転移に支えられて、患者は自分の無意識内の苦しい現実に直面してゆけると共に、また、感情体験を実際にして、分析家によって解釈されることによってその意味を知り、治癒に向かうのである。感情転移はこのように分析治療において非常に大切なものであるが、そのようなことが生じるためには、分析家がそれを許容するような態度をもっていなくては駄目である。従って、感情転移は一方的に生じるものではなく、分析家・患者の相互関係にベースをもっている。このことは、フロイトはあまり強調していない。というのは、彼はむしろ、「科学的」観察者としての分析家という点を強調したかったので、逆に、分析家はむしろ観察者として存在することの方に重きをおいて語っている。

しかしながら、深層心理学が発達してくるにつれて、治療者・患者の人間関係が極めて大切であることが明らかになってきた。つまり、治療者が「開かれた」態度をもっていないと、患者が自分の心の深い部分へと探索を行うことができないのである。これは患者のなかには、面接の後で、あんなことを話すつもりではなかったのにとか、まるっきり忘れていたことを不思議に思い出してしまったとか言う人があるように、二人の関係のなかで話題が変化し、そこに治療的意味が生じてくるのである。このことは、自然科学の発展のはじまりとして述べた、自と他を明確に区別して、他を対象化するという態度とまったく異なってくる。ここに深層心理学が科学性という点で重大な問題をかかえこんでくるのである。患者をまるっきり対象化して治療者が臨んだとき、患者としては自分の内面の深いことを話せないのは当然であろう。この問題は非常に大きいことなので後で取りあげるとして、このような深層心理学に対してどのような批判があるのかを、まず見てみることにしよう。

2　深層心理学批判

深層心理学に対しては強い批判が存在するが、その第一として「心理学」からのものをあげる。近代の心理学は、自然科学の一分野としてその存在を主張する。従って、それは既述の科学的方法論に従うので、人間の「心」などというものは対象とせず、専ら「行動」を対象とすることを主張する。そのような立場に立つと、精神分析の用いる諸概念は、極めて定義があいまいであったり、「単なる思弁」に過ぎなかったりして、非科学的である、と言わざるを得ない。ここに詳しくは述べないが、これらの批判は、行動主義の立場に立つ限りもっともであり抗弁することはできない。問題はそのような立場を唯一で真なるものと主張できるかどうか、という点にある。

これを実際的な問題について考えてみよう。たとえば対人恐怖症の人であれば、その人は別に人が実際に怖いのでもなく、人に会っても怖がる必要のないことは知的にはよく理解できているのである。しかし、どうしても人と会っていると不安になってくるという事実はどうしようもなく、そのために治療をして欲しいと言われたとき、その人の「心」を不問にすることはできない。このような極めて実際的な要請から出発しているので、初期の深層心理学者は、フロイト、ユング、アドラー、などすべて医者であって、心理学者ではないのが特徴的である。つまり、心理学者はその方法論的要請から「心」を扱っていないので、これらの現実的な課題に対しては、関心がなかったわけである。しかしながら、何と言っても、心の病いに悩む人々は実在するし、その人たちは治療を望むので、医者としてはそれに対処せざるを得ず、心を取り扱う心理学としての深層心理学が発展してきたのである。

しかし、深層心理学は後に述べるように、旧来の「自然科学」とは異なる点をもっており、それを無視して、科学的であることを主張すると、それに対して「心理学者」からの批判を受けても仕方がない、と筆者は考えている。

自然科学的方法論に基づく心理学は、実際の治療に対して最初は関心がなかったが、精神分析に対する批判を加えると共に、自らも治療法を考え、それは「行動療法」、あるいは「行動変容」(behavior modification)の技術として出現してきた。それは人間の行動を刺戟・反応のパターンの上において考え、そのような理論を基にして、問題行動の改変を行なってゆく方法である。これは、人間のある行動のみ限定するとき、有効であるが、そのような行動変化のみに注目しても、それをその個人の「心」が全体としてどう受けとめるか、という問題が残されてくることになる。「行動」のみを変えようとしても、そう簡単にうまくゆくものではない。

深層心理学に対する哲学の側からの批判としては、まずヤスパースのそれをあげることができる。ヤスパースは自然科学は説明的方法によって因果的連関を明らかにするのに対して、深層心理学は了解による了解的連関を把握するものである。フロイトは後者を前者と混同している誤りを犯していると主張する。そして、ヤスパースにとっては「了解」の限界が非常に狭く、それ以上は了解をすすめるべきではなく、説明的方法に頼るべきであると考えるのである。

ヤスパースが言うように、説明と了解は混同すべきではなく、その点で、深層心理学は安易に「科学性」を主張すべきでないという点は筆者も賛成である。なお、彼が「了解」ということを狭くとりすぎており、むしろ、了解は説明をつつみこむ、より高次の方法だと考える点については、笠原嘉が詳しく論じていて(2)、筆者もこれに賛成であるが、ここでは省略する。

3 「私」の科学

ここに「私」という存在がある。これは私にとってかけがえのない存在である。その私は、ものごとを感じ、考え、それらの内容にある程度のまとまりを与え、主体的に生きている。そして、既に述べたように、人間はそのような私を対象として取り扱うことができる。ところで、これまで述べてきた「自然科学」は、「私」を他と切り離すことによって成立した学である。それは豊富な知を提供し、それによって既に述べたように自然を支配する。しかし、私が「私」を支配し、あるいは理解しようとするとき、自然科学の知はもともと成立過程から考えても、役に立つものでないことがわかるであろう。もちろん「私」を完全に他者が対象化することを許すとき、たとえば、身体の治療を受けるときなどは、自然科学の知が役に立つ。しかし、私が私をも入れこんだ知をもちたいと思うとき、それは自然科学ではない。

現代人の不安の原因のひとつは、誰もが「私」を入れこんだ「私」の理解に困ってしまっているからではなかろうか。これに対して応えようとしたのが、深層心理学である、と筆者は考えている。フロイトにしろ、ユングにしろ、自ら心の病いを悩み、その治癒のための自己分析を基盤として、彼らの理論を作りあげてきたのである。フロイトがフロイトをどう理解したか、ユングがユングをどう理解したか。彼らはそれをある程度普遍性のある言葉で語ることができ、それをある程度体系化することができたので、他の人たちが「私」の理解を試みるときに、大いに参考にすることができるようになった。

しかし、ここで大切なことは、それは自然科学の体系のように、誰にでも「適用」できるものではない。つまり、私がユング心理学やフロイトの学説を好きになって、それを他人に「適用」しようとするのは、そもそも根本的に間違っている、と言わねばならない。私が私自身の理解のためにそれを用いるのは、私の自由であり、それが私にとって意味をもつときのみ、それを用いるとよい。それでは他人に対してはどうか。他の人が自ら自分の探索を行うのに、深層心理学の知を用いるのを、われわれは援助することはできるし、それは意味をもつ。しかし、他人を対象として適用するのは不当である。

深層心理学の知は、自分の理解に役立つので、それに惹かれた人は、ついそれを自然科学の知と同様に考え、他人に適用する。もちろん、それを、自分なりの理解の方法として受けとめているのは自由かも知れぬが、それを他人に押しつけるのは誤りである。ただ、その当人も、深層心理学を「科学」と信じ、科学であるが故に正しいと思っているときは、それは機能する。アメリカにおいて、長らくの間精神分析が有効であったのも、アメリカ人の多くの人がそれを科学の知と混同していたので、うまく機能したのであろう。それが最近ではそれを疑い出したので、精神分析が以前のようには流行しなくなったのであろう。

このように言って、筆者は深層心理学は誤りであるとか、不必要であるとか主張しようとしているのではない。むしろ、現代においてそれは極めて必要であるが、その本質をよく把握しておくべきことを主張している。つまり、今世紀における自然科学のあまりに急激な発達のために、人間は自然を支配することに熱心になり、時には、自分をさえ支配できそうな錯覚に陥りかけたが、「私」というものはそのような自然科学の法則に従わぬところを持っており、私という存在の全体性を把握する一助として、深層心理学が必要であると述べているのである。

ここで大切なことは、「私」という存在は、現在私が知っている以上の存在であり、未知の部分を多くもっている、ということである。従って、それの探索は、それまで生きて来なかった可能性を見出したり、それを生きたりすることにつながってくる。そのような「生きる体験」と無関係に、深層心理学の知を語ることはナンセンスである。それは「私」という存在抜きに語ることができないのである。

深層心理学で用いる用語の、概念としてあいまいさがよく批判される。しかし、それは以上のような点から考えると、むしろ当然のこととも言える。それは「私」の体験を前提としているもので、自然科学におけるように「私」抜きの概念として明確にすることができないのである。それは概念であるよりも、イメージに近いものである。生きる体験は全人的であり、全人的になるほど、知的な範囲をこえたものを内包させざるを得なくなり、それはイメージによる方が、より生き生きと表現できるのである。「私」の科学は、概念によってではなく隠喩的《メタフォリカル》言語によって語られる。このことは、これまでのアカデミズムの好みに合わないし、そのような「論文」を書いたとしても、アカデミズムの世界においてそれを適切に評価できる人を見出すのは、非常に難しいであろう。

「私」の科学においては、「私」の真実が重視される。従って、それは個人個人によって異なるわけである。そうなると誰も他人のことはわからないし、一般論がないとすると、それは「学問」にはなり得ないのではないかと思われるであろう。ところで、心理療法というのは、来談した人がそれぞれ「私」の真実を見出す場を提供するものと筆者は考えているが、このような分野における「研究発表」はどうなるのか、ということになる。最初のうち、われわれも自然科学的発想に従っていて、たとえば、登校拒否症の研究であれば、その何例かに接して、そこに共通に認められる現象を発表したり、何らかの概念化が可能であれば、それについて述べようとしたりした。ところが、実際にやっていると、そのような発表よりも、ひとつの事例について詳細に時間をかけて発表する事例研究の方が、はるかに有用であることがわかってきたのである。筆者が現在、理事長をしている日本心理臨床学会では、その発表のほとんどが、ひとつの例について三時間ほどにわたる討論を重ねるものである。ひとつの「私」の真実に関する発表がなぜ他の人々に対して役立ち、多くの例の共通項について語る発表が役立たないのだろうか。

「私」の真実について語り、それを聴くときは、その人々の立体的なかかわりを必要とし、そこでは全人的な活動が行われる。そこに語られた「事実」を科学的知として吸収するのではなく、事例を聴くことそれ自身が全人的な体験となり、その体験が聴く人の「私」の真実を豊かにし、そのことが次の仕事へと役立ってゆくのである。従って、ここにおける「研究」は、他の科学における研究と異なってくる。

「私」の科学においては、他人の「私」の真実に迫るために、研究者の私の心は開かれたものとなり、自と他の区別をあいまいにしてゆく必要がある。このようなかかわりによってのみ「研究」が可能となってくるので、心理療法においては、実践と研究が不可分のものとなる。ただ、ここに述べた「自と他の区別をあいまいにして」他者に会い、それを記述することは、相当な訓練を経ないと出来ないことであり、精神分析とか心理療法とかについて書物だけで勉強して、やってみようとしてもうまくゆかないことが多いのは、このためである。

「私」の科学として、筆者が専門とする心理療法、あるいは心理学の領域におけることのみを語ったが、筆者としては、実のところこのような科学は、他の人文・社会科学においてもっと追求されるべきではないかと考えている。人文・社会科学がいわゆる「物理学帝国主義」の侵入を受け、自然科学を範とする方法論にこだわりすぎたために、アカデミズムの世界において評価されること以外に、ほとんど意味をもたない「研究」が少し多くなりすぎているような気がする。もちろん、これまでの研究がすべて無意味であるとか、対象化を試みる心理学は意味がないとか、主張する気は毛頭なく、それらの重要性を認識した上で、それと共に、「私」の経済学や「私」の社会学なども出現してきていいのではないか、というのである。そして、その際、後者の仕事を前者の評価規準で判断しないことが必要である。後者は後者の独自の判断規準をもつべきと思われる。

三　心の転換期

自然科学の体系をつくる上において、人間の心というものを除外し、それによって確かに有用な知の体系をもつことが出来たのであるが、その知をそのまま人間に当てはめたり、その知によって知り得たことを「現実」である、と思いこみはじめたところに、現代の人間の心の危機があると思われる。このような考えが、人間の人生観に強く取りこまれてしまうと、人間は自分自身を支配したりコントロールしたりするようになり、それに用いる知が「私」抜きの普遍性をもっているために、その人は極めて画一的で同調性の高い人間になる。個人主義が大いに尊ばれているアメリカにおいて、同調性が非常に高いのも、このようなことの結果であると思われる。人々は、何が正しいか、何をすべきかと考えるとき、「私」の外にある法則に従おうとするので、このようなことが生じるのである。このような人を「私」というかけがえのない存在の深みへと引き戻すのは、現代においてはおそらく、心の病いが一番強力なものとなっているのではなかろうか。現代においては、心の病いになることは、一概に恥ずべきことであるとは言えず、むしろ、それによってどのような心の課題が自分に与えられているか、と考えるべきであろう。そして、その課題は自分の個人のことをこえ、現代の社会や文化の課題に深く関連していることもわかるであろう。

ただ、個人の心のことを除外しようと、これまでの科学が努力してきたことは、それ相応の理由があり、ここに、心の問題、「私」ということを入れこんで新しい体系――そのようなものがあるのかどうか――をつくろうと試みることは危険極まりないという自覚も必要である。さりとて、これまでの方法のみでは、どうしても行きづまりが来るし、心の病いの増加などという現象が生じてくるかも知れない。ともかく、現代という時代が、われわれの考え方に思い切った転換を迫っているということは逃れようがないと考えられる。

1　部分と全体

人間は自然を相当に支配できてきたと思っているが、人間の心ということになってくると、なかなかそうはいかない。ノイローゼの場合などは明らかだが、そうでなくとも、人間の心は自分の意のままにすべてが動くものではない。自分でも「思いがけない」ことが生じてくるのが、人間の心の特徴である。人間の心は人間が意識し

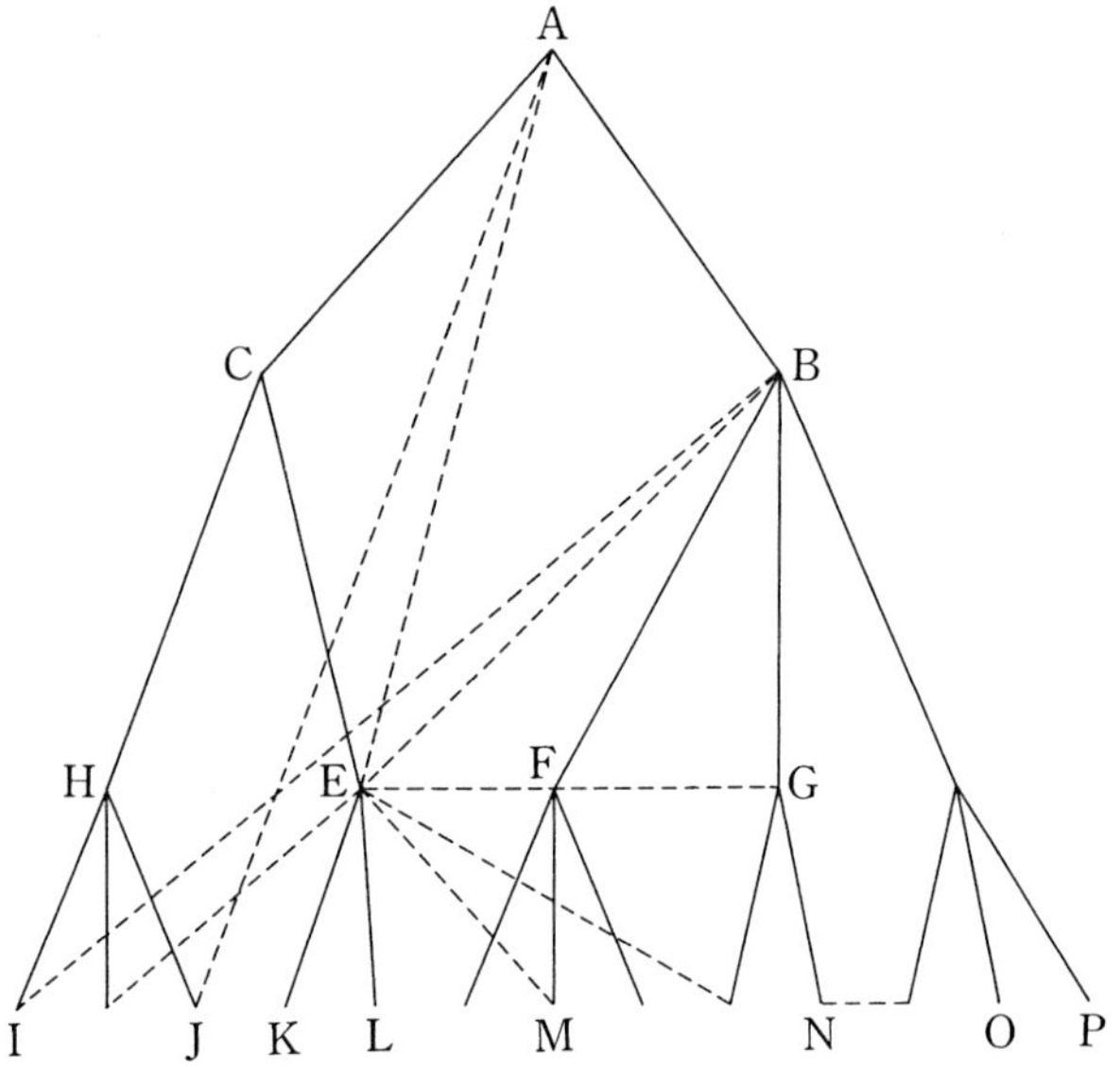

図1　ツリーとリゾーム

得る範囲をこえて、はるかに広く、未知な部分を含んでいる。その全体がいかに把握し難いかを、ドゥルーズとガタリによって提唱された「リゾーム」という考えを用いて、外に論じた[3]ことがある。それについて、ここに簡単に触れる。

ドゥルーズとガタリによると、リゾーム(根茎)はツリー(樹木)に対するものである。ツリーについては、「セットの集まりがツリーを形成するのは次の場合、そしてその場合のみである。この集りに属する任意の二つのセットをとれば、一方が他方に完全に含まれるか、まったく無関係のいずれかである」ということになる。図1の実線で示したような構造で、会社のなかの組織図や、動植物の分類表などを思い浮かべていただくとよい。これは木のようにうまく枝別れしていて、枝と枝とがつながることのないシステムである。

リゾームは「任意の一点は、任意の一点と結合しうるし、結合すべきである」存在で、図で言えば、これらすべての点がつながってしまうわけである。点線でそのいくつかを示しておいたが、こうなってくると、システムと言えないほど錯綜してくるのがわかるであろう。リゾームは理論的にはすべての点がすべての点と結ばれるのだが、その結合に強弱があるとして、その強い結合のみを点線で図示したと考えてみよう。そして、これを会社の組織図と考え、Aを部長、B、Cを課長、E、Fなどを係長、I、J、……Pを平社員などと考えてみると、その感じがよくわかるであろう。たとえば、同じ課長のBとCを比較しても、Bの方がはるかに豊富な人脈をもち、情報量が多いことが推察される。そして、係長のEは、影の中心とでも呼びたいような関係をもっていることもわかる。同じ、平社員のI、J、M、O、を比較しても、その立場が異なることがよくわかる。実際に、会社においても、点線で示した関係は、親類関係、先輩・後輩、趣味の関係などによって結ばれており、その関係を知っているものといないものとでは、社内における仕事の難易が相当に異なってくるであろう。思いがけない結合のために、思いがけぬ結果が生じたりしてくることがある。

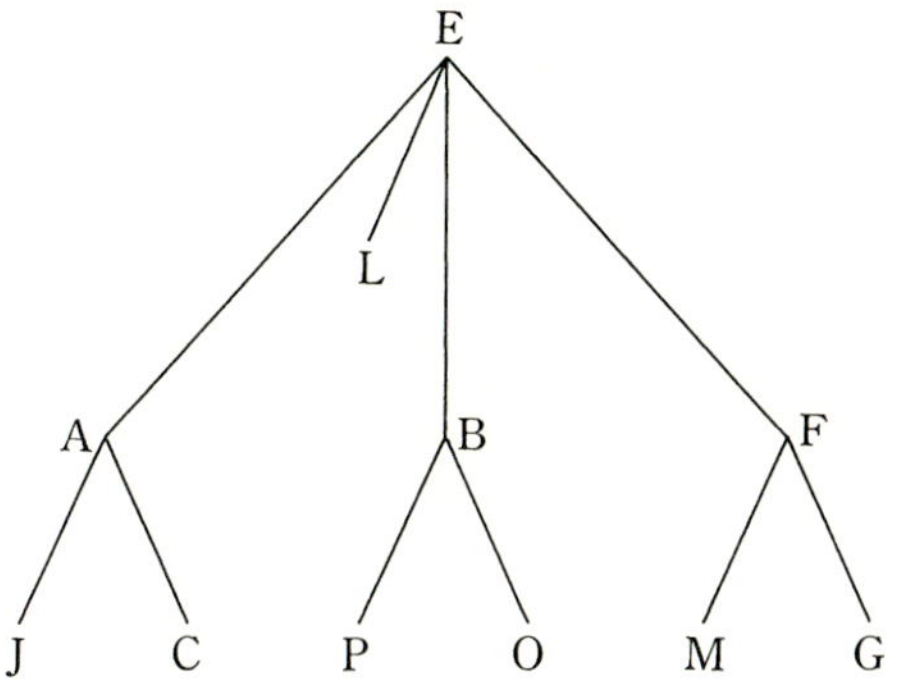

図2　ツリー構造の抽出

　ドゥルーズとガタリは「リゾームは、いかなる構造的ないし生成的モデルにも属さない」と言う。まさにそのとおりで、システム内のいかなる点も他と結合しているのだから、そこに構造的なモデルなど見出せるはずがない。そこで、人間はその全体ではなく、ある一部を抽出してモデルをつくり、それを利用していると考えられる。たとえば図1の実線のみのツリー構造だけでは、なかなか実状が把握し難いとき、ここでの実力者E係長を頂点にして、ある程度捨象を行なって、次のようなツリー構造を考えてみることにしよう(図2)。このツリーを先のツリーと重ね合わせて考えてみると、大分実状に近づくのではなかろうか。

　ドゥルーズとガタリは「樹《ツリー》は、西欧の現実と西欧のあらゆる思考を支配してきた」と言う。従って、わが国においても西欧の考えに基づいている——西欧よりも、もっと西欧的と言える——アカデミズムの世界では、たとえば、このシステムのなかで、図2に示すようなツリー構造の存在を指摘する「研究論文」を発表すると、高く評価されるであろう。ところが、実状としては、Eの最も親しいのはMであり、EとCとの間には強力な反撥関係が潜在していて、そのことを不問にすると、どれほどうまくツリー構造を抽出し得ても、現実から離れたものとなってしまう。このようなことは、よく生じているのではなかろうか。ここで現実の方に注目しすぎる研究発表をするとツリー構造が壊れてしまって、「学問でない」という非難を受けたりするのである。

人間の心という点について、このモデルを用いるなら、人間の意識はできるだけツリー状のシステム化を行おうとすると言える。たとえば動物を見ても、それを「分類」する、devide and rule はまさに意識体系の確立のためのモットーでもある。そこで、桜の花であれば、それは植物として分類されると共に、色としてはピンクとして分類されることになる。ところが、ある人にとっては、花見のときに子どもが交通事故で死亡したりすると、桜と車とが結びつき、そこに強い悲しみや怒りの感情がつきまとってくる。このようなことは、個人によって随分と異なる結合状態があるために、人間の心の理解は極めて困難となってくる。

もっと深く考えるならば、一本の桜の木を見たとき、心が体験することは実に測り難いほどのものがあろう。そもそもそれを「桜の木」として取り出してくることによって、その存在に限定を加えているし、「桜」という名にとらわれて、その色、形、匂いその他複雑極まりないことの一部を区切りとって意識化しているわけである。もし、桜の木そのものの全体の体験が意識化されたら、人間は気が狂ってしまうことだろう。人間の意識は「桜」という名を与え、分類することによって自分の存在を守り、わかったつもりになっている。桜それ自身の体験はリゾームなのである。だからと言っても、リゾームはリゾームである限り構造をもたぬので、何とも仕方ないのであるが、せめて人間はそのような事実を認識しておく必要がある。さもなければ、自然科学的認識によって把握されたものが、「現実」であると思い誤ったりするからである。

2　多光源パラダイム

心の問題が関連してくると、われわれは一元的な科学という考えを放棄しなくてはならなくなる。自然科学は、客観的な観察事実、実験状況の画一性、実験条件の明確化と反復可能性などに支えられて、その普遍性、一元性を主張する。このような方法に支えられている心理学の存在を認めるが、それのみでは、心の現実を把握できないことは、これまでに述べてきたとおりである。心の現実を知るためには、既に述べたように、主体と客体とのかかわりが深くなり、両者の区別があいまいになってくるので、いわゆる「客観的事実」という事が言えなくなってくる。しかも、筆者が主張するように、「私」の心理学などと言いはじめると、無数の心理学ができることになる。この混乱についてどう考えるべきであろうか。

一元性を求める傾向が人間に強かったのは当然であり、そこには完全な統合性があり矛盾が存在しない。従って安心である。ところが多元的になると、矛盾が生じ、何が真であるかについて争いが絶えないであろう。ここで前者の便利さに固執する人は、自分たちの一元的な体系に当てはまらぬものは「現実」ではない、と言って拒否するようなことにもなる。たとえば、その体系によって説明できぬことは「偶然」と称して無視してしまうのなどはその例であろう。しかし、人間が現実に生きることを考えてみると、そこで「偶然」のはたらく要因がいかに多いかを思い知らされる。今回は論じることができなかったが、ユングが「共時性の原理」を主張したのは、生きる現実に近いパラダイムを持とうとして彼が努力したことを示している。臨床家として生きた人間を相手にしている限り、一元的体系によってそれを律し得ないことを痛感させられるのである。しかし、ユングが共時性について語ったときの、それに寄せられた他からの感情的反撥の強さを思うと、一元的科学の枠をこえる難しさも感じさせられる。

心の現実について、これまで述べてきたことは、実はもっと拡大すべきであり、自然科学の分野においても、主体と客体の完全な分離ということに疑問がもたれ、いわゆるニューサイエンスの興隆が認められてきている。このことについては、他に詳しく論じた(4)ので今回は割愛したが、これについて少しだけ述べておく。いわゆるニューサイエンス、あるいはトランスパーソナル心理学などは、西洋近代に確立された自我を超えようと努力して生じてきたものであり、これまで述べてきたことと深く関連しているものである。その大筋において筆者も賛成であるが、危惧しているところは、これまでの一元的科学に反対しようとして、自らも他の一元的科学を生み出そうとする可能性があること、および、アカデミズムの反撥が強すぎるために、それに対抗したり、アカデミズムの固い傾向を補償しようとしすぎて、極めてあいまいな、あるいはファナティックな様相を呈したりすること、である。アメリカにおいては、アカデミズムの世界における頑固な行動主義と、民間において「心」のことを取りあげる怪しげな、いろいろなワークショップなどの隆盛との対比が著しく認められる。これは非常に危険な状態である。

そこで提案したいことは、何らかの一元的システムを「正しい」ものとして提出するのではなく、「現実」の多元性を認め、さりとて多元的現実を統合するようなパラダイムもにわかに見つからぬので、むしろ、そのような複雑な現実を照らす光源がいろいろとあり、異なる光源によって異なる角度から照らしてみるとき、現実が異なる様相を示すのだと考えてみるようにしてはどうであろうか。

同じ対象でも光源の位置や強さによって影の在り方が変ってくる。従って多光源によって照らすほど影は存在するにしても薄くなってくるだろう。あるいは、多光源を一時に使用できぬ——そのような際が多いであろう——ときは、光源を時と場所によって変えることによって、その場合に必要な現実の姿を見ることになるだろう。自分はひとつの光源によって大体の現実把握をこころみるにしろ、それが「絶対」でないことを知るために、何か他の光源を補助として用いることを考えてみてもいいであろう。ユングは自分の体験を相対化するために、ヨーロッパの精神史、特にキリスト教と錬金術という光源を用意したと言えるであろう。自然科学者も何かそのような余裕をもつ必要があるのではなかろうか。光源という考えは、それによって「照らす」のであって、それによって「秩序づける」というのではないところに意味があると思われる。

今世紀の終りに、人類はとうとう地球の外に出て、地球の全体像を見るという画期的なことを行なった。地球を全体像として見たということは、極めて象徴的に思われる。人類の意識は相当な変革を要求されている。これまでのように、自分のところにのみ光源を据えて世界を見たり、自分のところは中心で他は辺境であると断定したりするのではなく、多光源によって、全体を見る訓練をしなくてはならない。しかし、それは「私」という存在を離れた絶対的な一点を仮定するのではなく、「私」から出発して、私がそもそも自と他との区別をのりこえる努力をし、あちこちの光源からものを見ることをして、はじめてある程度可能となることである。

これまで論じてきた点から考えても、転換期において新しい領域を切り拓くためには、アカデミズムの世界がもっと開かれたものとなるべきであることを、自らも大学人として痛感している。大学人は自分のよって立つ光源のみではなく、他の光源によってものを見ることを学ぶべきであるし、アカデミズムの外で対抗しようとする人も、自分の思いつきや、「偶然」に支えられた、ひとつの光源にのみ頼るのではなく、それが他の光源やアカデミズムの光によって見たときにはどうなるのかなどについて考えてみることにより、お互いがもう少し建設的なこころみをすることが可能になるであろう。

心という不可解なものを敢えて入れこんでくることによって、これまでの学問が困難ではあるが豊かなものとなると考えている。多光源のパラダイムの研究においては、それがまさに多光源であるという意味で、学際的研究を必要とすると考えられる。

注

（1）河合隼雄「現代と境界」、『生と死の接点』岩波書店、一九八九年、所収。〔本著作集第十三巻所収〕

（2）笠原嘉「概説」、『岩波講座 精神の科学1 精神の科学とは』岩波書店、一九八三年、所収。

（3）河合隼雄「無意識の科学」、『岩波講座 精神の科学1 精神の科学とは』岩波書店、一九八三年、所収。〔本巻所収〕

なお、以後のドゥルーズ／ガタリからの引用は下記による。ドゥルーズ／ガタリ、豊崎光一訳『リゾーム』朝日出版社、一九六七年。

（4）河合隼雄『宗教と科学の接点』岩波書店、一九八六年。〔本巻所収〕

人間科学の可能性

人間研究の発展

「人間科学」をどのように定義するかは、人によって相当に異なる。極めて総括的に、「人間にかかわる諸事象を探求する科学」と考えると、これまで「人文科学」として考えられていた範囲を超えて、社会科学、自然科学の人間にかかわる領域もはいってくることになって、相当な広い範囲にわたることになってくる。

平凡社の『大百科事典』の「人間科学」の項目を見ると、「人間にかかわる諸事象を探求する諸科学の総称。人文科学とほぼ同義語で用いられることもあるが、とくに一九六〇年代以降、言語学、人類学、精神医学、精神分析、心理学、社会学をはじめ、脳神経生理学や動物行動学などを含む人間の諸活動の科学的探求が、旧来の人間理解を根底的に揺るがすほどに発達したのにともない、人文科学に代わってこの語が用いられるようになった」と述べられている。これによると、「人間科学」のカバーする範囲は極めて広範なものになり、これに対して、たとえば、精神分析、社会学、脳神経生理学などを一括して、「科学」と呼んでいいのか、と疑問を感じる人もあるであろう。

このような疑問はともかくとして、ここに述べられているように、「人間にかかわる諸事象の探求」が、「旧来の人間理解を根底的に揺るがすほどに発達した」のは事実であろう。

誰しもまず念頭に浮かぶのは、生命科学の発展であろう。人間を対象としていかに科学的研究が進んでも、その「生命」は神秘な領域で不可侵であるということを、誰しも漠然と考えていたであろうが、それに対する科学的探求が思いの外に可能であることがわかってきたのである。また、臓器移植などの医療技術の急激な発展のため、人間の生命や死などについても、従来の考え方を超える必要が生じてきた。また、ＤＮＡの発見以来、いわゆる、ＤＮＡ→ＲＮＡ→タンパク質というセントラル・ドグマが成立し、ＤＮＡの解読によって、個々の人間の「設計図」が明らかになるのではないかとさえ思われた。

生命科学の発展に対しては、それに目を見張り、大きい期待を寄せる人と、科学技術によって、人間の生命が「操作」され、人間の尊厳性が傷つけられるのではないか、と危惧する人が生じてきた。このことに対しては、米本昌平が極めて妥当な論を展開している(1)。詳しくはそれを見ていただくとよいが、要はＤＮＡの研究によって相当なことがわかるにしろ、「現行の手法でＤＮＡを少々出し入れしたくらいでは生物は簡単に変ってくれない」ということらしい。ひと頃騒がれたような、過大な評価や恐れをもつ必要はないが、ともかくＤＮＡの発見は、人間の研究にとって画期的なことであることは間違いないことである。そして、このような研究は今後ますます発展してゆくことであろう。

ここにあげたような人間に関する科学的研究に対して、同じく「科学」であることを主張しているが、まったく異なる様相を示すものとして、キュブラー・ロスによる「死後生」(life after death) の研究について考えてみよう。死後生などと聞くだけで「非科学的」と断定したくなる人もあろうが、内容について何も聞かない前から断定を下してしまうのは「科学的態度」とは言えないであろう。われわれはともかく彼女の言うことに耳を傾けるべきである。なにしろ、キュブラー・ロスは、死後生について彼女が信じているのではなく、科学者として知っていることを強く主張しているのである。[2]

　キュブラー・ロスは、不治の病いによって死に至ろうとする人たちにつきそい、死に至るまでの体験を直接に聞きとることをした。はじめは拒否的であった人も、心を開いて話をするようにすると、多くの人が率直に自分の経験を語ってくれた。そのような証言を基にして、彼女は「死後生」の存在を主張する。ここで、その真偽の問題は暫くおくとして、彼女がこのようなことを勇気をもって行うまでは、死にゆく人の傍につきそって、その体験を聞こうとする人はいなかったし、彼女はその結論を、彼女のそのような体験から導き出してきているのであって、彼女の哲学とか宗教とかによる信条によって述べているのではない、ということに注目すべきである。彼女が経験的事実を踏まえて発言している、という意味において、それを「科学」ということはできないであろうか。

　彼女が明らかにしている事実のなかで、彼女が「肉体離脱体験」と呼ぶ現象がある。瀕死の状態に陥ったとき、その人は自分の肉体を離脱した、高所から自分の身体とそれを取り巻くすべての状況を「見る」というのである。その人が瀕死の状態から蘇生して、その死を語るとき、確かにそれは現実の状況と一致し、その人が「見ていた」ことを承認せざるを得ないのである。キュブラー・ロスは、このことを立証するために多くの例をあげているが、その点については省略するとして、われわれはこのような事実をどう受けとめればいいであろうか。

　人間に関する研究として、最近において注目されていることの例として、ＤＮＡのことと、キュブラー・ロスによる死の研究を取りあげてみた。それは確かに人間にかかわる事象の研究ではあるが、読者はそれらがあまりにも異なるものであると感じられるであろうし、なかには、後者の場合は「科学的」研究ではない、と考えられる人もあるだろう。このような点について、われわれはどのように考えるべきであるか。次にそれを論じることにする。

対象としての人間

人間科学における根本問題は、研究の対象が人間であり、それを行う主体の方も人間である、ということである。このことは、人間科学を考える上で忘れてはならないことである。しかし、「科学」という場合、われわれは、まず自然科学のことを考え、わけても物理学をその中心として考えるのではなかろうか。村上陽一郎は「科学」ということについて、常に深い思索を展開してきているが、一般に、科学的ということに対して、「分析的である」という暗黙の前提があり、このことをもう少し詳しく言えば、「現象を、ただ現象としてとらえるのではなく、その現象を、それを成立させている何らかの要素群に分解し、その要素群が、時間―空間のなかでどのように振る舞うか、その有様を記述することによって、もとの現象を説明する」[3]ということになろう、と述べている。そして、このような考えに立つ限り、物理学が科学のなかの模範となってくるのも当然であろう、としている。

村上の言うとおり、この方法によって近代科学はその方法論を確立し、これによって得た事象の因果関係の法則を知ることにより、人間は自然を支配するようになってきたのである。近代科学の成果は取り立ててここに述べる必要がないほど、われわれは日毎にその恩恵を受けて生きている。このように近代科学の成果があまりにも見事であるので、近代科学による現実認識が唯一の正しいものである、という考えが一般に強くなってきたのも当然である。しかし、ここでわれわれは近代科学が正しいというのと、近代科学による世界観が正しいというのを区別して考えねばならない。

近代科学のはじまりにおいて、その方法論の根本にいわゆるデカルト＝ニュートンのパラダイムがあることを忘れてはならない。このことは、必ずしも、デカルトやニュートンという人間がそのような世界観をもっていたことを意味するものではないが、近代科学のよって立つパラダイムを通常このように呼び慣わしているのである。デカルト＝ニュートン・パラダイムにおいて、最も大切なことは、明確な「切断」の機能である。自と他を切り離すこと、精神と物質を切り離すことが第一の前提である。他から切り離された「自」が自と無関係に、「他」を観察する。その結果わかってきたことは、「自」と無関係である故に、誰にでも通用する普遍性をもつ。このことは実に偉大なことである。ニュートンの見出した法則は、ニュートンという人間、イギリスという国などを超えて普遍的な真理としても提出できる。もちろん、これに対して疑問を呈することは誰でも可能であり、その際は、ニュートンの行なったのと同じ実験を、彼の「自」を事象から切り離す方法を踏襲して行い、検証することができる。論理実証主義という方法論によって、ある法則の正しさが、誰にでも何時でも、確かめることができるようになったのは、実に強力なことである。それのもつ普遍性というものが実に広いのである。

このことは、宗教における「正しい」ということと比較するとよくわかるであろう。各宗教が要請する正しさは、その教義を信じる人々にとっての普遍性をもつものではあっても、教義のまったく異なる宗教を信じる人々にとって、それは正しくないかも知れず、そのいずれが正しいかを実証する方法論は、普遍的なものとは成り難いのである。

自然科学の方法および、そこから得られる結果が普遍性をもち、その法則があまりに有効であるので、その方法を社会科学や人文科学が借りようとするのも無理からぬことである。そして、そのような方法によってそれなりの成果を得ている。そこで、自然科学の方法を人間に対しても適用することによって、「人間科学」が発展するわけで、最初に述べた、生命科学などはこの部類に属するであろう。このような「人間科学」は今後ますます発展してゆくであろう。しかし、これだけによって、人間の研究のすべてをつくしているとは言い難いのである。

ここで筆者の専門とする臨床心理学における例について考えてみよう。たとえば、ある非行少年に対して、われわれが「自」と「他」の区別を明らかにして、極めて客観的な研究を行なった結果、その少年の非行の在り方、両親の生き方、友人の有無などから判断して、「再教育不能」と断定する。その後も、客観的観察を続けたところ、確かに非行はますます悪化し、先の科学的判断は正しいことが立証される。このようなことをしても、まったくのナンセンスであることは誰しもわかるであろう。

このようなとき、臨床家のこころみることは、前述した自然科学的態度とは異なって、その非行少年の行為を、「それを成り立たせている何らかの要素群に分解し」たりするのではなく、まず、その少年を一個の全体的な人間として、むしろ、「自」と「他」との区別をできるだけなくするようにして、彼とのかかわりを求めてゆくことである。われわれがそのような態度で接してゆくと、その少年はあんがいに本音で話をしてくれたり、誰にも話をしたことのない大切な秘密を打明けたりして、そこから、彼が立ち直ってゆくきっかけが開かれたりする。もちろん、一度や二度の面接で事が解決することはなくて、われわれが前述のような態度で接し続けていると、彼もだんだんと変化して立ち直ってくる。ここは、そのことについて論じる場ではないので省略するが、このような過程を記述することも、「人間の科学」であると言えないであろうか。

先に、特別な例としてキュブラー・ロスの「死後生」のことをあげた。これはあまりにも極端でついてゆけない、とする人でも、彼女が死にゆく人を看とって、その過程として一般的に言って、1 死の否認、2 怒り、3

（神との）取り引き、4 抑うつ、5 死の受容、の五段階を経ることを明らかにした点については評価するであろう。彼女のこのような発見は、現在においてターミナルケアをする人たちに対する重要なひとつの指針となっている。このことにしても、もしキュブラー・ロスが死んでゆく人を「客観的観察の対象」とする態度で接していたのでは、決して明らかにならなかったであろう。つまり、研究の対象である人間に対して、研究者がどのような態度をとるかによって、そこに生じる現象が異なってくるし、また、そのことこそが人間の研究にとって極めて大切なことなのである。

臨床の知

人間を客観的対象として近代科学の方法論によって研究しようとするとき、その研究の主体である「自」は、デカルトの「我思う故に我あり」と言った意味における「我」であって、それは既に身体から切り離されており、全体的な人間存在としての「我」でないことも、よく認識しておかねばならない。ところが、その点を忘れてしまって、自然科学的な人間研究がすすめば人間全体のことがわかると考えるのは早計に過ぎる。

既に他で論じたが(4)、人間というものは、自分自身を理解したいと思っているし、そのことは自分自身の存在のためにも必要なことである。しかし、そのときの自分自身はデカルト的な「我」よりはるかに広いものである。そこで、自分が自分を理解しようとする際は、深層心理学という方法が効果を発揮してくるが、これは近代科学の方法論とはまったく異なるものであることは既に論じたので、ここには繰り返さない。しかし、このことも、人間科学を最初にかかげたように、「人間にかかわる諸事象を探求する」ものとして広くとると、そのなかに含まれてくるであろう。

近代科学の知は、確かに有効なものではあるが、それのみでもって人間を見るときは、人間を「もの」にしてしまう危険性をもつ。近代科学の知は、対象を支配し操作することにその特徴があるので、人間が人間を支配し操作することにつながってくる。このような考え方の必要な時もあるだろうが、これをもってすべてであると考えると、人間の研究が著しく偏奇したものになってしまう。

中村雄二郎は、近代科学の知に対して、既に明らかにしてきたような、「対象との身体的でかつ相互的な関係が、理論そのものにとって決定的に重要でかつ本質にかかわる学問」による知として「臨床の知」の重要性を指摘している。そして、彼は「臨床の知」の特色として、次の三点をあげている(5)。

第一に、近代科学の知が原理上客観主義の立場から、物事を対象化し冷ややかに眺めるのに対して、それは、相互主体的かつ相互作用的にみずからコミットする。いいかえれば、物事と自己との間に生き生きとした関係を保つようにする。次に第二には、近代科学の知が普遍主義の立場に立って、物事をもっぱら普遍性(抽象的普遍性)の観点から捉えるのに対して、それは、個々の事例や場合を重視し、したがってまた、物事の置かれてある場所《トポス》を重視する。いいかえれば、普遍主義の名のもとに自己の責任を解除しない。そして第三には、近代科学の知が分析的、原子論的であり論理主義的であるのに対して、それは、総合的、直感的であり、共通感覚的である。いいかえれば、表層の現実だけでなく深層の現実にも目を向ける。

中村雄二郎の言う「臨床の知」は、人間の研究において極めて有用なものであるが、これまでは近代科学のもつ「普遍性」などのためにその価値を貶められてきた。臨床の知を必要とする学問は、これまでともすると「自然科学」の形をとることに汲々としたり、自然科学の知を借りてきて、その体系をつくろうとして、実状に合わぬものにしたりしてきたが、最近になってそのことに対する反省が生じ、臨床の知としての独自の在り方を探そうとする傾向が生じてきつつある。

中村も言うように、臨床の知を獲得するためには、研究者が「みずからコミット」し、「物事と自己との間に生き生きとした関係を保つように」しなくてはならず、「普遍主義の名のもとに自己の責任を解除しない」ことが必要である。つまり、研究者即実践者であらねばならない。

たとえば、われわれ臨床家は時に経験することだが、クライエントから電話があって、「今から薬を飲んで自殺をします」などと言われるときがある。このようなとき、もちろん自殺を止めようとするが、そのとき万人に普遍的に通用する方法などは存在しない。時には、「死にたいのなら死になさい」と逆に突き放す方がよいときもあろう。しかし、そのようなことは、そのことの生じている場所《トポス》との関連であって、一般的法則は存在しないのである。

このようなとき、ある人がたまりかねて、「馬鹿野郎、お前のような弱虫は死ね」と叫び、それがクライエントの立ち直る大きいきっかけとなったとする(そんなことは実際に生じる)。そこで、その人が自殺しようとするものには、「死ね!」と言えばよいという「法則」をたてたとすれば、どうなるだろうか。そんな馬鹿なことはないと誰しも思うだろうが、「臨床」の世界では、そのような「法則」があんがい有効性を発揮しているときがある。それは、その法則を本人が発見し、それを信頼し、それに賭けているために、「みずからコミットし、生き生きとした関係を保つ」ことができているので、その法則そのものの内容と無関係に相当な有効性をもつのである。

このことは、教育の分野でもよく生じており、何かの「新しい教授法」が考え出され、その方法を信頼し、熱中する教師の存在する間は、それは効果を生ぜしめるが、それほどの熱中度も持たず、そのような「よい方法」を単に「適用してみよう」とする教師が増えてくると、それは効力を失ってしまう。そして、その「新しい教授法」もだんだんと忘れ去られてしまう。

このようなことのために、臨床の知の探索の世界においては、常にドグマということが問題になってくる。人間が全存在をあげてコミットするということは大変なことであり、そのためにはドグマが必要とさえ言えるかも知れない。そして、そのコミットメントの結果、その人がそのドグマを科学的知と取り違えたりすると、そのために障害が生じてくることも当然である。このあたりのことを明確にし、障害を避けるためには、——既に、研究者は実践家でなければならぬと言ったが——実践家は即研究者でなければならない、のである。もちろん、この際の実践、研究ということを広く解釈することが必要であるが、この両者の不即不離の関係を、臨床の知にかかわるものはよく知っていなくてはならない。

科学概念の整備

人間の研究にぜひ必要であるが、中村雄二郎の言う「臨床の知」は「自然科学の知」とは方法論的に異なるものであることを述べた。この際、まぎらわしいので、自然科学の手法によるものだけを「人間科学」と呼び、その他のものは他の呼び方をして明確に区別するべきである、という考え方もあるだろう。確かに、異なることを明らかにさえしておけば、どのような名前をつけてもいいし、妙な混乱を生ぜしめないためには、これも一案であると思われる。しかし、筆者としては、「人間科学」をひろくとり、前述した「臨床の知」に関するものなども含めて考えるべきであると考えている。

このように考えるのには、大きく言って二つの理由がある。まず第一に、このように考えないと、自然科学のこれまでの強さから考えて、人間の研究は自然科学的な方法が唯一の正しい方法であると考えてしまう傾向を助長してしまうであろう。第二に、臨床の知の方は、「科学」としての反省をもつことによって、単純なドグマ化を行うのを避けることになるであろう。さもなければ、それは自然科学的な研究を拒否したりするような独善にまで陥る危険性をもつであろう。

これらの点についてもう少し詳しく述べる。人間を自然科学的な方法によって研究することは、今後ますます発展してゆくであろう。しかし、人間と人間とのかかわりを重視する方法で人間を研究することを忘れてしまっては、人間の「もの化」が起こり、人間相互間の生き生きした関係を失ってゆくことになって、危険が増大するであろう。あるいは、今回はあまり正面から取りあげていないが、自然科学の方法論の尖鋭化に対する、自然の側からの反逆とさえ見られるような、心身症や境界例の増大などの現象に人間が悩まされることになるであろう(6)。

自然科学は自ら限定する範囲内において、普遍性をもち、その真理性を主張できる。このことがあまりに見事なので、その方法のみが信頼し得る正しい方法であるとして、他の方法を拒否したり、――非科学的なものは正しくないという速断を下したり――、その限定の範囲をこえて真理性を主張したりする誤りを犯す。たとえば、ネズミを対象として、自然科学的な方法論によって学習の実験を行なっても、それをすぐに人間に「適用」しようとするのは誤りである。どうしてそのような適用が可能かについて考慮せず、その実験の方法の精密さに惑わされて、その結果が人間にまで通用すると考えるのは早計である。そのような実験そのものは価値をもつが、それを人間にまで及ぼすためには、まだまだ多くの検証が必要となるはずである。

自然科学が前述したような暴力を人間に及ぼすことのないようにするためには、科学の概念を拡大して、自然科学的アプローチ以外の科学が存在すると考える方がよいと思われる。

ところで、人間と人間とのかかわりを重視する方法は、これも「科学」としての反省を常にもつ方が望ましいと思われる。ここで、「科学」と言うことの最低の条件は、誰かによって提出された法則やモデルが経験的事実によって変更されたり棄却されたりすることを可能と考えることであろう。こんなことは当然と思われようが、既に論じたように、この領域においてはドグマがその強さを発揮しやすいのである。この法則はひょっとしてまちがっているかも知れぬと思いつつ、それに賭けることは非常に難しい。「これだ!」と思って賭けるとき、そのドグマの真偽よりも、そこに賭けたコミットの度合が、その結果に大きく作用することが多いからである。

だからと言っても、ドグマがいつも有効なのではない、相互主観的な検証に耐えられないものはだんだんと消え去ってゆく。このために、少しずつ普遍性をもった「法則」なり「モデル」なりが見出されてくるのである。このような過程を経てゆくためには、各人が「科学」の最低条件について意識し、ドグマ化を避ける努力をしなくてはならない。あるいは、自分がよって立つ「法則」や「モデル」を持つにしても、そのことにコミットしつつ、時には距離をとって眺める余裕をもつことになるであろう。

臨床の知を広義の人間科学に含めてゆくためには、それを記述する際に、それを獲得した状況を的確に述べるように努力しなくてはならない。それは「自」と「他」とを切り離したものではないので、自と他とのかかわりの在り方、そのときの自分自身の在り方、そのトポスなどについての記述が的確でないときは、それはほとんど価値がない。

ただここで非常に困難なことは、自と他とのかかわりや、コミットメントが深くなるとき、その状況を記述する言語が、概念的明確さを失いがちとなってくることである。そのような体験を抜きにして、知的理解のみに頼ろうとすると、その記述を真に理解することが難しくなる。深層心理学が珍重し、また多くの人にアピールするような用語には、このようなものが多い(たとえば、エリクソンによるアイデンティティなど)。その際、その用語を用いる人は、なぜ概念規定のあいまいな用語を使用するのか、それはどのような意味をもつのかなどについて説明する必要がある、と思われる。

新しい「人間科学」

以上述べてきたことを踏まえて、人間科学の将来の可能性、あるいは、新しい人間科学の在り方について考えてみたい。まず、第一は、デカルト＝ニュートン・パラダイムによる自然科学的な人間研究は、今後も続けてゆかねばならぬし、発展をしてゆくだろうが、それが唯一の正しい方法であるという考えを脱却し、他の方法に対してもオープンになること、および、その研究によって得られた結果の、人間に対する意味についてよく自覚することであろう。自然科学的な人間に対するアプローチが、人間を「もの化」すると反対したり、拒否したりする人もあるが、別にその適用の限界と意味を心得ている限り、そのような反撥は無用であろう。

次に、人間と人間とのかかわりを前提とする「人間科学」であるが、これについてまず言わねばならぬことは、事象の継時的連関の把握のみではなく、同時的(あるいは共時的)な連関についても注意を払うべきことである。たとえば、心身症の問題を考える際に、心と身体に分けて、そのいずれかが原因となっているというような継時的因果関係を考えるよりは、同時的に平行して生じている現象として見る方が実状に合っていると思われる。

あるいは、「自」と「他」とのかかわりを見る際も、「自」と「他」とのどちらかの状態が原因となって、どちらかが結果となる、という見方よりも、同時的にある種の現象が「自」と「他」に生じると考える方が妥当と思われることがある。継時的因果律を知った者は現象を支配できる。あるいは操作をすることができる。従って、このような現象の理解は人間にとって極めて有用なことは明らかであるが、共時的現象の把握ができたとしても、それは人間にとって有用なものであろうか。

共時的現象の把握によって、人間はその「意味」を知ることになる。確かに、そのことによって、現象を操作したり、支配したりはできないにしても、「意味」を知ることは、人間にとって大きいことである。人間は意味を知ることによって、自分自身を変えることはできる。たとえば、何か不幸な出来事にぶつかったときも、その意味を知らぬときは、怒りにまかせて破壊的なことをしたり、悲観してしまって無為になったりして、そのことによって問題をますます大きくしてしまうであろう。しかし、その意味を納得したときは、それに耐えたり、それに立ち向かったりすることが可能となるだろう。その人が事象を操作し、支配することはできないにしても、その時のその人の態度によって、まったく異なる結果が生じてくるのである。

不幸が生じたとき、その意味を知るひとつの方法として、偽の因果律による場合がある。たとえば、自分がそれ以前に行なった悪の報いとしてそのことが生じた、などと考える場合である。このような因果関係理解は、しばしば偽の科学とも結びつく。このとき、それは宗教の教義としても説かれることもある。つまり、共時的連関の現象は、宗教と科学の接点となるものである。これを教義に結びつけず、偽の因果関係把握による偽科学としてでもなく、「新しい人間科学」の知として取入れてゆくことが望ましい。

ところで、最後に残された問題は、デカルト゠ニュートン・パラダイムと、「臨床の知」として提出したことを統合するようなパラダイムは見出されるのか、ということである。いわゆるニューサイエンスは、そのためのひとつの試みであると言えるだろう。ニューサイエンスについては、他においても既に取りあげられており[7]、それらを参照していただきたいが、現在のところ、それはあまり成功しているとは言い難いようである。

筆者が目下考えていることは、おそらく、これからは「統合」ということがなくなるのではないか、ということである。無理な統合をするのではなく、異なったパラダイムの使いわけをすること、唯一の正しいパラダイムは存在しないと考えることではないかと思っている。このことについては、心の問題を論じた際、多光源パラダイムという用語を用いて論じたので、ここでは省略する[8]。

これまで述べてきたなかで潜在的に論じられたことであるが、現代までに著しく対立的に考えられてきた、宗教と科学ということが、新しい人間科学においては、統合はされないまでも、共存してゆけるような場を得られるのではなかろうか、ということを最後に示唆しておきたい。

注

(1) 米本昌平「危機に立つ「内」なる自然——遺伝子組換え・臓器移植・形而上学的ゆらぎ——」、『岩波講座 転換期における人間2 自然とは』岩波書店、一九八九年、所収。
(2) キュブラー・ロス、秋山剛/早川東作訳『新・死ぬ瞬間』読売新聞社、一九八五年。
(3) 村上陽一郎『近代科学を超えて』日本経済新聞社、一九七四年。
(4) 河合隼雄「いま「心」とは」、『岩波講座 転換期における人間3 心とは』岩波書店、一九八九年、所収。〔本巻所収〕
(5) 中村雄二郎『魔女ランダ考』岩波書店、一九八三年。
(6) このような点については、河合隼雄『生と死の接点』岩波書店、一九八九年、を参照されたい。〔本著作集第十三巻所収〕
(7) 渡辺慧「ニュー・サイエンス」をどう見るか」、『岩波講座 転換期における人間2 自然とは』岩波書店、一九八九年、所収。
(8) 河合隼雄、前掲注(4)論文。

対話の条件

一　対話の困難さ

宗教と科学との対話について考えると、まずその困難さの方が意識されるのではなかろうか。宗教と科学と言えば、対話というよりは、むしろそれらの敵対関係の方に関心が向いてしまう。おそらく、誰もがガリレイに対する宗教裁判などを想起するのではなかろうか。「それでも、地球は回っている」とガリレイが本当に言ったのかどうかはともかく、その言葉は決して「対話」として、宗教人に向けて発せられたものでないことは事実である。それは対話にならず裁判になってしまう。あるいは、近代になって、精神医学という科学の方法によってキリストの「病跡」を研究し、キリストがパラノイアであろうなどと結論しても、それは宗教と科学の対話になっている、とは言えないであろう。

もうひとつ、最近にあった例をあげよう。一九八四年三月に、欧米諸国と日本の科学者、哲学者、宗教家などが参加して「生命科学と人間の会議」というのが四日間にわたってひらかれた[1]。筆者もそれに参加したが、そのときに特別講演として仏教者の藤吉慈海師が「仏教の生命観について」話をされた。師は仏教がいかに生命を大切にするかについて述べ、「比丘《びく》となった人、つまり一人前の立派なお坊さんは、お寺の庭に生えている雑草を抜くことも禁じられています」と言われた。それにしてはお寺に雑草が生えていないがと、私の隣に居たヨーロッパの生命科学者がつぶやいていると、それに気づかれたのか、藤吉師は「お坊さんは、信者に向かって「あそこに草が生えているね」と申しますと、信者が代って草をとってくれる」と言われた。

私の観察によると、このような説明は、欧米の科学者たちに納得されなかったようである。「生命がいかに大切か」という、せっかくの仏教者の話は、残念ながら欧米の科学者の心にとどかなかった。生命ということをめぐり、科学者、哲学者、宗教家などが一か所に集まって話し合ったのであるが、「対話」となると実に難しいことだ、と私はその会の参加者の一人として痛感したのである。

それでは、そもそも「対話」ということはどういうことであろうか。二人あるいはそれ以上の人間の間に成立するのは、次のような条件が満たされているときであると思われる。

(1) 参加者はその話題に関して対等の立場にある。
(2) 参加者の発言の自由が保証されている。
(3) お互いに了解し得る言語で話し合う。
(4) 話の内容のいかんにかかわらず、お互いの関係を切らない。
(5) 参加した結果、何らかの新しい発見があることが望ましい。

以上のようなことを考えてみた。われわれが実際に誰かと話し合っていて、「対話」ができたと思うときは、以上のような条件が満足させられているのではなかろうか。話者のどちらかが優位にあるときは、忠告、助言、教える、説教する、などということになってしまう。また、発言するときに、これは言ってはならないとか、気がねをしていたりしては対話にはならない。お互いに了解し得る言語というのは、同じ国の言葉ということ以上に、もっと厳密な意味で言っている。たとえば、親子の間など、お互いの言葉が了解できないことがよくあるのだ。

発言の内容のいかんにかかわらず関係を切らない、関係の継続の意志がある、ということは大切なことである。そんなことでは「話にならない」とすぐに関係を断ってしまっては駄目である。そして、実際のところ、すぐにでも関係を断ちたいほど相手のことを無理解と思ったり、あるいは、相手にそう思われそうなことをあえて言ったりしつつ、関係を継続してこそ、実りあることになるのだ。対話は相当な心的エネルギーを必要とする仕事である。

以上の(1)―(4)を満たしておれば、必然的に生じると言ってよいほどであるが、対話の結果として何らかの発見があるはずである。(5)に「望ましい」としたのは、新しい発見ということにこだわると焦ってしまうし、時には発見のないような対話も継続しているうちに、発見に至ることもあるからである。時には、片方だけに発見が生じることもあるが、だいたいは対話者がそれぞれ発見をするものである。

対話について以上に述べたことは、実は筆者の心理療法家としての経験に基づいて言っている。心理療法こそ「対話」による仕事であり、ここに述べたようなことをし遂げるために多大なエネルギーを使っているのである。そして、それがいかに困難なことであるかも、経験的によく知っているつもりである。そこには、了解し難いことを何とかして了解しようとする努力や、すぐにでも断ちたいと思う関係を維持してゆこうとする強い意志などが必要となるのである。

対話をこのようにして考えてくると、宗教と科学というものの性格から考えて、その対話などほとんど不可能とさえ思えてくるのである。まず、宗教者とそれ以外の者との場合を考えてみよう。もし、宗教家が絶対者の代弁者として発言するならば、その相手は決してそれに対等であることはできないであろう。対等であろうとすることは、「絶対者」を否定することであり、それではその宗教が成立しないのである。それに、その宗教が戒律や教義をもっているとき、それに反する自由は許されないであろう。とすると、宗教家と「対話」することは、非常に困難ということになる。

科学には「絶対者」はない。しかし、科学者が「真理」として主張することには絶対と言っていいほどの確信をもっている。それを破るようなことが実証的に出て来ない限り、彼はその真理を疑うことはないであろう。とすると、科学者が非科学的な人と対するとき、そこには「対等」な関係が生じることはできないであろう。片方は真理について知る人であり、他方はそれを知らない人なのである。あるいは、科学者がその理論によって説明できない現象について語る人に対して、「そんな馬鹿なことはない」とか、「単なる偶然である」として、切り棄ててしまうなら、そこには「対話」の成立する余地がなくなってしまう。

端的に言ってしまえば、宗教家であれ科学者であれ、「対話」をするのが非常に困難な人たちである、ということになる。「対話」の相手にするには「偉すぎる」のである。そのような両者が対話するなどということができるのであろうか。あるいは、そのような必要があるのであろうか。もちろん、非常に偉い、有名な科学者と宗教家が「対談」することなどはよくあるだろう。しかし、そのような場合はお互いに慎重に他の領域を犯すことのないように礼儀正しく行われるので、それは筆者がここに述べている「対話」とは本質的に異なるものであることは明瞭であろう。もっとも、そのような「対談」が極めて有益であったりすることには、反対するものではないが。

このような「偉い」宗教家と科学者の対話が不可能としても、自分の心のなかの宗教家と科学者の対話という点で考えてみるとどうなるであろうか。人間は誰しも心のなかにそのような人物をもっている、と言ってよさそうである。たとえば、筆者の心のなかの宗教家が輪廻転生を信じているとすると、自分の心のなかの科学者に「そんなことってあるのでしょうか」と話しかけることだろう。そこで、科学者は何と答えるか。「そんな馬鹿なことはあり得ない」と言う。そしてその「論戦」に科学者が勝利すると、筆者は輪廻転生などということを棄却することになる。

　このような対話も、現代では成立し難くなっているようにさえ思われる。心のなかの「科学者」が優位を誇るようになり、「宗教家」の方はまったく無力になってしまう。そして、その人は無宗教、無神論を標榜することになる。現代の日本人にはこのような類の人が多いのではなかろうか。宗教家が主張するような多くのことは、現代の科学によって否定されることが多いように思われるのである。

　筆者はかつて、小学生の女の子に、宇宙の構造についていろいろ質問され、銀河系のことなどの話をさせられた後で、彼女の死んだ母親は今どこに居るのかと質問されたことがある。彼女は大人たちが慰め顔に、あなたの母親は天国に居るとか、またいつか会えるからね、などと言うのを聞くとそれを信じたくなってくる。しかし、彼女の心のなかのそのような宗教者は、科学者との対話に困難を感じ、その対話がどのように大人の心のなかで行われているかを知ろうとして、筆者に問いかけてきたものと思われる。

　そのような心のなかの対話を抜きにして、単なる口先だけの慰めとして、あなたのお母さんは天国にいると言っているのだとしたら、それは欺瞞である。そのような「大人だまし」に子どもはだまされない、と彼女は言っているのである。われわれ大人は、心のなかでの宗教と科学の対話が自分としてはどのように行われているかについて検討してみる必要がある。心のなかでも宗教家と科学者はそっぽを向き合ったままで共存しているのであろうか。宗教と科学の対話というとき、このような心のなかでの対話についても考える必要があると思われる。

二　近代科学の点検

心のなかでも宗教家と科学者はそっぽを向き合っているのか、と述べたが、実はわれわれが現在、近代科学の創始者として考える有名な人たちの心のなかでは、両者は完全に共存していたのである。この点については、村上陽一郎『近代科学と聖俗革命』(2)に詳しく論じられている。同書より引用しつつ、村上の論をまず紹介する。

村上は、十七世紀に「今日われわれが、自然科学という言葉で呼び慣わす知識体系はほとんど、この世紀に集中して形成された」ことをまず指摘する。たとえば、一六〇九年にはケプラーの『新天文学』、一六三二年にはガリレイの『天文対話』、一六四四年にはデカルトの『哲学原理』がそれぞれ刊行されている。その他名前をあげることは省略するが、それぞれの分野で「近代科学」の創始者と考えられる人たちがここに名を連ねている。

しかし、これらの人をわれわれが現在用いているような意味で、「科学者」と同じと考えるべきではない、と村上は警告する。「近代から現代への自然科学の歴史的な発展過程のなかで、人びとは、一七世紀の登場人物たちの主張や考え方のなかから、ある一つの様相だけをとり出し、それ以外のものをすべて捨て去った結果をもって、近代自然科学と呼んでいるのだ、と言うのが正しかろう。」つまり、近代＝現代の科学者たちは、十七世紀の学者たちの業績のなかから、自分たちが「科学的」と思う部分だけを取り出してきて、「科学」と呼んでいる、と村上は主張する。

たとえば、ケプラーは惑星の運動の三法則を定立したが、それは現代人の考える「科学的」思考とは大いに異なり、「彼の三法則発見の直接的動機は、この宇宙には、音楽的な和声、すなわち数的な秩序が成立しているという確信に裏づけられた「調和」の探求であった」。そして「このような「調和」の思想は、今日の眼から見れば、「科学的」どころか「神秘的」としか言いようのないものであった」。ニュートンもまた、ずいぶんと「神秘的」な考えに傾斜する人であったことも、よく知られている。錬金術、心霊術、神学などに対して、彼は単に関心をもつなどという表現をこえたコミットメントを示している。

このような事実を考えると、十七世紀に生きていた「科学者」と現代の科学者の間に相当な不連続面が存在することがわかるが、それについて村上は「聖俗革命」と呼ぶことを提案する。すなわち、十七世紀の「科学者」たちは、神と人間と自然との関係について考え、「神の存在のなかにのみ」把握し得る自然に関する真理を、人間がいかにして知るか、について努力してきたのに対して、現代においては「神の存在のなかに」ある真理が「人間の心のなかに」とかきかえられ、「「信仰」から「理性」へ、「教会」から「実験室」への転換」が生じたのであり、まさに「聖俗革命」と呼ぶのにふさわしい大変化である、と考えるのである。

このような転換は十八世紀になると、ますますその形を明らかにすることになり、「一八世紀は、自然についての知識が、人間と神との関係において、いかなる位置を占めるか、という問いそのものが次第に風化し、神が棚上げされ、知識論は人間と自然との関係のなかだけで問われるようになる。言い換えれば、神の真理ぬきの真理論、そして神の働きかけぬきの認識論が成立するようになる過程が進行してゆく時代と考えられる」。

村上の提案する「聖俗革命」は、したがって、二つの段階がある。「その第一は、知識を共有する人間の側の世俗化がそれであった。」神の恩寵などに関係なく、すべての人が等しく知識を担い得る、と考えるのである。第二の段階は、「神—自然—人間という文脈から自然—人間という文脈への変化がそれである」。つまり、神の存在を前提にせずに、人間が自然に関する真理を知ることができる、と考えるのである。

神ぬきの真理の探究を行うようになった科学は、十九世紀においてその成果をテクノロジーと結びつけることによって、その有効性を世に示すことになった。しかも、それはヨーロッパという狭い地域を出て、全世界に対してその有効性を——相当な流血と引きかえに——示すことになった。科学・技術の成果は、地域・文化・宗教などの相違を超える「普遍性」を示す点において、驚くべきものがあった。

このような「普遍性」をもった科学がテクノロジーと結びつくと、人間は誰しも自然をコントロールできるようになると考える。そのようなことが可能であるためには、近代科学における方法論において、観察者が観察するべき現象と完全に切断され、それを「客観的」に観察するという前提を必要とする。つまり、神という絶対存在が思考のなかから排除されるのと引きかえに、「客観的」に現象を観察する、現象に対して絶対的な地位を保つ、観察者が出現したのである。そして、その観察者は「現象」をテクノロジーによって操作する「支配者」に姿を変えてゆく。神の代りに現象の外に立つ「人間」が、支配者として登場してきたのである。

このような支配者としての地位を獲得するためには、他と切り離されて自立した「自我」を確立しなくてはならない。したがって、十九世紀の欧米人にとって、自我の確立、自立ということが重大な目標となったのである。完全に自立した自我をもったものは、他を支配できる。ここで興味深いことは、この世を創り出すという仕事をなし遂げ、言わば世界と切り離されて独立に存在している神というものを否定しながら、構造的にはその一神論的構造を継承して、その神の位置に人間(自立した人間)を置くことにした、という事実である。(3)

神ぬきで人間を考えるとするならば、人間の「進歩」ということが非常に大切になってくる。ともかく以前の人間より「進歩」している、ということによって安心できるのだ。これまでは神によって認められることによって安心できていたが、それがなくなると、何らかの尺度を人間がもたねばならず、その点で「進歩」というのは非常によく見えるし、実際にテクノロジーはどんどん進歩し、人間の支配力は高まる一方である。

このような近代の傾向に対して、まず疑問を呈したのは、人間の悩みの種となる「神経症症状」であった。症状は自我のコントロールに服さない。それを神からの贈りものとか、罰とか考えることができないとすると、何とかして、それを「普遍的」な法則によって説明することを試みなくてはならない。それに挑戦したのがフロイトであり、それはある程度の成功を収めた。彼は「無意識」という概念を導入してくることにより、神経症の症状の発生を、原因—結果の連鎖によって説明できると考えた。この点は周知のこととして繰り返しを避けるが、ともかく、人間の心が「科学的」に究明され、神経症が「科学的」に治療されるということになり、言うなれば、近代科学の応用範囲が人間にまでひろがったと考えられた。

しかし、そこには落とし穴があった。厳密な方法論に立つ近代科学者が厳しく批判するように、フロイトの精神分析は近代科学ではないことがすぐ明らかとなった。つまり、そこでは現象と切り離された「観察者」という立場を取ることができないのである(だから精神分析はまやかしだとか、役に立たないなどと速断できぬことは、次節の論によって明らかにする)。治療者と被治療者の関係を抜きにしては、精神分析のことを語れぬことが明らかになってきたし、たとえフロイトが初期に主張したように、分析家が客観的観察者となり得たとしても、患者の内省に頼らぬかぎり治療はすすまないし、患者は自分の「無意識」について報告するときに、客観的観察者などにはなり得ないのである。

精神分析を批判する科学的な心理学者が、人間の「行動」を研究対象として取りあげようとするのは、自然科学の方法論に従おうとする限り当然のことである。このような考えに立って、行動療法とか行動変容の技法などが開発されたが、これもある程度有効であっても、他の科学技術のような有効性をもつものではない。つまり、テクノロジーの対象として「もの」を選ぶときはよいとして、人間存在を選ぶときは、そう簡単に「支配」することは出来ないのである。そこには、人間と人間という「関係」が生じてくるために、近代科学において重視された方法論がそのまま役立たなくなるのである。

近代は村上の言う「聖俗革命」が科学の世界において起こり、そのために人間は急激なテクノロジーの「進歩」を体験した。それがあまりに効果的であったので、科学的思考法が人間の考え方の中心となり、神をぬきにして、人間がその「自我」を確立させ、その自我が他を支配してゆく、その程度をどんどん強めてゆくことによって「進歩」し、幸福になると考えた。ところが、人間が他と切り離されたものとしてではなく、他と関係するものとして考えざるを得ないことが生じてきて、近代を見直すことが必要となってきたのである。

三　関係性

現代における多くの心理的問題の根底に「関係性の喪失」ということが認められる。すでに述べたように、自分が強く自立することによって、他を支配し操作するイメージが強くなり過ぎたため、たとえば、「上手な育児法」などというものが存在し、そのマニュアルどおりにすれば、「よい子」が育つなどという錯覚を起こす。そのとおりに育てられた「よい子」は、関係性の回復を願うので、あれこれと「問題」を露呈してくるが、両親は何とか「よい方法」はないか、と努力するので悪循環が続き、はては子どもも暴力をふるわざるを得ないことになり、時には殺人事件などさえ生じることは周知のとおりである。

欧米に生まれてきた、強力な自我確立の傾向が、一神論的構造をもつことを指摘したが、それがキリスト教という信仰によって支えられているうちは、関係性の喪失による問題は生じなかった。神と人間との間には明確な切断があるが、それをつなぐものとしての「神の愛」ということは、キリスト教においては中心的な役割を担っている。このことが、人々をつなぐのに役立つわけである。人―自然という関係、自―他という関係の上に、神という絶対他者の存在を措定するとき、人間は何もかもを支配できるなどという傲慢に陥らずにすむのである。

しかし、問題は簡単ではない。キリスト教を背景にして生まれてきた西洋近代自我は、自然科学というものを生み出し、その真理であることを実証してきた。ところが、それによって得られた結果は、キリスト教の教える個々の事実と整合しないことも多いのである。聖書に語られる多くの奇跡を科学的に説明したり実証したりしようと努力する人さえ出てきたが、これも多くの人を納得させたとは言えない。信仰と科学は別だ、という割切り方があるかも知れないが、「一神教」という特性は「割切り」を許さない。全体的に整合性をもつシステムを考え出さねばならないとするならば、科学の結果の実証性に頼ってゆく限り、宗教の方はだんだんと否定されてくることになる。このような傾向は欧米において認められるし、これが彼らの間でも関係性の喪失という悩みを増大させている、と考えられる。

このような問題の解決のひとつとして、人間のもつ「知」のあり方を検討し、近代科学の「知」が、人間にとってすべてではないことを明らかにするという考えがある。中村雄二郎は「科学の知」に対して「神話の知」の存在を認め、後者も前者に劣らず人間にとって必要であることを明らかにした。「科学の知」については、すでに述べてきたこととして、「神話の知」について、中村が『哲学の現在』[4]に述べていることを引用して、その考えを紹介しよう。

中村は「神話の知の基礎にあるのは、私たちをとりまく物事とそれから構成されている世界とを宇宙論的に濃密な意味をもったものとしてとらえたいという根源的な欲求」であると述べている。「科学の知」が自分と現象の切断を前提としているならば、「神話の知」は、自分と自分をとりまく現象とのかかわりの意味を示してくれるものなのである。人間がこの世に生きている限り、自分と自分をとりまく物事(人間も含む)とのつながり、関係の意味というものがわかっていない限り、安心して居られない。しかし、それには「科学の知」は答えてくれない。

　たとえば、心理療法家のところに訪れてくる、抑うつ症の人たちに「喪」の仕事が行われていないためと感じられる人が多くある。母親が死ぬ。あの母親がなぜ今、世を去っていったのか。これに対して科学の知は心臓麻痺などと説明してくれる。たとえそれが突然の強盗の犯行によって殺害されたとしても、「出血多量」などとちゃんと説明してくれるのである。しかし、本人の知りたいのは、「自分との関係のなかでの、母の死の意味」を知りたいのである。母の死を受けいれるためには、それに必要な「喪」の仕事が必要である。そこには「神話の知」が必要になってくる。現在の悲劇は、既成の宗教の提供する喪の儀式が、ある人にとっては、まったくその本来的意味を失ってしまっている、ということである。各人が自ら「神話の知」を見出す努力をしなくてはならないのである。

　母親を失った人が、たとえば「来世」という「神話の知」を信じるならば、その人と死んだ母との間に関係性が保持されることになる。しかし、問題は「来世」の存在などということを「科学の知」は承認するだろうか。おそらくしないことであろう。とすると、科学の知と神話の知の関係はどうなるのか、という問題が生じてくる。そして、ここで「真理はひとつ」という立場をとると、いずれか一方を否定しなくてはならなくなる。多くの場合、科学の知を真理と考えるので、それらの人は「神話の知」を否定し、無宗教を標榜する。

中村は、「複雑なものの単純なものへの分割という方向をまっしぐらに進んだ近代科学は、実に多くのものをつくり出したと同時に実に多くのものをこわし、また実に多くのものを発見したと同時に、実に多くのものを見えにくくした」と述べている。このなかで、科学が「こわし」、「見えにくく」したもののひとつが関係性ということであろう。中村は、自分と世界とを切り離して考えるなかから出てくるイデオロギーに対して、自分を世界のなかに入れこみ、自分をも含んだものとして世界をみるコスモロジーの重要性を強調する。イデオロギーによって世界を律しようとする人は、自分を局外からものごとを操作し、支配する側に置いて考える。したがって自分が「絶対正しい」という考えをもつことができる。自分を知らぬ間に、一神教の神の位置に置いているのである。

これに対して、自分をも入れこむことになると、自分が「絶対に正しい」とは言えなくなってくる。しかも、その自分は他と切り離されることなく、関係のなかにある。このようになってくると、理論的に整合性をもつ、ひとつのイデオロギーによってみることが不可能になる。そこで、それは多義性をそなえたイメージとして把握するより他に方法がなくなってくる。多くの宗教の有している図像やシンボルがこれにかかわってくる。

ここで、「神話の知」のもつ危険性についても言っておく必要がある。それは人類が何度も経験してきたことであるが、神話やシンボルが「操作的」に使用され、ある特定のイデオロギーや思想を強化することに役立ってきたことである。日本の神話が軍閥によって使用された例などを、われわれは体験してきている。多くの神話は、その神話を共有しない人間を攻撃し、殺害してゆくために用いられる。為政者はこのような点をうまく利用し、大衆操作のために、新しい神話をつくり出したりもする。

神話のこのような害を体験してきたので、神話を全否定し、「合理的」に考えて生きることこそ正しいという態度を現代人はもってきたのだが、それは関係性の喪失、意味の喪失につながってゆくものであることは、すでに述べたとおりである。

そこで、宗教と科学との対話が可能かということになる。すでに述べたように、宗教が教養という絶対に正しいものにより、科学がその「普遍性」を誇る理論によっている限り、両者の間には「対話」は生じないのではなかろうか。ここで、対話が行われることの困難さと、そこに必要な努力を示している例として、これまた困難と考えられる、東洋と西洋、宗教と哲学、の間の対話を示しているものとして、オイゲン・ヘリゲルの『弓と禅』(稲富栄次郎/上田武訳、福村出版、一九八一年)をとりあげてみたい。

ドイツの哲学者ヘリゲルは、日本の弓道の師、阿波研造師範に入門する。しかし、最初は彼らの会話はすれちがってばかりいる。ヘリゲルは「私が弓を引き射放すのは、的に中《あ》てる為です。引くのはそれゆえ目的に対する手段です」と合理的な主張をする。これに対して、「正しい弓の道には目的も意図もありませんぞ!」と強調する。会話は平行線をたどるが、ヘリゲルはあきらめない。とうとう「それでは先生は眼隠しをしても中《あ》てられるにちがいないでしょうね」と言ってしまう。これに対して、師範は「今晩お出でなさい」と言い、まったくの暗闇の道場で、射を試みる。ところが、甲矢《はや》が的を射たのみか、乙矢は甲矢の筈《はず》に命中するのである。

ヘリゲルは「この二本の矢をもって、師範は明らかに私をも射とめたのであった」と言っている。このようにして、二人の間に「対話」が成立してゆくのである。ここで「対話の成立」という点から考えると、非常に興味深いことが起こっている。まず、合理的な哲学者ヘリゲルは、その学者らしい慎みを破って、「暗闇でもできるのか」という挑戦を師範にしているところに注目すべきである。それに対して師範は「正しい弓の道には目的も意図もありませんぞ」と主張していたにもかかわらず、ここは弟子の挑戦に乗って、弟子を導く「意図」のもとに射を試みている。

これらのことは非難されるべきことではなく、むしろ、ヘリゲルも阿波もどちらも自分の領域から半歩踏み出してきているからこそ、対話が成立したと考えられないだろうか。両者が自分の土俵に固執している限り対話は生じないのである。もちろん、ここで一歩踏み出すことは危険すぎるであろう。それでは自分のアイデンティティが破壊されてしまう。しかし、半歩を踏み出すことは可能なのではなかろうか。と言っても、二人のこのような対話が成立するまでには、それぞれが工夫を重ねてきている時間の経過がある。時が熟することも対話の成立には必要と考えられる。

この対話において、阿波研造が実際に暗闇で射を試みたという行為を行なったことも大きい、と言わねばならぬ。「対話」というとき「言語」だけに限らないことが大切である。現代人は頭で考えることを重視しすぎて、実際に行為することの意義を忘れがちになっている。このような観点からすると、科学者が実験に熱中しているとき、その「実験」という行為そのものに「宗教的」意味が隠されていたり、健康のためにジョギングをしている人のジョギングという行為が、宗教的儀式としての意味をもったりしていることも、ありうるように思えてくる。つまり、そこでは科学と宗教の対話が一個人のなかで行われているのだが、その本人はそれを意識していないのである。このような点をもう少し意識化することに努めると、宗教と科学の対話が促進されるのではないか、と思われる。

四　物　語

対話を行うには、対話する人間が半歩だけ自分の領域の外に出る必要がある、と述べた。それにはどのようにするとよいだろうか。宗教はその「教義」から半歩でる必要があるし、科学はその「理論体系」から半歩でる必要がある。それにそれぞれが「すべてを説明しつくす」ものではないことを自覚することも必要であろう。

科学の方から言えば、先に近代科学の方法論として述べたことから、半歩外に踏み出すことであろう。しかし、このことは物理学の世界ではすでに行われていることであり、観察者が現象を「客観的」に観察することはあり得ないことを、相対性理論は告げている。このような観察者と対象との「関係性」のあり方に注目し、それを認めようとする態度は、もっと社会科学、人文科学と呼ばれている分野でこそ考えるべきである、と思う。これらの「遅れてきた科学」においては、すでに述べたようなテクノロジーと結びついた効率的な科学を真似て、近代科学の方法論に近づこうと努力するあまり、実態から離れた「学問」をつくりやすい傾向にある。つまり、方法論に忠実になろうとしすぎて、現象そのものを問題にする態度が弱くなってしまうのである。

宗教の方も「教義」をあえて否定することはないにしても、宗教現象を虚心にみることから出発してはどうであろう。教義を優先させると、現象を虚心にみることはできない。まず現象をみた上で教義なり、教祖の言葉なりに照らし合わせることをしてはどうであろうか。

このような態度をとって現象をみると、そこに、ユングの言う共時的現象が生じていることを認めるようになるだろう。先に示した阿波研造の射は、一種の共時的現象と言っていいだろう。「偶然」としか言いようのない現象に、「意味」を見出すことによって、それは共時的現象ということになる。ここで大切なことは、現象を経験したヘリゲルという主体が「意味」を見出したから、それは共時的現象と言えるが、ヘリゲルはそれは「単なる偶然の出来事」として棄て去ることもできるのである。

現象を虚心にみるというときに、もうひとつ生じてくる問題としては、意識のレベルということがある。通常の意識のレベルとは異なる意識のレベルがあり、それはこれまで「異常」とか「病的」というレッテルを貼られてきたものだが、最近はむしろ「意識の拡大」としてみられるようになってきた。宗教的な修行によって体験するヴィジョンや体験、などである。あるいは、心理療法的なアプローチの方法として、最近に開発されたいろいろな技法がある。これらに共通するところは、通常の意識のレベルと異なる意識状態における体験の重視ということである。

このような例として、アメリカの精神科医、ブライアン・ワイスの報告している症例を簡単に紹介する。[5] これは邦訳は「前世療法」と題されているが(原書名は Many Lives, Many Masters)、「退行療法」(Regression Therapy)という技法で、クライエントに催眠をかけ、どんどんと退行させ幼少時の記憶について語らせ、その次には「前世」の記憶を語らせるというものである。この症例はキャサリンと呼ばれているが、彼女は強い恐怖や不安に襲われる症状に悩まされていた。ワイスが退行療法を行なっていると、キャサリンが前世について語り出したのである。その後の経過は略すが、キャサリンの語る前世はどんどん遡って輪廻転生を繰り返し、彼女はそれによって彼女の現代の人生を「納得」し、彼女自身の症状は消え、以前よりはるかに魅力的になってゆく、ということが詳細に語られる。描写は的確で「客観的」である。

これを読んでいてすぐ思い出したのは、筆者の知っている例で、ある宗教家(仏教)によって前世のことを説かれて、納得しその悩みから抜け出たというのがある。このようなとき、「前世」ということが、その人にとっての「神話の知」として役立ち、自分の人生を深く理解できるようになって、悩みを克服し得たのだと考えることができる。

ところで、ワイスの例はこれと少しニュアンスを異にしている。ここには宗教家は登場せずに医者が登場する。

と言っても彼はいわゆる医療を施行しない。クライエントの退行を助けるだけである。このような話を聞くと、クライエントがでたらめを言っているとか、医者が暗示をかけたのだ、という人があるが、そうではない。ワイスはこのような類のことは「正確かどうか確かめることができないたぐいのことばかりである。この世界が信用を失わないためには、本物とにせものを区別することが大切であろう。そのためには、科学者がまじめに、こうしたことに取り組んでゆくことが必要だと思う」(傍点引用者)と述べている。彼はまた退行療法で前世について語った、彼の十二人のクライエントは、「精神病の病歴はなく、幻覚もなく、また二重人格症状ももっていなかった」とつけ加えている。

輪廻転生は、これまでは明らかに宗教の領域のことであった。ところがワイスはこのようなことに科学者が取り組むべきことを提唱している。もちろん、だからと言ってワイスは輪廻転生という事実があるかどうかについては慎重に何も言及していない。このような研究結果から、輪廻転生があるとか、前世や来世が存在することが証明されたとするのは、速断である。しかし、そんなのは単なる空想にすぎない、と決めつけるのも速断にすぎると筆者は考えている。

単なる空想とワイスのクライエントの体験したことはどこが異なるのか。単なる空想は日常の意識の少し緊張をゆるめた状態で起こり、その内容は自我によってコントロールされる。これに対して、ワイスのクライエントの場合、意識の次元は深くなり、イメージの方に自律性が生じ、自我によってコントロールできない。それと前者の場合は、頭のなかでの気ばらしのようなことだが、後者の場合は、「体験した」と言いたいほどの感覚が伴うし、夢よりもはるかに確かな手応えがある。真の「体験」はその人の人生に影響を及ぼすが、そのような重みをもっている。

科学の知と神話の知とを分けて考えるとき、前者については「知る」と言えるが、後者については「信じる」としか言えない、という考え方をする人がある。地球が球形であると知っているのであって、信じている、というのではない。これに対して、来世があると信じることはできるが、知ることはできない、という具合にである。したがって、科学と宗教は次元が異なっているので「対話」の対象にならないと考えるわけである。

しかし、上述のような「輪廻転生」の体験の場合は、その人は「信じる」というより、そのような体験を「知っている」というのではなかろうか。これまでに他に論じているので今回は省略したが、臨死体験の場合も、たとえばキュブラー・ロスなどは死後の世界のあることを「信じて」いるのではなく、「知って」いるのだと言っている。(6) このような表現は、すでに述べたように、それらの体験が単なる空想の域を超えており、自分の存在全体に関連することとして体験されることを強調したい気持はわかるが、それによって「死後の生」の存在にまで言い及ぶのは言い過ぎであると思う。

ここで、臨死体験や、ワイスの行なった前世体験の報告を「物語」として位置づける、というのはどうであろう。ここでまた、物語を単なる空想、「つくり話」と同じと思われないように断っておかねばならないが、「物語」は自然に生まれてくる傾向と、それを意識的に把握して他に伝えようとする傾向が相まって出来あがってくるものなのである。物語の特性のひとつは「つなぐ」ことである。物語による情動体験が、話者と聴き手をつなぎ、過去と現在をそして未来をもつなぎ、個人の体験を多数へとつなぎ、意識と無意識をつなぎ……さまざまの「つなぎ」をしてくれる。

もっとも、物語がすべてをつなぐなどという気はない。「そんな話にはついてゆけない」という表現をわれわれはもっている。どの程度の人がその物語についてくるのか、ということは、その物語の価値をはかるひとつのメルクマールである。

神話という言葉が示すように、神話の知は物語によって伝えられる。ここで嬉しいことに、科学者の方からも物語を重視する発言が出てきたのである。たとえば、中村桂子の論文「物語としての生命」[7]や清水博「論点としての〈生命〉」[8]などをあげることができる。

宗教と科学という対話困難な相手が、「物語」という土俵を提供することによって、その対話を可能にするのではないか、と筆者は考えているが、これは楽観に過ぎるであろうか。それぞれの人がその心のなかにおける宗教家と科学者の対話を試みるにしても、物語——心のなかの誰もがついてゆける物語——を生み出そうとする努力のなかで、その対話が可能なのではないかと思う。誰もがついてゆける物語というのは、論理的整合性や一神論的統合とは異なる、ある種のまとまりを示すのではないかとも思われる。もっとも、「生み出そうとする努力のなかで」という表現をしたのであって、「生み出せる」、「生み出せるはずである」とは言っていない。おそらく対話は終るところがないのではなかろうか。

注

（1） 国際交流基金編『生命科学と人間の会議』メジカルフレンド社、一九八四年。

（2） 村上陽一郎『近代科学と聖俗革命』新曜社、一九七六年。

（3） 一神論的構造は必ずしも一神教と結びつくとは限らない。日本人においても危険な一神論的構造はよく出現する。これについては、河合隼雄「解説」、デイヴィッド・ミラー、桑原知子／高石恭子訳『甦る神々——新しい多神論』春秋社、一九九一年、所収、参照。

（4） 中村雄二郎『哲学の現在』岩波書店、一九七七年。

（5） ブライアン・L・ワイス、山川紘矢／亜希子訳『前世療法』PHP研究所、一九九一年。

(6) 河合隼雄『宗教と科学の接点』岩波書店、一九八六年。〔本巻所収〕

(7) 中村桂子「物語としての生命」、『岩波講座 宗教と科学6 生命と科学』岩波書店、一九九三年、所収。

(8) 清水博「論点としての〈生命〉」、『岩波講座 宗教と科学1 宗教と科学の対話』岩波書店、一九九二年、所収。

宇宙経験の意味

はじめに

人類全体の歴史を考える上において、今世紀の後半に人間が地球圏外に出ることに成功したことは極めて大きい出来事と言っていいであろう。旧ソ連のガガーリンが一九六一年に人類最初の人間として人工衛星に乗って地球を回ったのに続き、宇宙遊泳、月面着陸などとつぎつぎと、まさに夢のようなことが現実化され、人間ははじめて地球の姿を全体として外側から見るようになった。このような地球の姿はテレビにも映されたので、多くの人がそれを映像として見ることができた。これは人類史上、実に画期的なことである。

地球をひとつの全体存在として「見る」という経験は、実は大きい意味をもち、人間の意識の在り方に対して強い影響を与えたものと思われる。このような点について筆者は関心をもっていたこともあって、幸いにもアメリカ、旧ソ連、ヨーロッパなどの宇宙飛行士(アメリカではアストロノーツ、旧ソ連ではコスモノーツと異なる名称で呼んでいる)に、シンポジウムやテレビの対談などで十名近くの人に会うことができた。(1) その間にいろいろと知り得たことなども参考にしつつ、これら宇宙飛行士の経験を、「科学と宗教」という問題に関連づけて述べてみたい。

一　宇宙世紀の始まり

今世紀になって、人間が宇宙空間(と言っても、実のところ知れたものなのだが)に出てゆけたことは、ともかく特筆すべきことである。このことをアメリカの宇宙飛行士シュワイカートは「宇宙的誕生」(cosmic birth)と呼んでいる。(2)「それはあらゆる生命の意志を、わが地球の限界を超えて拡げること」であり、「人間の誕生と同じように、未来の世代における生命の存続につながるものでもあります」と彼は言う。人間の新生児が成長してゆくように、人類は地球に対する「一方的な関係から、愛と責任という相互的な関係へと移行するようになる」のである。

人間の子どもにとって、鏡に映る自分の姿を統一的存在としての「自分」として自覚することは、その発達の上においてきわめて重要なことと考えられる。人類にとっても、自分の住んでいる地球を統一的存在として、「見る」ことが出来たのは実に大切なことであったと思われる。もちろん、その他の要因も多くあるが、最近になって冷戦が終り、ベルリンの壁に象徴されていたような分割、対立ということが解消されるようになったのも、地球の姿をひとつのものとして人間が認識し得たことと関連していると思わされる。

このような偉大なことをなし遂げたのであるが、これが可能となったのは科学・技術の発展によるものであることは、誰しも認めるところである。宇宙飛行士はそのような点で、何よりもまずテクノロジーに精通していなくてはならない。人間の知識を、文化系・理科系という二分法で分ける方法に従うなら、「理科系」の人でなければ宇宙飛行士にはなれなかった。最近はこの点は少しずつ変りつつあり、将来はもっと変ることと思われるが、ここに「理科系」の優位がまず示されている。

人類の歴史をみると、どのような文化でも「宗教」と言えるものを持っていたことがわかる。人間が「自分の死」ということを考え、それを人生観のなかに組みいれようとするときに、宗教ということが生まれてくる。死ということを超えて自分という存在を定位しようとしたり、永遠の存在としての自分を考えようとするとき、「この世」に対して何らかの意味において「あの世」を想定することになってくる。そして、そのような「あの世」は、文化によって異なるにしろ、この世の延長上のどこか――ただし非常に遠いところ――にあると考えられがちであった。わけても、「天」は神の座として考えられやすいものであった。しかし、ロケットで月まで行っても「神は見えなかった」のだ。最初の宇宙飛行士ガガーリンは「天には神はいなかった。あたりを一所懸命ぐるぐる見まわしてみたがやはり神は見当たらなかった」と言ったのである。

テクノロジーは信頼できる。この感じは非常に強くなった。それに対して、神の存在はますます怪しくなってくる。それどころか、ここまでテクノロジーが信頼できるとなると、神に頼ることなど不要ではないか。むしろ、人間が神の座に坐って、テクノロジーを駆使して世界を支配すればいいのではないか。このような意味で、人間が宇宙空間の飛行に成功したことは、これまでに人類の慰めであった神の存在をおびやかすことになった、という点でも非常に画期的であった。

ところが不思議なことが起こった。宇宙飛行士のなかで、宇宙飛行の経験を通じて、極めて「宗教的」になる人が――それも少なくない数で――あらわれてきたのである。それは特定の宗派と結びついて、アーウィンのように伝道者になるような人と、ギブスンのように「宗教的」体験をしたことを認めるが、特定の宗教を信じない人とあるが、ともかく、宇宙経験がその人を宗教の世界へと導くことになったのである。その具体的なことは後述するとして、科学・技術の最先端を行く宇宙飛行士が宗教の世界に心開かれることになったのは、逆説的にも思われるが、また、宇宙世紀というものの特性をよく示しているとも思われる。つまり、科学と宗教とを単純に対立的に捉える考えが、見直されるべきことをそれは示唆しているように思われるのである。東西を分けるベルリンの壁が壊れたように、宗教と科学との間の壁も壊れるのが、宇宙世紀の特徴とも考えられる。

二　経験の種々相

宇宙経験と言っても、それは受けとる人にとって相当な差異があるのは当然である。筆者が会った宇宙飛行士のなかでは、シュワイカートと、コンラッドとが対照的なように感じられた。シュワイカートの方は後に少し詳しく述べるが、内面的な感じが強いのに対して、コンラッドは外向的な方の極のように思われた。

コンラッドと共に、あるシンポジウムに参加したとき、聴衆の一人がコンラッドに、「月面に第一歩をしるしたときの感想」を尋ねた。コンラッドはアポロ12号に乗り、それより前のアポロ11号でアームストロングたちが、月面に人類の第一歩をしるしたのに続いて月面着陸をしたのである。おそらく聴衆としては、何か感慨的な言葉が語られることを期待したのであろうが、コンラッドの答はそれとまったく異なることであった。彼らは先に打ちあげてあったサーヴェイヤのできる限り近くに着陸するように命令されていたが、アポロ11号のときはうまくゆかなかったので心配だったが、自分が月面に第一歩をしるしたとき、すぐ近くにサーヴェイヤが見えたので、命令どおりにうまくできたので嬉しく思った、というのである。テクノロジーを駆使して、目的どおりの行動をすること、このことに最大の関心事をもって、コンラッドが行動していることが、この答によく示されていて興味深かった。

コンラッドは宇宙飛行の際も「恐怖心はほとんどなかった」、「すべては計画どおりにできるはずなので、言われるとおりにしてゆけば、失敗など起こることはないと確信していた」と言う。実際に会って話をしていても、すべてに自信をもち揺らぐことなく行動する感じがよく伝わってきて、アメリカの「英雄」としてのひとつの典型と思われた。彼の場合、宇宙経験によって「人間が変る」などということは、およそ考えられない。彼にその経験を訊いても、ほとんどが技術的・実際的なことの詳細について語られ、いわゆる内面に関する話題はでて来なかったのである。彼は夢を全然見なかったと言っていた。

シュワイカートは「宇宙体験をすると、前と同じ人間ではありえない」とさえ言っているが、コンラッドは「別に変りない」ことを強調すると思われる。これはいったいどうしてだろうか。

この問題について考える前に、明らかにしておかねばならないが、宇宙飛行士は任務についている間、技術的な仕事が実に多く、また帰還後に報告することも技術的なことに限られており、その精神的なことについて話をする機会はきわめて少ないのである。彼らが自分の体験を書物に書いて出版するときも、外的な現象や技術的なことに重きをおくのが常であった。そのことに不満を感じ、宇宙飛行士の内面について詳しい調査を試みたのが、立花隆『宇宙からの帰還』である(3)。立花が宇宙飛行士にインタビューをして、その内的経験を聞いたものであるが、彼らのうち何人かは似通った内的経験をもっていながら互いに話し合ったことはなく、立花が誰それがそれと同じように言っていたと伝えると、「ほう、そうだったのか。それはいまはじめて聞いた」というような答がよく返ってきたらしい。

このような意味で、立花の仕事はわれわれに貴重な資料を提供してくれるものである。以後、特に断らない限り『宇宙からの帰還』を素材として論を述べてゆきたい。これには、まさに宗教と科学のなかで揺れ動いた宇宙飛行士の姿が、実に生き生きと描かれている。ここでは、宗教と科学という点にのみ限定して、宇宙飛行士の経験の在り方について考えてみることにしよう。

どの飛行士についても言えることは、彼らが地球を眺めることに、深い感慨をもったことである。テクノロジー人間とも言うべき、コンラッドもそれについて語っていたし、これはやはり誰にも共通する深い体験であっただろう。月に二度行ったことのあるサーナンは次のように言っている。

宇宙から地球を見るとき、そのあまりの美しさにうたれる。こんな美しいものが、偶然の産物として生まれるはずがない。ある日ある時、偶然ぶつかった素粒子と素粒子が結合して、偶然こういうものができたなどということは、絶対に信じられない。地球はそれほど美しい。何らの目的なしに、何らの意志なしに、偶然のみによってこれほど美しいものが形成されることはあり得ない。

彼は「地球は宇宙のオアシスだ」という言葉も残しているが、宇宙飛行士と話し合うと、あの美しさは写真では絶対に伝わらないことを強調することが多い。「久遠」という宗教的用語を使いたくなる遠さのなかに、ひとつの生命の存在を見る。そして、それを取り巻く暗黒ということも強い作用を及ぼしている。サーナンはそれについて、「地球の向こう側は何もない暗黒だ。真の暗黒だ。その黒さ。その黒さの持つ深みが、それを見たことがない人には、絶対に想像することができない。あの暗黒の深さは、地上の何ものをもってしても再現することはできないだろう。あの暗黒を見たときにはじめて、人間は空間の無限の広がりと時間のつらなりを共に実感できる。永遠というものを実感できる」と言っている。

このような言葉を聞くと、西洋の宗教は、暗黒のなかに唯一つ存在する生命体の地球のイメージに焦点をあてたものであるし、東洋の宗教はそれを取り巻く暗黒の方に注目したものであるのではないか、などと思えてくるのである。いずれにしろ、宇宙飛行士の見た「景色」そのものが、著しく宗教性を帯びたものであることが了解できるであろう。

宇宙体験がこのようであっても、すべての飛行士が宗教的になるとは限らないところが、人間の面白いところである。前述のコンラッドもそうであるが、立花が取材した人のなかで、「宇宙体験は心理的にも精神的にも自分にいかなる変化ももたらさなかったとキッパリ断言した人が二人いる」。一人はアポロ・ソユーズに乗ったスレイトン、もう一人はスカイラブ2号のワイツである。

スレイトンは人工衛星に乗る二人目の宇宙飛行士になるはずだったが、予定日の二か月前に心臓に欠陥があることが発見されて、任務から降ろされる。それにもめげず「飛べない宇宙飛行士」としてデスクワークに従事しつつ、努力に努力を重ねて心臓の欠陥を克服する。そして、やっとアポロ・ソユーズの乗組員となれたのは彼が五十一歳のときだった。これをみても彼がいかに鉄の意志をもった人であることかがわかるであろう。彼は「宇宙飛行に関するもっと即物的な側面のことになると、いくらでも答えてくれるのである。ところが、話が人間の内面のことになると、困ったような表情を浮かべて、何も答えられなくなってしまう」。彼は神、存在、生命の誕生などに関する立花の質問にすべて、'I don't know' と答えるのである。

これに対して、アポロ15号で月面着陸したアーウィンは月の上で神の存在を実感する。月面は「人を身ぶるいさせるほど荒涼索漠としている。しかし、それにもかかわらず、人を打ちのめすような荘厳さ、美しさがあった。アーウィンは、口もきけずにその光景に見入っていた。そして、ここに神がいると感じた。月の上に神がいるというのではない。ここに神がいると感じたのだ。自分のすぐそばに神の存在を感じたのである」。

アーウィンはこのような体験によって、信仰心を強くし、帰還後はキリスト教のファンダメンタリストとして伝道に従事することになる。アーウィンと前述のスレイトンとは両極端と言っていいが、アーウィン以外にも宗教的体験をした人は多くいる。同じような経験をしても人によってこのように異なるのをどう考えるべきか、また、アーウィンらの宗教経験をどう考えるべきかについては、次に述べたい。

三　意識の変容

これまで述べてきたのはすべてアメリカの宇宙飛行士であって、旧ソ連圏ではどうなのだろうか。筆者は旧ソ連圏の宇宙飛行士ともシンポジウムで同席したりしたが、やはり、たてまえが強くそれも唯物論によって固められているので、あまり宗教的な話をすることができず残念であった。ペレストロイカ以後ではそれも変化しているであろうが、まだわからない。

ただ、ソユーズに乗って宇宙空間に二百十一日も逗留したレベデフと対談したとき、次のようなエピソードを聞いた。宇宙空間の無重力状態に長く居るときは、筋肉トレーニングなどをしないと身体が駄目になってしまう。そのために多忙な任務の間に体のエクササイズをしなくてはならないのである。そこで、毎日毎日、規則正しい生活をしてゆかねばならぬし、単調なエクササイズもこなしてゆかねばならぬし大変だったであろう、と問いかけると、レベデフは自分はまったく不規則な生活をしていたと言う。

睡眠時間を何時間、体操は何時間など考えずに一切は「体の声」に従う、というのが彼の考えである。宇宙空間にいると「体の声」が聴こえてきて、「そろそろ眠ろう」と言うので眠る、「体を動かさなくちゃ」と言うときはエクササイズをする。そのように「体の声」に従って生きていた。そのため一日中ほとんど眠らない日とか、エクササイズをやらない日などあったが、まったく好調であったと言うのである。このことは筆者にすぐ、アメリカのフェミニスト、デメトラコポウロスの『からだの声に耳をすますと[4]』という書物のことを思い起こさせた。彼女はこれまでの男性中心の「精神」主義に対して、「からだの声」を聴くことによって、はるかに統合された精神性に達することを、女性として発言しているのである。

デメトラコポウロスの主張は、西洋の意識があまりにも男性原理優位であったのに対して、女性原理を入れこんだ意識への変容を目ざすことによって、統合性の高い意識を獲得できることを説いているのだが、レベデフが宇宙船のなかで体験していた意識の状態はそれに近いと言えるのではなかろうか。つまり男性原理に従って、生活を規則正しく行うことを強い意志によって貫くのではなく、一見ゆきあたりばったりのように見えながら、「からだの声」を聴く意識状態に保つことにより、自然に調整を行なってゆくのである。

このように意識を「開く」体験とでもいうべきことの価値を強調するのは、シュワイカートである。彼は後述するような深い体験を宇宙空間でもったのだが、それについて、「宇宙体験はきわめて深遠なものである。しかし、単に宇宙に行ったからといって、それが意識の変化を生み出すわけではない。宇宙に上がっても、あなたは依然としてあなたなのである。もし、あなたが「仕事の鬼《ワーカホリック》」や「融通のきかない」タイプの人間ではなく、開かれた人間であればその体験は、異なった意味や意義をもつことになるだろう[5]」(傍点引用者)と言っている。彼はまた、「体験に対して心を開かなければ、どんな体験もメカニカルにすませ、無意味に終らせることができる」とも言っている。

シュワイカートはアポロ9号に乗って宇宙に出て四日目、船外に出てある実験をしようとしていたとき、写真機が故障し船長のスコットがそれを修理する間の五分間、貴重な「無為の時間」を得たのだ。彼は宇宙空間にポツンと浮いたまま、完全な静寂のなかにいた。はるかかなたには地球が見えた。彼はそこで次のような体験をする。

私は、それが個人的な体験だとは思わなかった。おこがましい言い方になるかもしれないが、人類を代表してというか、人間という種を代表して、自分がそこにいると思った。自分を自分という一個人と見ることができなかった。何か体験している最中に、その体験している自分を意識が客観視して見るということがあるだろう。まるで、意識だけがちょっと離れたところにいって、そこから他人を見るように自分を見るという感じだ。

シュワイカートもここである種の意識の変容を経験している。彼はこれを「エゴが高揚するハイの瞬間(ハイの瞬間はたいていそうなのだが)ではなくて、エゴが消失するハイの瞬間だった」とも表現している。自我の意識が消失し、なおそこに意識の高揚が感じられる、というのである。

シュワイカートの体験をはじめて直接に聞いたとき、筆者は臨死体験(near death experience)との類似性を感じたので、後で彼と個人的に話し合ったときに訊いてみたが、その当時彼が臨死体験のことを知っていなかったために話がうまく嚙み合わなくて残念であった。シュワイカートの体験は「エゴの消失」を経験しつつ、きわめて鮮明で生き生きとした体験をしていること、遊体離脱体験に類似すること、などから臨死体験と似通っていると感じたのである。

アーウィンの体験についてはすでに述べたが、彼が「ここに神がいると感じた」というとき、やはり意識の変容を体験している、と言っていいだろう。彼は神の臨在感について、「知的認識を媒介にしたものではない。もっと直接的な実感そのものなのだ。私がここにいて、きみがそこにいる、そのときお互いに相手がそこにいるという感じを持つだろう。それと同じなんだ」と言っている。

ここで、アーウィンの場合は明確に「神」という言葉を用い、それはキリスト教という既成の宗教における神であり、はっきりと宗教との関連が見られるが、シュワイカートの場合はどうであろう。彼は「神」という言葉を用いないが、彼の経験が「エゴの消失」の瞬間だと言っている点で、通常の自我を超える経験の存在を認め、それが彼のその後の人生に大きい意味をもったことを認めている。そのような「超越」的経験を人生観の中心に置こうとする態度は「宗教的」と呼んでいいのではなかろうか。ただし、彼は特定の「宗派」に属することはハッキリと拒否しているのである。

四　宗教と科学

「宗教的」体験をした宇宙飛行士は多いが、それが実際の宗派とどう関係するかという点からみると、すでに紹介したアーウィンとシュワイカートが両極で、その他の者はその中間に入ると言っていいであろう。つまり、宗教的体験が特定の宗派に明確に結びつき、その「伝道者」となる者に対して、宗教的体験をきわめて重視しつつも、「神」というような絶対者の存在を認めない者があり、その中間にいろいろヴァリエーションがあるわけである。

たとえば地球の美しさやそれを取り巻く暗黒について語っている言葉をすでに紹介したサーナンは「神の存在の認識」をしたと語り、自分はカトリックの信者であるが、「どの宗教の神が上位ということはない。我々がいうGodも、唯一の至高の存在に対してつけられた、一つの名前だ。私はどの宗教も基本的によきものだと思っている」と述べている。つまり、自分は神を信じているが、自分の神を絶対化はしていないのである。ギブスンはこのことをもっと明確に述べていて、「どの宗教も、宇宙から見ると、ローカルな宗教なのだ」と言っている。ギブスンが言うように、自分を超え、人間を超える存在を認め、それが「定義の下しようがない。その存在をどう定義しても、その定義は誤りで、定義を下すということ自体が瀆神的であるというような存在」であるとし、自分は自分の言葉で語るが、他人が自分と異なる用語で呼ぶ(つまり、宗派が異なる)ことも許容してゆこうとする態度が、多くの宇宙飛行士に見られる共通点と言っていいだろう。

ところで、このような体験を認めない、コンラッドやスレイトンの場合はどうか。他の宇宙飛行士たちも言っているように、彼らは外的な事象にかかわるのに忙しすぎて、内面化する余裕がなかった、あるいは、シュワイカートの言うように「心が開かれてなかった」というのが、ひとつの説明になるだろう。筆者もそのように思っていたが、コンラッドと直接に接したりしながら次のようにも考えてみた。人にはタイプがあって、ユングの言うような内向と外向とがあり、外向的な人にとっては、外的な事象にかかわってゆくこと自体が意味深いものであり、それは一種の宗教的儀式のような役割をもつものとなる。つまり、その行為をすることによって、言語化はされないにしろ、彼自身は「超越」に触れている、と考えるのである。人間の経験を外的・内的と分けるのも便宜的なものであり、その経験がその人によってどのように語られるかはともかくとして、その人がいわゆる「外的」なこととして語っていることは、その人の「内的」なことも語っているのだ、と考えることもできるのではないか。このような考え方については、筆者もいまだ十分に言語化できないので、このような示唆的な言い方で一応満足しておきたい。

『宇宙からの帰還』には、その他の宇宙飛行士の「宗教的体験」が語られていて興味深いが、これまで紹介してきたことによって大体の概観はできていると思うので、個々のことは省略する。最後に残された問題は、宇宙飛行士のように高度な科学的知識を身につけた人が、自分の「宗教」をどのようにしてそれと折合いをつけているのか、ということである。

シュワイカートの場合は、それは比較的容易であろう。彼は絶対者の存在について言及しない。そして彼は「キリスト教から離れてすぐは、伝統的神学の立場に立つ見解に反撥していたが」、それもひとつの見方と考えて、つき合えるようになったと言っている。彼は自分の体験を大事にしているが、別に宗教的教義をもたないので、心のなかに矛盾を感じないのである。もっとも、「科学者」のなかには、彼の大事にしている体験をさえ、「ナンセンス」だと言って認めないかも知れない。彼は日本に何度も来ているが、筆者と雑談していたとき、「日本の学者たちは堅《リジッド》すぎる」と言ったことがある。これが彼のそれに対する答かも知れない。

アーウィンの場合は問題は深刻である。彼はキリスト教のファンダメンタリストなのだから、聖書に書いてあることはすべて「事実」として認めるわけである。そのことと彼の科学とは両立するのだろうか。それに対して彼はつぎのように答える。

科学は神の手がいかに働いているかを、少しずつ見つけ出してゆく過程なのだ。だから、科学が、一見、宗教の教えと矛盾しているような場合でも、科学がより高次の段階にいたれば、その矛盾は解消していくものだと思う。科学はプロセスなのだ。だから、科学の側でも、宗教の側でも、お互いに敵視するのは誤りだ。

これはなかなかよく考えた妥協策である。自分の体験、自分の実感より得た信仰は絶対的なものとし、科学の方は「プロセス」なので、別に矛盾するところがあっても長い目で見ておればよい、という考え方である。ただ、大分無理をしている、という感じは否めないが、ひとつの考え方ではあろう。

アーウィンが「科学はプロセス」だと言ったことは、「プロセス」ということを宗教のために用いたミッチェルのことを想起させる。彼は超能力に関心をもち、ＥＳＰの研究などもしている人間である。彼は自分の神について、「私はキリスト教の神を信じていない。キリスト教が教える人格神は存在しないと思っている。神というのは、この世界で、この宇宙で現に進行しつつある神的な(divine)プロセスを表現するために用いられていることばにすぎない」と言う。

「神とは宇宙霊魂あるいは宇宙精神(コスミック・スピリット)であるといってもよい。宇宙知性(コスミック・インテリジェンス)といってもよい。それは一つの大いなる思惟である。その思惟に従って進行しているプロセスがこの世界である。人間の意識はその思惟の一つのスペクトラムにすぎない。宇宙の本質は、物質ではなく霊的知性なのだ。この本質が神だ」とミッチェルは言っている。彼は神を「プロセス」と考えることによって、宗教と科学の矛盾を克服しようとしているし、むしろ、それは宗教とか科学とかの区別のないひとつの認識と言っていいかも知れない。彼の立場はシュワイカートに近いものと思われるが、彼らがこのような認識に達する上で、宇宙体験という「体験」があったことは忘れてならないことである。

ただ、シュワイカートも言っているが、そのような「体験」は宇宙体験をしないとできないというのではなく、他にいろいろと方法や機会があることもつけ加えておかねばならない。臨死体験との類似については少し触れたが、多くの宗教的な修行や儀式なども、そのような「体験」をするための工夫のひとつとして考えられるであろう。

注

(1) 一九八五年京都で開催された第九回トランスパーソナル国際会議において、アポロ9号に乗ったラッセル・シュワイカートに会って以来、シンポジウムなどで多くの宇宙飛行士に接することができた。シュワイカートとは三度も会っている。これらのほとんどは、天理やまと文化会議の井上昭夫氏のアレンジによるもので、この機会に同氏に感謝の言葉を申し上げたい。

(2) ラッセル・シュワイカート「宇宙からの帰還」、『コスモス・生命・宗教　天理国際シンポジウム'86』天理大学出版部、一九八八年、所収。以下三つの引用も同書による。

(3) 立花隆『宇宙からの帰還』中央公論社、一九八三年。以下特に断らない限り引用は同書による。

(4) ステファニー・デメトラコポウロス、横山貞子訳『からだの声に耳をすますと』思想の科学社、一九八七年。

(5) ラッセル・シュワイカート「スペース・オデッセイ」、河合隼雄/吉福伸逸編『宇宙意識への接近』春秋社、一九八六年、所収。

一神論と多神論

一　一神教と多神教

宗教と科学の問題を論じる上において、一神教と多神教という論題は欠かすことのできないものである。まず、何と言っても現代の発展した自然科学がキリスト教文化圏から生じてきたものであり、他の多神教の文化圏――こちらの方がもともと地域的にはよほど広いわけであるが――からは、それが生まれてこなかったという事実がある。確かに、たとえば中国において「自然科学的」な事実が古くから多く発見されているが、それは現代われわれがもっているような自然科学の体系のようには発展しなかった。現代の自然科学は体系だてられ、それが技術と結びつきやすい点において、他とは類比できない性格をもっている。

西洋に生まれた科学技術は極めて強力なものであったので、それを駆使してヨーロッパの文化は全世界を支配した、と言っていいだろう。世界中のほとんどの国がその植民地と化し、「分割して統治する」(divide and rule)政策は大いにその威力を発揮したのである。かくて、ヨーロッパ＝キリスト教中心の世界観、価値観が今世紀の前半においては、全世界を掩うほどになった。

このような傾向と歩調を合わせて、宗教を「発達的」に見る理論が生まれてきた。それは人類の宗教は、アニミズム—多神教—一神教へと発達してくる、と考えるのである。人類学者のタイラーの説であるが、このような直線的・段階的な発達論は当時の人々のみならず、最近に至るまで多くの人々に説得的に作用したものと思われる。しかし、このような直線的・段階的発達論そのものが、ヨーロッパ＝キリスト教中心の世界観によるものなのである。

今世紀も終りに近づいてきて、人々は自然科学の「進歩」ということに疑問を感じはじめた。科学技術の進歩によってもたらされた核兵器の破壊力があまりにも大きいこと、工業化の進展につれて生じてきた環境の汚染などによって、人類がひたすら「進歩」を追い求めていくことに疑問が生じてきたのである。そもそも「進歩」と考えてきたことが、真の進歩であったのか、そもそも進歩することに価値があるのか、と疑ってみるのである。

このような根本的な疑問は、宗教における「進歩」学説に対しても向けられるようになった。ヨーロッパ＝キリスト教中心主義の考えが弱まるのに呼応して、宗教を進歩とか進化という観点から見ることに疑いをもちはじめたのである。たとえば、ユング派の分析家とも親交の深い人類学者ポール・ラディンは次のように明言している。(1)

……大部分の民族学者や先入見のない学生なら現在認めるであろうように、一神論を、知的倫理的な一般的進歩の一部として解釈する可能性は捨て去られなければならない……

そして、彼は一神論が多神論やアニミズムから起こったものであるとか、一神論が他より高次のものであると考える進化論的な見方に反論している。

そこで、一神教がもっとも「進化」したものだという考えには同意しないとして、次のような考えはどうであろうか。それは最近の湾岸戦争が起こったときに、わが国でよく言われたことであるが、アメリカもイランも、ともに一神教なので、あのような戦争を起こしやすい、その点は日本は多神教なので、共存する原理をもっているから、あのような戦争をしなくてすむ、というのである。したがって、一神教よりは多神教の方が平和共存を考えやすく、こちらの方が優れている、というのである。このように言う人は、第二次世界大戦に、日本が戦争の主役のひとつを演じたことについては、あまり考えていない。都合の悪いことは考えないのが多神教である、と言われればそれまでのことであるが。

このような「比較」を試みて、どちらが優れているかとか、どちらが高度かとか、論じるのは不毛なことのように筆者には思われる。宗教というのは、自分の実存を賭けるものであるから、そのような比較を許さぬものがある。ただ「己を賭ける」こととして選択をしたわけであるから、主観的に「よし」とするのは当然である。そこで、もし「比較」を試みるとしても、自分の信じる宗教をよしとする態度から自由になるのは不可能であろう。したがって、比較をするとしてもすでに紹介した考えのように、結局は自分の信じる宗教のよい点を強調するための論ということになりかねない。

以上のような点を考えると、門脇佳吉が次のように、宗教の比較の問題を論じているのは注目に値する。(2)

「諸宗教の比較研究」は、「相手の身に成って」、あくまでも相手の「無限」を認め合う者同士の「対話」でなければならない。相手の宗教の無限性に対して深い尊敬を抱き、相手の信ずる無限なるものの声に耳を傾け、その真意を聞き分け、それを自分の信ずる宗教の「内面性」と対座させ、それぞれの「内面性」が触れ合い、啓発し合い、その結果、ある面での「内面性」同士の融合(ガダマーの「地平の融合」の一種)が成熟するような「対話」である。

つまり、それは没価値的に客観的に比較を行うなどというものではなく、内面における対決と相互作用とでもいうべき大変な作業なのである。このような態度によって、門脇がキリスト教と神道との比較、つまり、内的対話を行い、その一端はここに引用した論文に発表されている。それは、まことに貴重な「比較研究」の成果である。このような方法によってこそ意味のある「比較」が行われるし、異なる宗教の間における理解も深まることと思われる。

筆者の場合は、残念ながらこのような方法をとることができない。特定の「宗教」を信じているわけではないし、門脇の行なったような比較体験を試みたこともない。したがって、一神教と多神教についての比較をすることはできないわけであるが、本論文の執筆の承諾をしたのは、「宗教と科学」の問題を考える上で、一神論的思考と多神論的思考との比較が大きい意味をもち、その点についてならばある程度の意見が述べられると思ったからである。最初、この稿は「一神教と多神教」とするはずであったが、「一神論と多神論」というふうに変更したのもそのためである。

宗教としての一神教と多神教に対して、思考パターンとしての一神論と多神論を区別して考えるのは一応便利であるので、それに従ってゆくが、やはり一神論的な考えは背後に一神教をもち、多神論的考えは多神教を背後にもつと言えるところがあるので、明確に「教」と「論」を区別し難いところもある点は認識しておかねばならない。

しかし、これには逆のことも言えて、後に詳しく論じるが、一神教を信じていても多神論モデルで日常的に考えることは可能であるし、多神教を信じていても、日常行動は一神論的である、ということもある。このような交錯が生じるところに人間の生き方の面白さもある、と言っていいだろう。ただ、このような考え方はむしろ最近になって出てきたことであって、一神教の国にあっては、考え方としての多神論ということもタブーのような感じがあったと思われる。事実、キリスト教の神学者でありながら、多神論的な考え方の利点について論じた、『新しい多神教』(邦訳『甦る神々――新しい多神論』)の著者デイヴィッド・ミラーは、その本を書くに当って無用な攻撃を受けぬように実に慎重に言葉を選んで書いているし、フランスのスーフィズム学者アンリ・コルバンは友人のミラーに対して、「多神論」という言葉を用いるのには慎重であるべきだと助言している。(3)

しかし、案ずるより産むがやすしで、ミラーの書物が一九七四年に出版されたとき、思いの外に攻撃は少なく、むしろ広く受けいれられたのである。ミラーとは独立に、ユング派の分析家ジェームス・ヒルマンは深層心理学における多神論的な考え方の意義に注目して一九七一年に論文を発表していた。ミラーはそれを知って、その後両者は友人となり、ヒルマンの論文は、ミラーの書物に収録されることになった。これら両者の考えについては後に紹介することになるだろう。

二　科学と一神教

ガリレオの宗教裁判の話などを通じて、日本人はキリスト教と近代科学は敵対関係にあると単純に信じこんでいるが、そんなに簡単に断定できることではない。すでに述べたが、世界のなかでキリスト教文化圏からのみ近代科学が生まれてきたことの意味を、われわれはよく考えてみる必要がある。

キリスト教的な世界観が近代科学を生み出してくるためには、次の二点が大きいと思われる。まず、この世界を「神の創造」として考えること、次に神と被造物との間に画然とした区別があり、被造物のなかでも、人間は特別の地位を与えられていることである。神は「われわれのかたちに、われわれにかたどって人を造り、これに海の魚と、空の鳥と、家畜と、地のすべての獣と、地のすべての這うものとを治めさせよう」と言われた。そして「神は自分のかたちに人を創造された」。

この世界を至高の神が創造したのであれば、そこには神の意志が貫徹しているはずである。その上、人間が神に似せてつくられているとすると、この世の現象をよく見ることによって、そこに美しい法則を見出せるに違いない、と考えるのは、むしろ当然のことである。十六、七世紀の西洋の科学者たちは、今日の科学者とは異なる姿勢で、つまり、神の秩序を見出そうとして研究を行なった。しかし、このような姿勢は、自然現象のなかに因果法則を見つけ出すのには、大いに役立ったのである。神が世界を創造するということは、この世界という存在の第一原因としての神を考えることになるので、すべての現象に因果の関係を見出そうとする態度が生まれてきたことがよく了解できる。

ここで興味深い例をあげる。キリスト教が十六世紀に日本にもたらされたとき、その布教の方策として、キリスト教の宣教師が日本人に対して行なったことのひとつは、彼らの自然科学的な知識に基づく技術を見せることであったという。日本人がそれらを「魔術」として受けとめるとき、実はそれは別に不可思議なことではなく、因果法則によって説明できることを示し、すべての現象にはその原因があることを説き、その究極の第一原因としての「神」の存在を明らかにする、という方法を用いた。このことは日本人に対して相当に効果的であったようである。キリスト教が仏教に比して極めて「合理的」であると考え、それに帰依した日本人も多かったようである。彼らにとっては、自然科学とキリスト教が敵対関係にあるなどとは、とうてい考えられなかったであろう。フランシスコ・ザビエルは本国に対して、科学技術を身につけた宣教師を日本に送るようにと要請しているのである。

現象の因果関係を的確におさえることは、人間が自然現象を支配する点で大いに役立つことである。ここで、後の議論にも関係することとして、C・G・ユングの提唱した「共時性《シンクロニシティ》」について簡単に触れておかねばならない。ユングは「意味のある偶然の一致」の現象が存在することを指摘し、そこには因果律とは異なり、共時性の原理がはたらいていると考えた(4)。彼は別に因果律を否定したり、近代科学を否定したりしようと試みたのではなく、因果律とは独立に、共時性の原理をたて、両者の観点から自然現象を見る方が得策である、と主張したのである。ここに「共時性」のことを取りあげたのは、一神教とその他の宗教とを比較して考える際にどうしても取りあげねばならぬことと思ったからである。

共時的現象とは、たとえば夢で友人の死を見て、目覚めたときに実際に友人の訃報に接するような場合である。このような現象は、因果的に説明できないので自然科学の対象にはならない、偶然のことと考えられる。これに対して、これを「虫の知らせ」とか「エーテル」などという架空の媒体を考えたりして説明しようとすることは、「迷信」として斥けられる。ユングはこのような偽の因果律、あるいは、魔術的因果律を信じようとしているのではなく、ともかくそのような現象が存在したことは確かであり、そのような現象を理解しようとすると、非因果的連関を認める「共時性の原理」ということを導入せざるを得ない、と考える。

彼はこの考えを公的に発表するのに相当な躊躇を示し、一九五二年にやっと発表したが、このような考えは早くから持っていて、それに類することを非公式の場ではよく語っている。たとえば、一九二九年に学生たちに対する講義において、「ものごとが同期する(シンクロニシズム)という考え方は東洋の偏見であり、因果律のほうは西洋近代の偏見なのです」[5]と言ったという。学生に対する発言なので思い切った表現をしているが、彼の言いたいのは、西洋が因果律を重視しすぎるのに対して、東洋は共時性の原理を重視しすぎる、という点である。ユングは中国は太古から高い文明を持っていたが、共時性の原理にとらわれすぎて、「易」などの考えが発達し、このために自然科学が西洋の近代科学のような形をとって発展しなかった、と考えた。

西洋における「因果律」の重視というと、何を言っているのか、仏教の教えには「因果応報」の考えが強く示されているではないか、と言う人もあろう。しかし、ここで用いられている「因果」というのは、まったく異なる意味合いをもっていることに気づかねばならない。そこには、宗教のあり方が大いに関係しているのだ。西洋における「因果律」は明確に自然現象に対して適応され、その「自然」は人間から分離され、切断されたものとして意識されている。これに対して、仏教の因果応報の考えは、人間の内的な状態と外界の事象とが未分化のまま全体としてとらえられているのである。

「リンゴが木から落ちる」という現象に対して、それは自分と関係のないこととして、そのような現象における因果関係を追究する。そこで、もし法則が見出されるならば、それはそれを見出した個人の性格や在り方などに関係なく「普遍的」に通用する。それに対して、同じ現象を見ても、「これは自分が善行を積んだので、その報いとして今与えられる」というように考える「因果」理解が東洋には強く、そこには主客が分離しない、内的な現実と外的現象が全体としてとらえられるなかでの「因果応報」になっている。

このような差が生じる背後に、すでに述べたように、人間と他の被造物とを画然と区別する宗教をもつかどうか、という事実が存在していると思われる。つまり、人間は自然現象とは独立な存在として、それを観察し研究をする。そして、そこには神の意志としての一貫した法則があるはずだ、と考えるのである。これに対して、唯一神の創造という神話をもたず、いわば自然生成的に世界が形づくられてゆく神話をもつ文化においては、人間と自然との間には画然とした区別が生じてこない。これまですでに他に詳しく論じてきたこと[6]なので省略するが、中国や日本において「自然」という言葉は、西洋におけるネイチャーと同じ意味で使われて来なかったのであるから、西洋近代と同じ「自然科学」が生まれてくるはずがないのである。

以上のように考えてくると、キリスト教文化圏において、キリスト教を背景にして自然科学が生まれてきたことがよくわかるのである。それに対して、中国では個々の自然現象の把握においては、西洋に優るような発見をしていても、それがすでに述べた、主客未分のままで全体を見る世界観のなかで、偽の因果律として硬化してしまったりするので、どうしても自然科学の「理論体系」を打ち出すことができなかったのである。

あるいは、科学と結びついた技術ということを考えても、一例をあげるならば、火薬の発見の場合は東洋と西洋の差を歴然と示している。中国ではヨーロッパよりも随分早く火薬のことを知っていたが、それはもっぱら祭典を楽しく行うための花火として用いられ、花火をつくる技術が発達したのである。これに対して、ヨーロッパでは火薬の発見はすぐに武器に結びついている。これは、自分を他から分離する傾向が強く、その上、自分の方を善と判断するならば、善に敵対するものを破滅させるのも善であるので、武器を発達させることに意義を感じたものと考えられる。したがって、火薬を用いた強力な武器によって、ヨーロッパは世界の多くの国を植民地にすることができたのである。科学を技術として応用するときに、外敵へと立ち向かってゆくことを考えるところに、一神教の論理が作用しているのを認めることができる。

ところで、自然科学の力が非常に強くなった時点で、ヨーロッパにおいて新しい動きが生じてくる。宗教と科学との関連において、その現象を村上陽一郎が「聖俗革命」と呼んでいるのは、まことに適切である。以下、村上の考えを簡単に紹介する[7]。村上の言う「聖俗革命」は二つの段階がある。

その第一は、知識を共有する人間の側の世俗化がそれであった。神の恩寵に照らされた人間だけが知識を担い得る、という原理から、すべての人間が等しく知識を担い得る、という原理への転換である。F・ベーコンに、その最も典型的な発想を見ることができる、第二の段階は、知識の位置づけのための文脈の転換であった。神—自然—人間という文脈から自然—人間という文脈への変化がそれである。

村上によると、「一八世紀は、自然についての知識が、人間と神との関係において、いかなる位置を占めるか、という問そのものが次第に風化し、神が棚上げされ、知識論は人間と自然との関係のなかだけで問われるようになる」。つまり、神抜きで真理を語るようになったのである。これに続いて十九世紀より今世紀前半にかけては、科学技術が爆発的に進歩したために、人間はそれによって、自然を支配できるようになったと錯覚するほどになった。端的に言えば、一神教の神の座を人間が奪うようになったのである。

ここにおいて、宗教としての一神教との関連において、思考法としての一神論の問題が生じてくる。自らが神の座につき、自然現象を支配しようとするとき、人間は「唯一の神」をモデルにするために、その自我が矛盾を含まず整合性をもったシステムとして、主体性と責任をもつものでなくてはならない。したがって、西洋の近代においては、そのような意味での「自我の確立」ということが非常に重要なこととなったのである。そのときの自我は明確に他から分離されたものとして、自立しており、常に正誤の判断を下し、それに従って「正しく」行動しなくてはならない、のである。このようにして、人間は神に比すことのできる強さをもつようになったと思われた。

三　心の科学

自我を確立することによって、すべてがうまくゆくように思われたが、そこに思いがけない落し穴があった。人間は主体性を確立しているかのように思ったが、自分で自分をコントロールすることが非常に難しいことがわかったのである。そのもっとも端的な場合がノイローゼである。たとえばヒステリーの症状のような場合、手足が動かないということを、いかに身体を調べてみても因果的に説明できない。身体に異常はないと言っても、実際に、手足を本人が動かせないのだから、何とも仕方がないのである。

そのときに、周知のようにフロイトが無意識という概念を導入することによって、その危機を救ったのである。人間の「無意識」内の障害が身体の機能の障害になっていることを見出し、そこに「因果関係」を認めることに成功したのである。つまり、まったく不可解としか言いようのなかったヒステリーの現象を因果的に説明し、それによって治療も可能なことを明らかにしたのだから、それは西洋の社会において、背後にある一神教的な世界の理解に役立つものであったと言わねばならない。

ところが、フロイトの考えた精神分析は、一神論的世界観において両刃の剣の役割をすることになった。それは、現象を因果的に理解するという点では、一神論的世界観に役立つものであったが、「無意識」が自我を脅かし、人間の行動は「無意識」によって規定されることもある、と主張する点において、「自我」を神の似姿として考えている人にとっては、一神論的な「神」の知らないことが起こっていることを認めねばならぬような気持がして、「無意識」というものの導入は、一神論的世界観を崩そうとするものとして受けとめられた。したがって、「無意識」に対する反撥は相当なものがあった。

フロイトが無意識内における性衝動を重視したことも、当時のキリスト教文化圏の人々に衝撃を与えた。キリスト教は聖書に見られるように、性に低い価値を与えている。たとえば、「コリント人への第一の手紙」第七章を見ると、「男子は婦人にふれないがよい。しかし、不品行に陥ることのないために、男子はそれぞれ自分の妻を持ち、婦人もそれぞれ自分の夫を持つがよい」。あるいは、「未婚者たちとやもめたちとに言うが、わたしのように、ひとりでおれば、それがいちばんよい。しかし、もし自制することができないなら、結婚するがよい。情の燃えるよりは、結婚する方が、よいからである」などと言われている。それに対して、フロイトは人間はいかに無意識のうちに性衝動によって動かされているか、を明らかにしようとしたのである。

しかし、このように言っても、結局はフロイトは、人間の自我が「精神分析」という技法を手に入れることによって、無意識からの支配を逃れられ、自我の強さを取り戻すことができる、と主張したのであり、それを受けて、フロイトに続く「自我心理学者」たちは、自我の確立を主たる目標として考えたので、つまるところは、一神論的な構造をもつ「自我」の強調ということになった。しかも、そのような過程を「科学的」に分析し得ると考えたので、一神論的構造はますます強固になったのである。

「精神分析」はしたがって、最初の姿としては反宗教的な様相をとっているが、キリスト教的な一神論的構造をモデルに持っているという点は見逃してならぬことである。しかし、このような「精神分析」の構造は安定したものではなかった。その潮流のなかに、アドラー、ユングをはじめとして、いろいろな異なる考えの者があらわれ、多くの「学派」を形成することになった。考えてみると、このことは大きい問題である。一神論的世界観に立つ限り、心についての真理にいろいろと種類があることなどあっていいのだろうか。そこで、各学派は己の派こそが正しく、他は誤りであると主張したが、なかなか簡単に唯一の真理へと統合されそうにないのである。

この事実によって、精神分析をはじめとする深層心理学の諸派の述べるところは、「科学ではない」ということで否定しようとする考えが出てくるのも当然である。もっと「客観的」な研究によって、心の科学を確立してゆくべきだと、そのような人は主張する。しかし、実際にノイローゼの治療をするとなると、「客観科学」的な方法では、その人がどのような状態であるかは客観的に記述できるとしても、心理治療には役立たないことが多い。それに対して「非科学的」な心理学の方が実際には役立つことが多いのである。それは、後者の場合は、ある個人が主観的に自分の内面を探究してゆこうとする場合に、大いに役立つからである。

エレンベルガーは『無意識の発見』という名著のなかで、前述したような事情を詳しく述べた後に、次のように記している。彼は筆者が先に述べた二種類の心理学の問題を、科学的精神医学と現代力動精神医学の間の関係として論じている。(8)

科学的精神医学は、現代精神医学の諸流派の教えるところを採り入れようと思えば、自分の科学性を失わずにはおれず、さりとて現代力動精神医学を全部切り捨ててしまえば、その与えてくれた価値の高い多量のデータを失わないわけにはゆかない。「科学は普遍的な一つのものである」という観念の方をあきらめて、新しい力動精神医学の諸流派の与えてくれた成果を受け入れるべきだろうか。それとも理想を捨てず成果の方をしりぞけるべきなのだろうか。

これは言うなれば、一神論的構造と多神論的構造との間のジレンマである。なぜ、このようなことが起こるのであろうか。「科学的」方法においては、観察者と観察される現象との間に明確な切断があることは、すでに述べたとおりである。このことの背後には、唯一の神と被造物との間の明確な切断という構造がある。したがって、ここでは一神論的構造をもった世界観が成立し、そのような「自然科学」は、「普遍的な一つのもの」を目標にして進むことができる。

これに対して、心理療法においては治療者と治療される者との間に明確な切断が成立しない。両者の「関係」は治療の進展に対して、よきにつけあしきにつけ強い影響を及ぼす。それに、そもそも深層心理学は、エレンベルガーもその点を指摘しているが、フロイトやユングが自分の内的体験をできる限り体系的に述べたものである。彼らが自ら自分の内界の探索を試み、その結果をできる限り普遍性のある形で記述しようとしたものであるが、その「普遍性」は、先に述べた自然科学の「普遍性」とは異なることに注意しなくてはならない。自然科学の理論は、その対象物に対して完全に「適用」できる。しかし、深層心理学の理論を他人に対して絶対的に「適用」することはできない。このことは非常に大切である。

フロイトの考えに従って、ある個人が自分の内面を探索することは意味があるだろう。しかし、他人がその人に対して「適用」するとどんなことになるだろうか。「あなたの声が優しいのは攻撃性を抑圧しているからです」と言って相手が承認すればよし、もし、反対するならば「それは抑圧が強すぎるのです」と言うならば、理論の適用者は常に自分を「正しい」位置におくことができたとしても、適用される側にとっては無意味であることも多い。第一に、それは検証の可能性を奪ってしまっている。

だからと言って、深層心理学は非科学的であり有害無益と言うのも速断である。それは、ある個人が自分の内面を考える上で、大いに役立つのである。ただ問題は、すでに述べてきたように、フロイトやユングがその内的体験を基にして理論をつくりあげているために、「学派」がいろいろと生じてくることである。つまり、ここでは一神論的モデルは通用しない。そうすると極端に言えば、深層心理学は個人個人によって異なり、個人の数だけ「学派」の数も必要になるのだろうか。

これに対する答は、イエスでもノーでもある。厳密に言えばイエスである。しかし、大まかな分類で言えば、類似の者が集まって、ある程度のまとまりを形成しているのが現状である。しかし、このことは宗教の世界を見るとよく了解できることである。たとい唯一の神を信じている点は同じでも、そのなかに多くの宗派が分れてくる。同じ神を信じるなら宗派に分れるのはおかしい、と言えるし、また人によって神の受けとめ方が異なる点を強調したいのだったら、個人の数だけ宗派があるべきだという議論も生まれてくるだろう。実状は、ある程度の類似性をもった者が集まって、大小の差はあるにしろ、宗派をつくっているのである。

科学として出発しようとした深層心理学が宗教と類似のことになってきて、これは変だと思われるかも知れないが、それは、近代の「自然科学」と宗教との中間に存在するものと考えられるだろう。絶対者の存在を立てないで事象をできる限り忠実に見てゆこうとする態度は自然科学に近いが、主観的なかかわりを避けることなく、むしろ積極的にコミットしてゆこうとする態度は宗教に近い。深層心理学は、「心の科学」としてこのような中間的な立場をとるなかで、それは西洋キリスト教文化のなかに生まれながら、多神論的な様相を浮かびあがらせることになった。もっとも自分の学派だけが「科学的」で正しいと主張する人たちもいるが、その方はむしろその主張とは逆に一神教的な宗教の色合いを濃くするのである。

四　方法としての多神論

この節の見出しは、実は山折哲雄のエッセイ「方法としての多神教」[9]を借りてきたものである。これまで述べてきたように、宗教としてよりは、ものの考え方、それに科学についても、一神論と多神論ということが関係してくるのであるが、山折はそのエッセイの冒頭に、「一種の思考実験のようなものであるが、最近になって、「方法としての一神教」というのがあるとすれば、「方法としての多神教」というのも当然あってよいのではないかと思うようになった」と述べている。そしてそれは「字面の上からいえば、「宗教」志向のようにもみえるが、しかし本来的には「思想」そのものの把握の仕方にまで関係してくるだろう」と言う。筆者の考えの方にひきつけると、これは「方法としての多神論」とした方がいいと思って、頭書のようにしたわけであるが、狙いとしているところは山折と同様である。このようなことを考えるのは、「一般に「思想」解明のための武器として「方法としての一神教」という立場に立つ議論があまりにも大手をふってまかり通ってきたのではないかという懸念が」あるからだと山折は述べている。

思想における武器として「方法としての一神論」が大手をふってまかり通ってきているという山折の主張は、近代におけるいろいろなイデオロギー論争のなかに認められる。誰かが「唯一の正しい」イデオロギーを発見し、それに従って人間が生きると幸福になるはずである、という前提がそこに存在している。そして、そのような「唯一で正しい」イデオロギーを見出すために互いに論争をしたり、また自分のイデオロギーが正しいと考える人は、そのためにあらゆる戦いを辞さない、ということになってくる。そして、すでに深層心理学のときにも述べたことであるが、そのような一神論的構造をもった考えは、最初は宗教抜きで発想されながら、だんだんと知らず知らずのうちに宗教性をおびてくる傾向をもっている。別に宗教的になってきても仕方がないとも思うが、その自覚がないところが困るわけである。

思想の世界でこのようなことが生じてきたのは、自然科学の発展にともなって、人間が「神」の座につこうとしたと述べたのと同様のことが生じたのだとも言うことができる。自然科学やそれを用いての技術の場合、研究する者とされる者、操作する者とされる者との間に画然とした区別がある。これが、人と物の間であればまずいとしても、これを人と人との間にも持ちこんでくるところに恐ろしさがある。ひとつのイデオロギーによって社会を改革しようと考える人は、自分を社会の外に立ち、それを改革する立場に置いている。イデオロギーのなかに自分という不可解な存在を入れこまず、自分は言わば「神」の座にあって、「人々を幸福にする」ことを考えたりするのである。ここに「一神教」の在り方が大きくかかわっている。したがって、「考え」としてはいかにも合理的で整合性があるが、生きた人間が実際に行うと、多くの問題点が生じてくるのである。

一神論的構造によって世界を考えるとき、神の座に何を置くかが問題となる。いろいろな概念やシンボルなどがそこに置かれてきたが、最近になって、われわれはそれらの中心が実は中心に値しないことを相当に実感させられたのではなかろうか。このような中心の喪失は人々に恐怖心を与える。現代の特徴のひとつとして「中心の喪失」をあげることも可能であろう。これに対して、デイヴィッド・ミラーは、「一つの中心の喪失の体験は、それが文化によって感じられようと、個人によって感じられようと、まずは実に〈恐ろしい〉。しかしその恐怖が過ぎ去ると、人は新しい自由の感覚に気づく。つまり、どこに立っていようと自分が立っている場所が中心――新しい中心であることに」[10]と述べている。中心の喪失は確かに恐ろしいが、それは「新しい自由の感覚」をも与えてくれる。

もちろん、ここで、中心の喪失が無秩序を生み出すことを恐れる人もある。ミラーの言っていることを単純に解釈すると、「自分が立っている場所が中心」となれば、各自がまったく勝手なことをしはじめて、アナーキー状況を生み出すに違いないというのである。プロテスタントの神学者のリチャード・ニーバーは、現代における中心喪失の状況をしっかりと把握するが、そのために人間が「無意味という空虚さに対して我々を守るためのものは何も残されていない」[11]ほうを強調する。このような認識に立って、ニーバーは「徹底的唯一神主義《ラディカル・モーセイズム》」の肯定へと向かうのであるが、そのような宗教の領域へとすぐに話をもってゆくのではなく、ここではもう少し「方法としての多神論」について考えてみたいと思う。

「方法としての多神論」を考える際にも、やはり個人の恣意性という問題は残る。それぞれの人間がエゴイズムを発揮してくると、手のつけられないアナーキーになるのではないか。そこで、その解決策として民主主義というのが出てくる。ある個人やある特定の集団によって「神」の座を乗っ取られないようにするためには、集団の全員が決定権をもち、多数決という妥協によってものごとを解決してゆこうとするのである。

ここで、ミラーはシオランの次のような言葉を引用する。「自由な民主主義の中には、潜在的な多神論が在る(それを無意識的な多神論と呼ぼう)。逆に、あらゆる権威主義的な制度には、偽装した一神論の気配が感じられる。」ここで、ミラーは信仰と神学を分けて考えており、たとい唯一の神に対する信仰をもつとしても、その人の社会に対する考えや、「神学」は多神論であっても構わない、とする。つまり、この民主主義の世のなかで生きてゆこうとする者は、一神教を信じていても、その考え方は「多神論」になるだろう、とミラーは主張する。

民主主義の社会という点で多神論的な考えに従うとしても、個人の心のことを考える場合どうなるであろう。これは、近代における「自我の確立」の名題が一神論的思考によって生まれてきたものであり、それが「無意識」によって動かされているというフロイトの考えに脅かされたことは、すでに述べたとおりである。しかし、フロイト派の人々は、自我によって結局のところは心を支配し得ると主張して——精神分析という苦しい方法を用いねばならないにしろ——「自我」の座を守ろうとした。ところが、実状はそれほど簡単ではなく、無意識はそれほどうまく「分析しつくす」ことなど出来ないし、むしろ、無意識から産出される内容は人間の創造性にかかわるものであることもわかってきた。

このような点を考えて、ユングは意識も無意識も含んだ心の中心が無意識に存在すると仮定し、それを自我に対して自己(セルフ)と呼んだ。これはここに大きい価値観の転換を認め、自我より自己へと人間の心の中心を移動せしめたのである。これは近代人がもっとも大切にし、神の座にさえつかせようとした「自我」の価値を、最高の地位からおろす考えとして画期的なことであった。また、そのような主張のなかで、ユングは中国の「道」やインドの「ブラフマン」などに言及して、「自己」については、東洋の方が西洋よりも深い知恵をもっているとも指摘した。

しかし、これはユングが自我の価値を認めないことを意味していない。むしろ、彼は自我の価値を積極的に認め、自我と自己との相互作用のなかにこそ、人間の成長の過程が認められると考えたのである。このような考えは、近代自我に正当な地位を与えたものと言えるにしろ、自我＝自己の枢軸の上での成長というイメージは一神論的考えと結びつきやすく、ユング派の分析家ジェームス・ヒルマンが言うような「分析心理学におけるプロテスタント傾向」に結びつくことになる。[12] つまり、まず自我を確立し、その自我が死と再生を通じて自己との接触を回復し、徐々に自己実現の過程を歩み、「全体性」を獲得してゆく、というような段階的・直線的な「進歩」のモデルに従って生きようとする。ここで、自己が知らぬ間に一神教の神の座を与えられることになってしまうのである。

ニューエイジサイエンスの一環として生まれてきたトランスパーソナル心理学は、ユング派とも関連が深く、近代自我の不当な重みづけに反対する点においては同意できるとしても、ヒルマンの言う「プロテスタント傾向」がもっと極端に安易な形で見られる、という欠点をもっている。それは、ときに近代自我に対する反撥から、反ロゴス、反知性、反個人とでも言うべき「方法」によって、人格の成長が達成されると考えるような傾向も持っている。それは「東洋」の方法を取り入れたことを主張しつつ、人間が段階的・直線的に成長してゆき、目標に達するという考えに一神論的な傾向を保持している。われわれはそれが安易な方向に流れてゆくのではないかと危惧するものである。もちろん、トランスパーソナル心理学は、ひとつの「運動」として、以上述べたような欠点も持っているが、そのなかには注目すべきものも多く含まれている。なによりも、それが近代自我を超えようとする試みをもっている点は評価すべきである。「西洋的自我」は、ヒルマンも言うとおり、「それは全く主観化され、非宗教的なヒューマニスティック心理学へと還元された一神論なのである」。

ヒルマンが心理学の「方法としての一神論」に強く反撥する理由のひとつは、それが常にセネックス(長老)の元型と結びつきやすいという点にある。段階的・直線的進歩の頂点に「長老」が立ち、すべてをコントロールすることによって「秩序」を保とうとする。しかし、それはしばしば長老自身の地位を保つことと混同されてしまうのだ。セネックスの元型は、「神学的一神論の、かたくなな固執、宗教的寛容性のなさ、そして優越性に対する確信を説明する助けともなる」ので、宗教のみならず科学の分野においてさえ、このような「長老」が力をふるい、若い人々のイマジネーションの芽をつむことにもなってしまうのである。

方法としての多神論を考える際に、各自がそれぞれ勝手なことをしてアナーキーに陥ることはないかという点についてもう一度考えてみたい。それについては「多数決」に従う民主主義が解決法として考えられることはすでに述べた。しかし、他に方法はないだろうか。民主主義は便宜的に考えだされたものであることは誰しも認めるところだろう。果たして、それが「最善」かについては異論もあるだろう。

多神論的構造において、アナーキーに陥らないためには、論理的整合性による統一という考え(これは一神論のものである)によらず、一種の審美性とでも言うべきものを、ひとりひとりが身につけることではないか。ひとりひとりが背後にもつ神がそれぞれ異なるにしても、自分の神の正当性や唯一性を主張せず、神々の在り方が全体として調和している姿をイメージできる審美性をもつことによって、それをアナーキーに陥らずに共存し得るのではなかろうか。ヒルマンも「審美的な生の意味、すなわち審美的心理学としての多神論的心理学」ということを示唆している。彼はそれについては「別の機会に譲る」としているが、筆者が考えていることと似たようなことを考えているのではないか、と思われる。「論理的整合性」のみを頼りとして全体を考えることから、われわれはもう少し自由になっていいのではなかろうか。それは一神論的構造の機械モデルには最も有効な方法であるが、人間のことを考えるには狭すぎる感じがするのである。

多神論的構造における審美性というのは、事象の共時的理解にもつながることでもある。継時的に因果関係を把握するのみならず、共時的に全体的なコンステレーションの意味を読みとることは、審美性にもつながる。このような感覚を身につけなければ、多神論的構想はアナーキーに陥る可能性をもっている。さりとて、一神論的構造による「秩序」がいかに人間に不自由な想いを与えるものであるかも忘れてはならない。ミラーの引用している、ウィリアム・ジェームズの「整合的に考えぬかれた一元的な宇宙は、苦しんでいる」というのは名言だと感じさせられる。

五　日本の場合

以上述べてきたことは、われわれが日本のことを考える上で重要な意味をもつことは、了解できるであろう。多神論的構造をもって生きてきた日本人は、近代化の過程のなかで相当に一神論的構造を取り入れてきたのであるが、このあたりで両者の関係とその意味について、日本人なりに考え直してみるべきである、と思われる。

まず、日本は多神論的構造を伝統として多く保持している利点を今後とも生かしてゆくことを考えねばならない。すでに述べたように、ヨーロッパ＝キリスト教中心の考えが全世界を席捲してしまったかのごとく見えた現代において、そのような考えに対する反省が起こり、各民族固有のものを評価しようとする動きが高まっている。しかし、それが急激な民族主義や国家主義と結びつくときには危険な状況になり、その害もいろいろと現代世界に認められているところである。先に引用した、シオランの民主主義の中に多神教が潜在しているという言葉に続いて、彼は、「奇妙なのは、一神論的な論理のもたらす影響である。つまり異教徒は、いったんキリスト教徒になると、不寛容に傾く。専制君主の陰で栄えるくらいなら、気のいい神々の大群もろとも沈没するほうがましなのに！」と言っている。後から一神論構造を取り入れたものほど「不寛容」になる傾向が強いのだ。日本の現状を見ても、このような厳しい不寛容があちこちに認められると思う。科学の世界でも宗教の世界でも、日本人が欧米の考えに従おうとすると、本家よりも不寛容になる傾向がある。このことをよく意識する必要がある。

このような傾向を倍加させることとして、ヒルマンの言及していたセネックスの元型の問題がある。彼は一神論構造におけるセネックス元型のはたらきの害について述べていたが、むしろ、多神論の場合の方が、その問題が大きいのではないかとさえ思われる。つまり、日本ではセネックス(長老)があまりにも強いために、成員の自由を奪ってしまったり、豊かな発想の芽をつみとってしまうことが多いと思われるからである。

論理的整合性に頼らずに審美的感覚が必要であるなどと述べたが、もし、その判断の決定権を長老が握ってしまうとどうなるであろうか。それは、まったく凝固した不自由な構造になってしまうのではなかろうか。論理的整合性の追究を目標としているときは、たとい長老が権力を揮うとしても、それに対して論理的に対抗することは可能である。少なくとも討論の可能性は残されている。しかし、全体的審美的判断となると、いかにして長老と戦うかということは大変に難しくなってくる。

すでに他に論じているので本論では繰り返すことはしないが、日本神話の構造は「中空構造」をなしていると筆者は考えている。[13] ギリシャ神話のように特徴的な神が個々に多く存在するのではなく、全体が中空構造をなして、均衡された状態にあると考えるのである。中空の座に、ツクヨミが無為の神として存在し、それを均衡するようにアマテラスとスサノヲが存在している。一応表面的にはアマテラスが中心となり、その系統が王権を獲得したかのごとく見えるが、それは全体としての中空構造によって支えられているのであり、アマテラスを中心とする一神教の構造をもっているのではない。

このような中空均衡状態は、全体のバランスがうまく保たれているときはいいが、さもないときは中心の空の部分に何者かが侵入してくる可能性が強い。また実際に、中心を空としてイメージすることは困難でもあるので、中心の空の象徴としての外的存在を必要としたり、何か外的な存在にその中空性を投影するということが生じてくる。このような点は日本の天皇制を考えてみるとよくわかるであろう。それはまったく無為の中心として、権力と無関係に存在するときもあるし、突然、政治的な絶対的権力者となったり、また、宗教的崇拝の対象となったり、あるいは、あからさまに宗教的存在とされなくとも、それに向かう国民の感情に宗教的なものが感じられたりすることもある。

ある集団のなかでの長がこのような中空的役割をしていることがあるが、その長が権力者としてふるまいはじめると、一神論的構造の場合よりも手のつけられない暴君となる可能性がある。つまり、一神論的構造の場合は論理を重視するので、権力に対抗しつつ論争によって、暴力をくつがえすことも可能である。ところが、中空の体現者がその無為性を棄てて権力者となると、それに対抗することが非常に難しくなる。われわれ日本人はそのような悲劇を第二次世界大戦の際に経験している。それは下手をすると「外圧」によってしか変化しない、ということにもなる。このことを日本人はよほどよく理解していないといけない。

ヒルマンやミラーは、西欧社会にあって多神論の重要性を強調しているが、前記のようなことを考えると、日本人には現代を生きる上において、むしろ、一神論的な思考法をもっと自分のものにすることを考えるべきかも知れない。と言っても、シオランも言うように、それを「不寛容」さを強めるという形で身につけるのではなく、あくまで多神論的構造を保持しつつ、しかも自分の身についたものとすることが必要である。考えてみると、多神論的構造は、一神論と対応させてそれと対決する形で提出されるようなものではなく、一神論にかたまってしまわない柔軟な態度とも言えるわけで、ただその柔軟さが「弱さ」につながってしまわないことが大切なのである。

現代の世界の状況を見ても、いずれの領域においてもまだまだ一神論的構造は強いと言わねばならない。そのなかで多神論のもつ意味を提出してゆくのは、日本人としてのひとつの役割であるとも考えられる。

注

（1）P. Radin, Monotheism Among Primitive Peoples, Ethnographical Museum, Basel, Bollingen Foundation, Special Publ. 4, 1954.（注(10)デイヴィッド・L・ミラー『甦る神々——新しい多神論』のヒルマンの論文中の引用。）

（2）門脇佳吉「一神教と多神教」、『岩波講座　転換期における人間9　いま宗教とは』岩波書店、一九九〇年、所収。

（3）「アンリ・コルバンの手紙」、デイヴィッド・L・ミラー、桑原知子／高石恭子訳『甦る神々——新しい多神論』春秋社、一九九一年、所収。

（4）C・G・ユング／W・パウリ、河合隼雄／村上陽一郎訳『自然現象と心の構造』海鳴社、一九七六年。

（5）P・D・ピート、管啓次郎訳『シンクロニシティ』朝日出版社、一九八九年。

（6）河合隼雄『宗教と科学の接点』岩波書店、一九八六年。〔本巻所収〕

（7）村上陽一郎『近代科学と聖俗革命』新曜社、一九七六年。

（8）アンリ・エレンベルガー、木村敏／中井久夫監訳『無意識の発見』下、弘文堂、一九八〇年。

（9）山折哲雄「方法としての多神教」、『思想』七六三号、一九八八年一月。

（10）デイヴィッド・L・ミラー、桑原知子／高石恭子訳『甦る神々——新しい多神論』春秋社、一九九一年。

（11）リチャード・ニーバー、東方敬信訳『近代文化の崩壊と唯一神信仰』ヨルダン社、一九八四年。

（12）ジェームス・ヒルマン「心理学——一神論か多神論か」、前掲注(10)書、所収。

（13）河合隼雄『中空構造日本の深層』中央公論社、一九八二年。〔主に本著作集第八巻に収録〕

解　題

■宗教と科学の接点

『世界』の編集部より依頼され、一九八五年七月号より一九八六年一月号まで(十月号を除く)六回にわたり連載したものに、訂正加筆し、一九八六年六月に書物として出版したものである。

宗教と科学の対話ということは、二十一世紀の大切な課題になると私は思っている。しかし、この題で連載を依頼されたときは、あまりに荷が重くその任にあらずとお断りしようと思った。しかし、編集者との話し合いの間に、ともかく今考えている範囲内で書けることを書かせていただこうと思い直し、自由に書かせてもらったのがこの結果である。自分としては勉強不足を痛感しながらの仕事であった。

「たましい」について述べたりして、思い切った発言をしたのでどのように受けとめられるかと思ったが、思いの外に広い範囲の人たちに好意的な関心をもたれたように感じられた。ここに取りあげた、共時性、死、意識、自然などの主題に対して、その後、興味深い意見が広い範囲からもたらされてくるので嬉しく思っている。ここに述べたことについては、今後ますます考えを深めてゆかねばならぬと思っている。

■心の中の宇宙

一九七九年の執筆で、本書に収録されているもののなかでは一番古いエッセイである。ユングが紹介しているUFOの夢を例にあげながら、普遍的無意識の存在について述べ、それがいかに人間の人生観の形成に影響しているかを論じた。そして、普遍的無意識の層まで問題にするときは、現代物理学と深層心理学との間に、ある種の類縁性が生じてくるのではないかということを示唆している。

■無意識の科学

『岩波講座　精神の科学』のための分担執筆として、一九八三年に書いた。「無意識」ということが心理学にとりあげられてくる歴史について述べつつ、それを取り扱うことの「科学性」について論じた。時代が少し早いのと、発表の場についての配慮から、あまり思い切ったことを述べず、比較的堅い調子で述べている。こころのリゾーム構造について論じたのは、このときが最初である。以後のエッセイによって、筆者の考えが時と共に少しずつ整備されて、発表される経過が認められるであろう。

■ニューサイエンスとしての心理学

一九八五年四月に、国際トランスパーソナル学会が日本で開かれた。それを機会に、トランスパーソナルとか、ニューエイジ科学運動(日本では、ニューサイエンスと呼ばれる)に対する関心が高まってきた。それに応えるために、心理学におけるトランスパーソナルな考え方について、歴史的な過程と、その重要な点を論じた。近代自我をいかにして超えるかが、その運動の中核であると言っていいだろう。

■深層心理学の潮流

前記の論と重なるところもあるが、欧米の思想における、「中心の喪失」と「母性原理の重視」という二点に焦点を絞り、それによって、深層心理学の流れが、現在においてどのように変化しつつあるかを示した。なお、このような変化に対して、東洋の考えのもつ意義についても少し触れた。

■魂の知と信

一般に「知っている」ということは客観的事実との関連で用いられ、「信じる」ことは主観的世界のこととされる。ここで単純に割切ると、知は科学にかかわり、信は宗教にかかわることになる。しかし、「魂」などということを考えはじめると、このような割切りは単純に過ぎると思われる。ここでは「死後生」ということに焦点をあてて、魂の知と信について述べた。

■ユングと共時性

共時性(synchronicity)はユングの提示した考えのなかでも、極めて重要なものであると私は思っている。宗教と科学について考える上で、どうしても見過すことのできないことである。ただ、誤解も生じやすいので、あまり取りあげてこなかったが、一九八〇年代の終り頃より、相当オープンに論じるようにした。このエッセイでは、ユングの言う「部分的心的水準の低下」ということに焦点をあてて述べている。

■いま「心」とは

「心」の重要性が強調されるようになった。物質的に豊かになった補償作用として、それがなされるが、人間の「心」はそれほど単純に「物」と区別して語れるのかという反省がまず必要である。そのような「心」を科学的に研究しようとしても、これまでの自然科学のようなパラダイムによっては、どうしても実際的でなくなってくる。そこで、「多光源パラダイム」ということを示唆したが、果たしてこれはどの程度に受けいれられるだろうか。私自身としても、この考えをもっと深めてゆかねばならないと思っている。

■人間科学の可能性

前の論文に続くものである。人間科学の本質を考える上で、哲学者の中村雄二郎の言う「臨床の知」を取りあげて論じた。その上で、このような「臨床の知」をも「科学」のなかに取り入れるとするならば、その際、「科学」というものをどのように考えるべきかについて考察した。これまでの自然科学の概念を拡大してゆくことが必要であるが、これはまだまだ今後の課題として考え続けねばならない。

■対話の条件

『岩波講座　宗教と科学』のなかで、宗教と科学の「対話の条件」として執筆したものである。両者の対話の必要性を感じている人が多くなった。しかし、それがいかに困難であるかということを認識する必要がある。絶対に正しい考えというのは、他を教えたり導いたりするにしろ、「対話」など必要としない。このような自覚に立ってこそ対話も可能となると思うが、その対話の場として「物語」ということを示唆したのが、私の考えとしては新しい点である。

■宇宙経験の意味

宇宙飛行士ラッセル・シュワイカートの体験をはじめて聞いたときから、そのような「宇宙経験」は、宗教と科学の問題を考える上で大切な素材となると思っていた。その後、幸いにも十名近い宇宙飛行士と対話することができたので、それらを基にして「宗教と科学」の問題に関連づけながら論じた。宇宙空間において経験した、彼らの「意識変容」ということが、ここで重要な役割を果たしていると思われた。

■一神論と多神論

日本は近代になって欧米の文明を取り入れることに大きい努力を払った。しかし、それはキリスト教と切り離して行われた。欧米との関係が密になるにつれて、キリスト教のことを真剣に考えざるを得なくなってきた。フロイト、マルクス、ダーウィンなどは反キリスト教的と考えられていたが、広い視野でみると、むしろ、ユダヤ＝キリスト教の考えの延長にあるとさえ言える。新しいパラダイムについて考えるとき、一神論と多神論の問題は避けて通ることができない。この両者を比較して論じつつ、日本人にも強い一神論的傾向のあることを認識すべきであると指摘した。

初出一覧

序説　現代人の宗教性　書下し。

I

宗教と科学の接点　『世界』一九八五年七月―八六年一月、岩波書店刊。『宗教と科学の接点』一九八六年五月、岩波書店刊に収録。

II

心の中の宇宙　『無限大』四十五号、一九七九年七―九月、日本アイ・ビー・エム。『日本人とアイデンティティ』一九八四年八月、創元社刊に収録。

無意識の科学　『岩波講座　精神の科学1　精神の科学とは』一九八三年五月、岩波書店刊。

ニューサイエンスとしての心理学　『中央公論』一九八五年五月、中央公論社刊。

深層心理学の潮流　『理想』一九八五年六月、理想社刊。

魂の知と信　『日本学』九号、一九八七年七月、名著刊行会刊。

ユングと共時性　『たま』五十四号、一九八八年四月、たま出版刊。『対話する生と死』一九九二年十月、潮出版社刊に収録。

いま「心」とは　『岩波講座　転換期における人間3　心とは』一九八九年七月、岩波書店刊。

人間科学の可能性　『岩波講座　転換期における人間6　科学とは』一九九〇年一月、岩波書店刊。

対話の条件　『岩波講座　宗教と科学1　宗教と科学の対話』一九九二年九月、岩波書店刊。

宇宙経験の意味　『岩波講座　宗教と科学3　科学時代の神々』一九九二年十月、岩波書店刊。

一神論と多神論　『岩波講座　宗教と科学10　人間の生き方』一九九三年七月、岩波書店刊。

■岩波オンデマンドブックス■

河合隼雄著作集 11
宗教と科学

1994年10月11日 第1刷発行
1998年10月5日 第2刷発行
2015年11月10日 オンデマンド版発行

著 者 河合隼雄《かわいはやお》

発行者 岡本 厚

発行所 株式会社 岩波書店
〒101-8002 東京都千代田区一ツ橋 2-5-5
電話案内 03-5210-4000
http://www.iwanami.co.jp/

印刷／製本・法令印刷

ISBN 978-4-00-730320-3 Printed in Japan